JN015424

中小企業金融と地域経済

兵庫県150年の地域金融

山下紗矢佳　西岡正　吉田康志　梅村仁　著

田中敦　佐竹隆幸　編著

同友館

出版を待たずに逝去された佐竹隆幸先生に，本書を捧げます。

佐竹先生の思い出

　佐竹先生が卒然と逝ってしまわれた。この3月だったと思う，入院中の病院に見舞いにお訪ねしたとき，すでにコロナ感染症への警戒のため病室ではなく，面談室でお会いした。本人至って意気軒昂で，4月からは県のビジョン委員会や経済・雇用活性化プラン推進会議などで期待に応えた活動を展開すると言われていた。大学でも，対面授業を再開するのだと意欲を示されていた。7月に長期ビジョン審議会にオンライン出席の際は，しっかりご意見をいただき，回復ぶりを示されていただけに，まさか亡くなるとは思ってもいなかった。

　先生との出会いは，私の知事就任直後に遡る。当時，兵庫は未曾有の景気停滞下にあり，いわゆる三重苦に悩まされていた。一つは，あの阪神・淡路大震災からの復興ブームの山が過ぎていたこと，二つは，日本経済のデフレからの脱却が未だであったこと，三つは，円高に伴う輸出不況により，ものづくり県として兵庫県経済に大きな影響が出ていた。現に，有効求人倍率は0.3台であった。

　このような状況を打開するには，兵庫県内にできる限りお金が廻ってくれることが望ましい。つまり，県民の預金が県内で活用され，これが乗数となって県内経済を潤すことになる。そのためには，県内金融機関が積極的に県内企業活動を支援すること，つまり県内金融機関の預金と貸出金との比率，預貸率を一定水準以上とすることを目指して銀行業務を行うことができないか，一つのテーマとして私自身強く認識していた。このことは，佐竹先生にも県の各種審議会やアフターファイブの席などでもよくお話していた。

　とうとう，兵庫県経済が景気回復の動きを示してきた平成18年（2006年）に，ゼロ金利政策の解除による金利上昇や信用保証の責任共有制度による中小企業への影響が懸念されるなかで，地域金融の充実を図っていく必要があった。兵庫県としての対策，特に金融サイドから採るべき政策を検討する「ひょうご地域金融懇話会」を設置して検討していくこととした。佐竹先生には，この座長をお願いし，県内金融関係者，事業者，学識経験者からなる委員会の運営責任者になっていただいた。私からは，かねてからの県内預貸率の水準維持や向上

を目標とする金融機関の貸出メルクマールをつくることを強く要請していた。

　結果としては，預貸率は目標とはならず，地域経済を支える地域金融の一層の充実を図り，必要な資金が円滑に供給される「地域金融の充実」が基本目標とされた取組が報告された。私としては，佐竹先生をもってしても，金融機関の存立基盤である貸出の制約を原則化することはいかに難しい課題だったかを改めて知ることとなった。しかし，このこともあって，兵庫県内の金融機関には，地域産業の振興と地域金融の機能について十分留意していただいている。

　現在は預貸率は兵庫でさえ0.43と，当時の0.59から0.2も下廻っている。それだけ金融の中央集権化が進むとともに，地域産業の新たな展開力が欠けているともいえる。

　また，兵庫県が設立されて150年を迎えたとき，兵庫県政150周年を期して，兵庫経済を支え，兵庫の発展に寄与してきた兵庫金融のこれまでを振り返りながら，今後の地域経済の基本方向を探っていくことが大切であると認識し，「兵庫県金融150年史」としてその歩みを取りまとめることとした。もちろん佐竹先生には，その企画委員会の座長に就任していただき，取りまとめにご尽力いただいた。本書がそれである。

　佐竹先生は，論理するどく，事象を的確にとらえ，しかし，明確だがやさしいコメントを常に発せられていた。学者であり，コメンテーターであり，明るい快活な人柄で，中小企業にも多くのファンを持たれていた。

　個人的な交遊，とくに夜の機会によくお伴させていただいた。コロナ禍で自由になりにくい状況ではあるが，兵庫経済や金融をサカナに先生を親しむ仲間とともに偲びたいものだ。

　佐竹先生のご冥福をお祈りして。

　令和2年12月

井戸　敏三

目 次

序章
金融と経済発展

金融は，近代経済の発展に不可欠のファクターである。経済取引を支える決済が円滑かつ安全に行われる必要があるとともに，資金余剰主体から資金不足主体へと資金が流れることは，とりわけ投資などで資本蓄積をするためには不可欠であり，資本蓄積がなければ近代経済は成長しないからである。明治維新の殖産興業政策に始まり，明治・大正を経て，第二次世界大戦に至り，再スタートした日本経済が高度経済成長期，石油ショック後の低経済成長期，プラザ合意後のバブル成長期から「失われた20年」といわれる平成の時代までの日本の経済動向の推移を検証するには，金融とのかかわりが欠かせない。

　そこで本書は，明治以降150年間の兵庫県を中心とした金融史について，企業のみならず産業・地域の各視点から検証し，金融と経済動向とのかかわりを分析していくことで，日本の金融の役割の本質とは何かについて，特に経済政策的見地から提示していくものである。

　序章では，各時代について第1～6章で詳細に論じる前に本書の全体像を概観する。まず，明治以降の日本経済の発展を振り返る。次に，金融の機能のうち資金配分・資金移転・リスクの軽減と移転について取り上げ，機能ごとに日本での変遷について検討していく。その上で，各章の内容について概説していくこととする。

第1節　日本経済の発展[1]

　1880（明治13）年頃から2000（平成12）年頃までの1人当たりの実質GDPの推移を見たのが図表1である。明治維新後，好況と恐慌（日清・日露戦争，第一次世界大戦，関東大震災などの影響による）はあったものの，殖産興業政策によって日本経済は着実に成長してきたことがわかる。

　太平洋戦争で実質GDPは大きく減少したが，第二次世界大戦後は戦前以上の速さで成長を続け，1950年代半ばには第二次世界大戦前の水準を回復した。当

---

(1) 岡村秀夫・田中敦・野間敏克・藤原賢哉（2005）による。

図表1　1人当たり実質GDPの推移

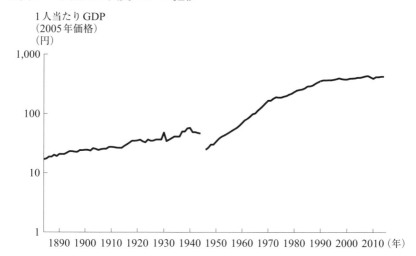

注：暦年データ（1945～51年のみは会計年度）
（出所：マンキュー，N.グレゴリー著，足立英之・地主敏樹・中谷武・柳川隆訳（2017）p.7）

時の世相を反映した「もはや戦後ではない」（1956年度版『経済白書』）という
フレーズは，あまりにも有名である。しかし，1970年代前半のニクソンショッ
クと石油ショックで高度経済成長期は終焉を迎えることになる。また，高度経
済成長の終焉により第二次世界大戦後の日本経済も大きく変化していった。

　変化の第1が，キャッチアップ経済の終焉である。敗戦で大きなダメージを
受けた日本経済は，先を行く欧米諸国が歩んできた経済発展の道をたどればよ
かった。このようなキャッチアップ経済は，道の先に何があるかが予見しやす
く，リスクの少ない発展であった。しかし，1970年代には先進国に追いつい
てしまった。先進国との競合が見られるようになり，個々の企業が新しい生産
技術や新しい市場開拓に乗り出していかなければならなくなった。

　第2がフルセット主義の終焉である。第二次世界大戦後の日本経済は，すべ
ての産業を国内に持つという特殊な形態で発展してきた。しかし，アジア諸国
で工業化が進んだことにより，日本経済もアジア諸国との競争と分業の時代に

入っていった。

　以上の2つの変化の結果，日本経済は第二次世界大戦後の高い成長率を維持することができず，低経済成長期へと入った。また，産業の優位構造が劇的に転換するようになった。競争の激化と技術進歩により，それまで優位な地位を占めていた産業が瞬く間に劣位産業に転落することも珍しくなくなってきた。

　このように実物経済が時代とともに変化してきたので，それに伴って金融に求められる役割も変化してきた。以下で詳しく見るように，明治以降戦前期には，銀行などの貸出と同様に株式もよく使われたが，第二次世界大戦後は間接金融優位と呼ばれる銀行中心の金融が経済を支えてきた。しかし，低経済成長期になると，実物経済の変化に対応するために，証券市場の活性化が求められるようになり，また市場型間接金融の新しい金融技術も開発されるようになってきた。

第2節　金融の機能から見た金融史の概観

　金融とは，資金余剰主体である貸し手から，資金不足主体である借り手へと資金を渡すことである。それを適切かつ円滑に行うために，実際の金融システムはさまざまな機能を果たしている。本節では，3つの機能を取り上げ，日本経済の発展をどのように支えてきたかを概観しよう。

　第1は，必要な借り手に資金を渡す資金配分機能である。借り手として企業を見ると，将来の生産のために機械設備や工場を入手するなど，投資などを行うために資金を調達することが多い。機械設備を購入して生産・販売で儲けた収益から返済を行うことになる。また，企業は原材料の購入費など，日々の経済活動のためにも資金が必要となる。

　借り手は，不足している資金を手に入れなければ設備投資も日々の経済活動もできなくなってしまう。そこで，資金を必要としている借り手へ適切に資金配分すれば企業活動は活発になり，経済発展を促すこととなる。このように適切な資金配分を行うのが，金融システムが果たすべき機能の1つである。

　第2は，貸し手から借り手へと資金が流れる経路を提供する資金移転機能である。実際の金融システムでは，この機能を果たすために銀行や証券市場などがある。これらの経路を通って資金移転は行われるが，そこにはさまざまな障害が存在する。金融に特有の障害としては，債務不履行リスク（信用リスク）などの金融リスクがあげられる。債務不履行リスクとは，借り手の事情で返済や利払いが滞るリスクである。

　そこで第3の機能としてこのようなリスクを軽減・移転する機能が必要となる。たとえば債務不履行リスクは，借り手のことは借り手自身よく知っているが，貸し手はあまり知らないという情報の非対称性を小さくすれば軽減できる。そのためには，貸し手が借り手の情報を集めて調べる情報生産や，借り手が自らの情報を貸し手に渡す情報開示という方法がある。また，担保を設定したり分散投資をしたりすることもリスクを軽減する。

　さらに，リスクを負いたくない人から負いたい人へリスクを移転することもできる。預金者の資金は企業に貸し出されるが，預金者は企業の債務不履行リスクを負いたくはない。そこで，そのリスクを銀行が代わりに負う，つまりリスクが預金者から銀行に移転されている[2]。また，信用保証も銀行などが負担するリスクを公的機関などに移転する働きをしており，これにより銀行が躊躇する貸出を可能にしている。

　日本経済の発展のなかで，金融はどのような資金配分・資金移転・リスクの軽減・移転の機能を果たしてきたのであろうか。それぞれの機能ごとに，以下で述べていくこととする。

2-1　資金配分：資金の貸し手と借り手

　資金の不足している借り手に資金配分するためには，まず資金を集める必要がある。しかし，明治維新から高度経済成長の終焉まで，日本経済に潤沢な資

---

(2)　銀行は，リスク移転の見返りに報酬を得ている。高い貸出金利と低い預金金利の利ざやの一部が，その報酬に当たると考えられる。岡村秀夫・田中敦・野間敏克・播磨谷浩三・藤原賢哉（2017）p.9による。

金はなく，それを捻出する工夫がさまざまなところで行われてきた。

　明治期においては，資本蓄積が乏しい状況にあって，企業勃興および企業成長のための資金需要を満たすために大きく貢献したものとして，株式担保金融と株式分割払込制度という2つの制度があげられる。

　株式担保金融とは，株式を担保にした銀行による貸出である。借主が元手金で株を購入し，その株を担保に銀行から借り入れ，さらに株を買うということを繰り返すことによって，少ない元手金でも大量の株式を購入できる仕組である。

　一方，株式分割払込制度は，第二次世界大戦前の日本における企業金融の特質ともいうべき制度である。1872（明治5）年，国立銀行条例の規定により銀行設立の出資の際に株主が株式額面の全額を一括して払い込まず，複数回に分割して払い込むことが認められ，多くの企業でも株式分割払込が一般的となった。

　企業勃興期の主要産業であった鉄道業・紡績業・電力業は株式による資本調達を行う際にこの制度を積極的に活用した。このように，株式担保金融と株式分割払込制度のもとでは，投資の原資が少ない投資家でもリスクさえ取れば，積極的に証券投資ができたのである[3]。

　第二次世界大戦後においても，高度経済成長期までは資金は潤沢ではなかった。資金余剰主体の家計は預金によって資金を提供していたが，企業の旺盛な資金需要に銀行が貸出で応えるためには十分ではなかった。そのため，銀行は日本銀行貸出による資金調達に頼る傾向（オーバーローン）があった[4]。

　また，銀行の中でもとりわけ都市銀行などの大銀行は，大企業の資金需要に応えるために資金が不足する傾向にあった。一方，地方銀行などの地域金融機関は預金集めが得意であるために資金が余る傾向にあったので（資金偏在），地域金融機関から大銀行へインターバンク市場を通して資金を流すことで，大銀行の資金不足を補った。

---

(3) 深尾京司・中村尚史・中林真幸編（2017）pp.135-137による。
(4) 戦後日本の金融の特徴としてオーバーローンのほか，資金偏在，間接金融優位，オーバーボローイングがある。川口慎二・古川顕編（1992）pp.271-272.本章の以下でも，これらについて順次触れていく。

　資金が潤沢ではない時代は，公的金融の役割も重要であった。明治期の日本興業銀行などの特殊銀行や第二次世界大戦後の日本開発銀行などの政府系金融機関によって，重要な産業への資金供給が行われていた。

　このように用意された資金は，第二次世界大戦前も第二次世界大戦後も経済発展に重要な産業へ配分されていった。第二次世界大戦後，高度経済成長期までは，公的金融が中心となって，政府の産業政策に合った電力や製鉄といった重工業へと重点的に資金配分された。さらに，道路などの公共財生産を行う特殊法人などへも，公的金融を通して資金が配分された。

　第二次世界大戦後の資金配分では，企業が資金を借りやすくするために，人為的低金利政策もとられていた。低金利は借り手にとっては有利であるが，貸し手にとって不利なので資金の供給が抑制されかねない。これに関して，「人為的に金利を低く規制するということは，貸し手である家計から借り手である企業に所得を転移していることにほかならない。（中略）このように，企業最優先の価格政策は，深刻な分配問題を含んでいたが，しかし1955（昭和30）年から1970（昭和45）年までの15年間には，それが大きな対立として表面化することはなかった。なぜなら，経済のさまざまな市場や市場外の世界において，家計が分配上の不利益に耐えることによって，結局は家計の所得水準が上昇し，所得分配の不公正も直るという『補填のメカニズム』が存在していたからである」[5] という指摘もある。

　企業へと多くの資金が配分される構図は，高度経済成長期が終わると同時に変化していく。1970年代，低経済成長によって企業の資金需要が減少し，一方で財政赤字によって政府へと資金が流れるようになった。国債が大量に発行されるようになり，国債市場が発展していった。また，1980年代に入ると日本の貿易黒字が恒常化して，海外部門が資金不足主体となり，この時期に金融は国際化されていった。

　さらに，バブル崩壊から「失われた20年」と呼ばれる時期になると，これ

---

(5) 鈴木淑夫（1981）pp.13-14による。

まで大きな資金不足主体であった企業の収支が黒字に転じ，一方で第二次世界大戦後を通じて最大の資金余剰主体であった家計の黒字額が急速に減少し始めた。2000（平成12）年ごろからは，企業が家計を抜いて最大の資金余剰主体になったのである[6]。もちろん，企業部門全体では資金余剰でも，企業によっては資金不足のところもあり，企業への資金配分の重要性は変わらない。しかし，資金余剰の企業への適切な資金運用手段を金融システムが提供していく必要性が増すこととなった。

2-2　資金移転

　資金を移転する具体的な経路は数多くあるが，いくつかの側面で分類できる。まず，直接金融と間接金融に分類できる。直接金融は，資金不足主体が資金余剰主体から資金を直接借り入れる方式である。このとき，資金不足主体が資金余剰主体に証券を発行するが，その代表的なものが株式や債券などである。

　これに対して間接金融では，資金不足主体は資金余剰主体から直接借り入れることはない。資金不足主体は金融仲介機関から資金を借り入れ，金融仲介機関はその資金を資金余剰主体から集めてくる。代表的な金融仲介機関は銀行などの金融機関であり，家計などの資金余剰主体から預金の形で資金を集め，企業などの資金不足主体に貸し出す。

　また，資金移転の経路は，負債契約に基づくものと出資契約に基づくものに分類できる。債券や預金・貸出は負債契約に基づくもので，利払いや返済期限，返済条件などはあらかじめ決められている。一方，株式は資金を提供して株式会社の所有者になる出資契約に基づいている。配当金額は事前に決められておらず，会社の業績などに応じて事後的に決まる。また企業が破綻した場合，出資した資金の返済より負債契約の貸し手への返済が優先されるようになっている[7]。

---

(6)　岡村秀夫・田中敦・野間敏克・藤原賢哉（2005）第7章による。
(7)　岡村秀夫・田中敦・野間敏克・播磨谷浩三・藤原賢哉（2017）pp.11-13による。

　第二次世界大戦前は，間接金融のみならず，直接金融での出資契約である株式が大きく活用されていたことは，前項で述べたとおりである。第二次世界大戦後は間接金融優位となり，負債契約である預金と貸出が中心的な役割を果たしてきた。とくに企業は，資金調達を借入に大きく依存していた（オーバーボロイング）。しかし，第2-1項で触れたように1970年代から債券市場が発達し，第1節で触れたように最近は直接金融の活用や，直接金融と間接金融の両方の性質を兼ね備える市場型間接金融の発達も望まれるようになっている。

　このように経済全体でどの資金移転経路がどれほど利用されるかは時代によって特徴があるが，一方で個々の企業がどの資金移転経路を利用するかについては，ペッキングオーダー理論と呼ばれるものがある。借り手と貸し手との間に情報の非対称性があるために，借り手は資金調達時にエージェンシー・コスト[8]を被る。エージェンシー・コストは資金調達経路によって異なるので，企業の資金調達において優先順位がつけられることになる。

　具体的には，内部資金（エンジェルを含む），ベンチャー・キャピタルや銀行借入，普通社債，転換社債，株式の順に利用されるといわれている。内部資金による調達の場合，エージェンシー・コストはほとんど無視できるが，株式の発行などにあたってはかなりのコストがかかってしまうと考えられるからである[9]。

　ペッキングオーダー理論が示すように，実際にも中堅・中小企業はエージェンシー・コストの比較的安い銀行貸出をメインとした間接金融を利用し，大企業は直接金融のなかの株式による資金調達にまで及ぶのが一般的である。第二次世界大戦後は間接金融優位であったが，規模の差こそあれ，いつの時代でもこのような傾向を見ることができる。

---

(8)　経済取引における情報の非対称性を補完するためのコスト。
(9)　古川顕（2014）pp.157-159による。

2-3 リスクの軽減・移転

　金融には，債務不履行リスクなどのリスクが伴う。債務不履行リスクを軽減するには，情報生産と情報開示という方法がある。間接金融である銀行を経由した資金移転経路では，銀行が専門的に借り手を審査することで情報生産を効率的に行うことができる。一方，直接金融である証券市場を経由した経路では，投資家は必ずしも専門的に審査をするとは限らない。そこで，借り手企業の情報開示が大切になる。したがって，前項のペッキングオーダー理論の通り，知名度があって情報の非対称性が小さく，リスクも一般的に少ないとみなされる大企業では株式・債券による資金調達ができ，逆に中小企業は銀行借入に頼らざるをえないことが多い。

　銀行は預金者からリスク移転を受けているが，専門的な情報生産や分散投資によってリスク負担を減らしている。さらに，担保の活用によるリスク軽減や，信用保証によるリスク移転も広く活用されてきた。中小企業金融において担保や信用保証は重要であるが，最近はこのような担保主義・保証制度によらない貸出の必要性も増してきており，リレーションシップ・バンキングや事業性評価などで情報生産・情報開示を強化する動きがある。

　また，経済にリスクが多いときは銀行部門のリスク負担能力だけでは不十分で，リスクが大きい貸出先には，より高いリターンを求めてリスクを負担する投資家が貸し手となる直接金融の方が適している。事実，第二次世界大戦前の時期では直接金融，その中でも株式による資金移転や株式を担保とした資金移転が重要な役割を担った。第二次世界大戦後はキャッチアップ経済でリスクが少なかったため，間接金融が優位であった。しかし，その時代も終わり，今後は直接金融や新しい市場型間接金融の重要性が増していくと考えられる。

＊　　　＊　　　＊

　上述のような意図のもとで，第1章では，まず江戸時代から明治時代へと変わる近代化への激動の変革のなかで，金融機関としての銀行がどのように設立され，どう発達していったのかを見ていく。

10

　江戸時代は鎖国政策がとられていたが，オランダや中国などの限られた国々との貿易が行われ，金融の基本となる貨幣制度が整備されていく。今日の銀行のもととなる両替商が生まれたのも，江戸時代のことである。ただし，金融は「米」を軸として行われた。

　明治時代に入ると，殖産興業のスローガンのもとで為替会社が生まれ，その後，国立銀行が設立された。さらに株式取引所や日本銀行が設立されるなど，近代的な金融制度が整備されていった。この時代，政府系の特殊銀行も設立され，兵庫県では兵庫県農工銀行が設立されている。また，信用組合も設立された。続いて，日清・日露といった戦争，昭和初期に入っての金融恐慌などによって，大きく揺れ動く経済に翻弄された金融機関への影響なども見ていくこととする。

　第2章では前章を受け，兵庫県内にさらに目を向ける。貿易や重工業，そして地場産業と，兵庫県はさまざまな側面を有するが，こうした種々の産業が今日のメガバンクに発展する金融機関とも結びつく一方で，中小企業金融も急増する。そうしたなかで多くの金融機関が合従連衡を繰り返してきた。

　昭和に入り，1927（昭和2）年に発生した金融恐慌の時期，金融機関の統合が相次ぐが，そうしたなかで一県一行主義が台頭する。兵庫県ではいち早く推進された。そのなかで，神戸銀行の設立へと進む動きについて見ていく。また，県内の中小企業金融の動向も概観する。最後に，日本有数の商社として知られた鈴木商店と，その破綻が神戸経済に与えた影響にも触れる。

　第3章は，第二次世界大戦後に焦点を当てる。戦時中の統制経済を経て，敗戦後に金融行政はどのように展開されていったのか。その構築とインフレ対策，そして高度経済成長を支えるまでになった金融機関，また，中小企業金融はどのように変わっていったのかについても見ていく。

　まず，戦時統制経済下という特異な状況のなかで，日本は公庫や金庫によって「軍費」を調達した。戦時金融公庫が設立されたが追いつかず，南方開発金庫，外資金庫が次々と設立された。これらがどのようにしてふくれあがった軍事費をまかなったのか，また，銀行はどのように対応していったのかについて

見る。一方，兵庫県にあっては，敗戦前と比べて金融界はどのように変化したのか，神戸銀行や兵庫相互銀行などについて，また，信用金庫と信用組合の変遷についても見ていく。特に中小企業の金融の担い手として位置づけられた信金・信組については，敗戦後の中小企業金融の動きとして詳述する。さらに，敗戦後の復興期，大きく躍進した山陽特殊製鋼の破綻と再生について触れておきたい。

　敗戦後の高度経済成長期を経て低経済成長期に至るなかで，金融界ではいわゆる護送船団方式から大きな転換を行おうとしていた。金融の自由化である。第4章では，その直接的な要因と進展の様相について見ていきたい。まずは日本経済全体について，経済環境の変化と金融の自由化について概観し，さらに地域金融機関への影響も見ていく。また，バブルの生成・崩壊や阪神・淡路大震災が地域金融にもたらした影響についても触れる。つぎに，この時期における兵庫県内の金融機関の動向を見る。とくに，自由化による再編の流れの中で，太陽神戸銀行と尼崎信用金庫それぞれの合併と，兵庫銀行の破綻を見ていく。

　第5章では，「震災復興，「失われた20年」を越えて」と題し，平成時代に入ってからの約20年間に注目する。1990年代はじめにバブル経済が崩壊したのち，日本の経済成長は長期低迷が続いた。経済成長率は欧米諸国を下回り，雇用環境も悪化した。兵庫県にあっては，この間に阪神・淡路大震災に見舞われるという特異な状況に陥っている。本章では，バブル崩壊後の長期不況下での兵庫県金融と地域金融機関の動向を，阪神・淡路大震災への対応なども含めて詳しく見ていきたい。

　兵庫県経済は従来，重厚長大型産業に支えられ，高度経済成長期には成長の原動力となった。しかし，バブル崩壊後一転して産業構造の転換を迫られるようになる。こうしたことが，兵庫県経済の低迷の要因となる動きについて見ていくとともに，この間，バブル崩壊後の不良債権問題にも苦しんだ兵庫県金融の動向も概観する。さらに阪神・淡路大震災が兵庫県経済に追討ちをかけることとなり，それに対する金融機関の対応や兵庫県信用保証協会などによる公的支援について詳しく見ることにする。最後に，兵庫県経済と地域金融の現状に

ついて代表的な業種をあげて例証したい。

　第6章は，2000年代はじめから今日に至るまでの兵庫県の地域金融について見ていく。地域経済の主体はいうまでもなく中小企業であるが，国は1999（平成11）年に中小企業基本法を全面的に改定し，中小企業政策を「経営革新」と「創業化」を核とした新しいものに大転換した。これに伴って金融面では，担保主義・保証制度によらない事業性評価を重視した融資制度の確立が主要課題になっていく。一方で，金融庁は2002（平成14）年に「金融再生プログラム」を公表し，これからの地域金融機関のあるべき姿として「リレーションシップ・バンキング」というビジネスモデルを提唱した。

　本章では，このような中小企業政策の転換と地域金融機関に求められる変化を見ていく。さらに，兵庫県内の企業と金融がどのように対応してきたのか，具体的な事例をいくつか紹介する。最後に，2008年に経済を襲った金融危機とその地域金融への影響を振り返りたい。

　第7章では，第6章で取り上げられた「リレーションシップ・バンキング」や「事業性評価」などの新しい地域金融のあり方の必要性から，兵庫県の地域金融がどのような方向を目指そうとしたのかを検討する。そこで，「ひょうご地域金融懇話会」と「㈶ひょうご震災記念21世紀研究機構」の提言や報告書を中心に探り，地域金融の具体的な取組について検討していく。さらに，地域金融の変化に沿って兵庫県下の企業がどのような事業展開をしてきたのか，具体的な事例を詳しく見ていきたい。

　終章では，金融の「機能」面から現在行われている，あるいは計画されている政策・施策を見つつ，今後の地域金融機関のあり方について展望していきたい。地域金融機関は，地域で集めた預金を地元の企業・個人に貸し出すという「地産地消」を行い，地域内再投資の好循環を実現させるという役割を有するが，兵庫県内の現状はどうなのか，また，リレーションシップ・バンキングの強みを生かし地域金融機関が今後存立するポイントとなる「伴走型支援」についても触れておきたい。

【参考文献】

岡村秀夫・田中敦・野間敏克・藤原賢哉（2005）『金融システム論』有斐閣.

岡村秀夫・田中敦・野間敏克・播磨谷浩三・藤原賢哉（2017）『金融の仕組みと働き』
　　有斐閣.

川口慎二・古川顕編（1992）『現代日本の金融政策』東洋経済新報社.

鈴木淑夫（1981）『日本経済と金融』東洋経済新報社.

深尾京司・中村尚史・中林真幸編（2017）『日本経済の歴史 近代Ⅰ』岩波書店.

古川顕（2014）『テキストブック現代の金融第3版』東洋経済新報.

マンキュー，N.グレゴリー著，足立英之・地主敏樹・中谷武・柳川隆訳（2017）『マ
　　ンキュー マクロ経済学Ⅰ 入門篇（第4版)』東洋経済新報社.

14

第1章

明治から昭和初期へ（I）
国による金融制度の近代化

第1節　江戸から明治へ，銀行の設立と発展

1-1　江戸時代の金融

(1) 貨幣の基盤構築と流通

　江戸時代の金融とはどのようなものであったのだろうか。まず，その基本として，江戸時代の通貨制度と紙幣について触れておきたい。

　江戸時代の初期は，江戸幕府によって渡航許可を受けた朱印船によって貿易が行われていた。朱印船貿易によって，日本は生糸などを輸入し，銀や銅などを輸出していた。ところが，江戸幕府は鎖国政策をとるようになり，貿易は幕府直轄の長崎口をはじめ，対馬，薩摩，松前の「四つの口」に限られていた。相手側は，通商国であるオランダや中国という限られた地域であった。

　「金融」の基本となる貨幣は，こうした貿易などによって基盤が築かれていったと考えることができる。1695（元禄8）年，江戸幕府は江戸時代の初期より使用していた慶長金銀を改鋳し，元禄金銀を発行した。これは，慶長金銀より金銀の含有割合の低い，いわば貨幣としては質の悪い貨幣（悪貨）である。その改鋳には日本国内により広く貨幣を流通させる意図もあったであろうが，なにより江戸幕府の財政難の打開という意図が強かった。

　広く貨幣を流通させることによって経済活動が活発になれば，やがて物価の高騰をもたらすことになる。その解決に向けて動いたのが，江戸時代中期の旗本で政治家・朱子学者である新井白石であった。新井白石は1714（正徳4）年に元禄貨幣改鋳の指示を出し，金銀の含有量の多かった慶長金銀に戻すべく，正徳金銀を発行した。

(2) 江戸の三貨と紙幣，両替商の誕生

　このような金貨，銀貨，また銭という貨幣を総称して「三貨」と呼んでいた。紙の貨幣（紙幣）がなかった時代である。

　三貨のうち金貨は含有量すなわち純度が重視される貨幣で，主に東日本で鋳

16

造され，使われていた。一方の銀貨はその重さ（目方）によって品質を確認するもので，主に西日本で鋳造され使われていた。そして銭貨は全国で流通していたと考えてよい。

　江戸時代を通じて徐々に日本全国に浸透してきた貨幣経済であるが，その貨幣は金座・銀座・銭座でそれぞれ鋳造管理がなされていた。そして，金貨（東日本）と銀貨（西日本），また銭との両替を行うために，両替商が江戸金融において重要な位置を示すようになる。

　両替商の起源は中世にさかのぼる。江戸期には，大阪（大坂），京都，江戸はもちろんのこと，東西の結節地である伊勢，さらに各国の主要な商都に広がるようになっていった。両替商は変動する金銀相場，銭相場を見極めながら，三貨の両替，すなわち金融業務，さらに貸付や為替（現金の代わりに手形などを受け渡しする行為，また，為替に付随する手形の発行を扱う行為）の業務まで行うようになった。そのなかから鴻池や三井など有力な両替商が生まれた。両替商のなかには幕府代官や諸藩の蔵元や掛屋として，領主の財政を担当したり，問屋商人への商品販売を行ったりする者も現れた。それが，のちの銀行の元となる組織ということになる[1]。

　また，江戸時代には三貨とは別に全国の諸藩が発行し，通用した貨幣もあった。その1つが藩札と呼ばれる紙幣である。藩札は各藩が独自に発行していることもあって，それぞれの藩の藩政改革，いわば各藩の財政の健全度合いや殖産興業の程度に応じて発行・利用される側面もあった。

　一方，藩札とともに，私札と呼ばれる紙幣も流通した。文字どおり，民間が私的に発行し，通用させていた紙幣のことである。私札の概念は，やがて切手や切符，羽書，商品券などに発展していく。それも，金銭および金銭に代替される物が通用・流通していくという意味で，「金融」という概念の萌芽と捉えることができる。

　その私札の先駆けは江戸時代，伊勢商人によって発行された山田羽書だとい

----

(1) 落合功（2016）p.63による。

われている。私札の概念そのものはさらにさかのぼり，室町時代から伊勢地方の商人たちが流通させていた商業手形や貨幣の預かり証に始まったと考えられる。しかし，山田羽書は，いわば紙幣の原初形態として発行されたもので，現在，伊勢河崎商人館にも「日本最古の紙幣」として，1610（慶長15）年に発行された羽書が保存されている[2]。

　金貨と銀貨，いわば東西の貨幣の結節地ともいえる伊勢は，そのどちらの貴金属硬貨も使用することができ，かつ伊勢商人に代表される商業的な地位から，独自の私札すなわち山田羽書を発行・流通させる素地があったのであろう。加えて，貴金属硬貨は大量に持ち運ぶには重く不便であるため，それを代用できるものが必要だったとも考えられる。

　また，江戸期には貨幣流通と関連して「保険」という考え方も浸透してきた。これも金融の範疇に含まれるので，少し触れておく。「保険」とは，予定どおり取引が実現できない場合を想定した担保であり，損害保障ということができる。その保険の概念が浸透した背景に，冒頭に述べた朱印船貿易がある。

　安土桃山時代から江戸時代初頭，貿易の相手国は隣国の明（中国）ではなく，東南アジア諸国，呂宋（フィリピン），交趾（ベトナム），暹羅（タイ）が中心であった。朱印船貿易において商人と船乗りの間に交わされた借用証が保険的な概念に根ざしていた。船乗りが長期の渡航で必要な多額の借入をしたとき，その返済には利率がつく。その利率は船乗りの信用に応じて異なるが，万一，船が難破した場合などは返済の義務がなくなるという性質のものであった。この海難というリスクを担保するという考え方は海上貸借もしくは冒険貸借とも呼ばれ，投機的な面もあり「投げ銀」「抛銀」「海上銀」などと呼ばれていた。これが日本における保険の始まりだといわれている[3]。

---

(2) 山田羽書については伊勢河崎商人館を参照（http://www.isekawasaki.jp/hagaki/）
(3) 落合功（2016）pp.58-59による。

(3)「米」を軸とした金融

　両替商はさまざまな相手に貸付行為を行うようになった。そのなかで，大名に貸し付けることを大名貸と呼んだ。「質屋」の「質」という言葉・行為の源ということもできるだろう。

　「質」は，大名に納められた年貢すなわち「米」を抵当とするケースが多かった。それが「米」を軸とした金融業務の誕生である。

　市中に出回る商品の売買には，信用取引や先物取引など，さまざまな取引形態がある。これも江戸期に浸透し始めた金融取引の形態の1つといってよい。信用取引とは現金と商品の授受や決済を分け，信用を供与して取引することであり，先物取引とは売買の双方が信用を与え合い，契約の上で現物や現金の受渡や決済を後日に行う取引である。このような信用取引や先物取引が，「米」を軸として頻繁に行われるようになった。江戸期の年貢米は石高制であり，想定される石高に応じて取引が成立し，その取引によって米相場が形成される。その米相場の変動に応じて，取引の貨幣相場も変動するという側面があったのである。

　米の取引所は「米会所」と呼ばれていた。米会所での取引は，江戸初期は現物米によるものであったが，元禄期には米手形，米切手と呼ばれる決済と納品の期間を埋める商品券によって取引するようになっていった。

　なお，「手形取引」も江戸期に浸透した取引形態である。手形は後日の支払を約定することを示すために発行するが，商人がこの機能を利用するようにもなった。一例を示すと，商人が手持ちの金銀を両替商に預け，商品からの支払はその両替商宛の振出手形を発行し，決済するようになっていったのである。

　さらに，振出手形を，手形のまま発行・流通させることもあった。すると，商人は両替商からの信用力を高めるために，預け金（銀）を多くしようと努める。そして両替商の手元には現金・現銀が蓄積し，取引においてより力のある存在になっていったのである。

1-2　銀行設立の背景

(1)　金札の発行

　両替商などにより江戸時代にその基盤がつくられた日本の金融の仕組であるが，中でも銀行制度は，1872（明治5）年11月に公布された「国立銀行条例」を出発点としている。国立銀行条例は，明治政府がスタートして，銀行という存在を時代に則した近代的な金融機関とすることを目的として制定された。と同時に，この条例は，明治政府の草創期に大量に発行され累積したままになっている政府による不換紙幣（政府の信用によって流通させる紙幣）の整理を狙ったものであった。

　明治政府は，草創期の体制整備に向けて数々の施策を進めた。そのため，莫大な支出を要した。一方，政府の草創期の収入は，江戸時代の旧幕府，また明治政府に敵対したり反発したりした諸藩からの貢ぎ物や年貢の収納に頼っていたのが実態であった。そのような財政状況では，当然ながら収入不足・支出過多になってしまう。その莫大な赤字を補うため，太政官札，民部省札などの金札と呼ばれる不換紙幣を発行して補ったのである。

　金札の流通を促進する動きは全国で見られ，兵庫県も例外ではない。兵庫県では，1868（明治元）年12月，金札と兌換（引換）できる4種の銭札を発券し，県内の金札流通においてネックとなる通貨不足を補うとともに，金札の流通促進に努めた。また，その引換場所を兵庫，神戸など兵庫県内5か所に置いた[4]。ところが通貨の流通量の増加は，物価の上昇を招きながら，やがて貨幣価値の暴落を迎えることになる。兵庫県が発行した4種の銭札，金札も暴落し，1870（明治3）年には発券が廃止されることとなった。

(2)　明治政府樹立直後の通貨事情

　ここで，明治政府の樹立直後における全体的な通貨事情を概観しておきたい。先述したように，明治政府が発券した不換紙幣は累積する一方であった

---

(4)　兵庫県（1967）p.216による。

20

が，やがてその貨幣価値が下落し，暴落することとなった。一方で市中の商人やそれぞれの町村，さらに宿場などによる私札（いわゆる代用紙幣）が発行され，その私札の乱発のなかで，偽札（贋札）なども生まれた。すわなち「通貨」とは名ばかりの不統一な「お金」が横行していたのである。そして，その流通はもちろんのこと，その流通に伴う金融の整備も困難を極めていた。

　そこで，明治政府は1869（明治2）年，政府だけが貨幣を発行できるようにした。また，1870（明治3）年には，偽札を取り締まるため「地方巡察順序」という規則を制定した。さらに，1871（明治4）年6月，明治政府は新しい貨幣制度を確立するため新貨条例（1875（明治8）年に貨幣条例と改称）を布告し，金本位制を採用することを明言した。あわせて「造幣規則」を制定し，貨幣の単位を「円・銭・厘」とすることとした。そして1872（明治5）年4月，明治政府は円建の不換紙幣である新紙幣を発行した。

　しかし，たとえ政府による貨幣以外の発行を禁止したとしても，その時点ですでに出回っている紙幣の流通そのものは停止できなかった。特に明治政府が負担を強いられたのは，廃藩当時に流通していた「藩札」（藩独自に発行していた貨幣）の処理である。その流通額は明治の草創期に，総額で2,400万両（現貨幣価値で約960億円（米価で1両4,000円にて換算））に及んでいた[5]。

　その処理は明治政府の責任と負担のもとで行われた。そこで政府は1872（明治5）年，新紙幣を発券し，藩札の処分と政府不換紙幣による紙幣の統一を図った。また，アメリカのナショナルバンク方式を採用した兌換銀行券によって政府紙幣を償却するために，1872（明治5）年，国立銀行条例を制定したのである。

（3）為替会社の設立

　日本の近代的な金融は1869（明治2）年，明治政府が為替会社を設立したことに始まるが，その為替会社は，東京・横浜・京都・大阪などとともに神戸にも

---

(5) 兵庫県（1967）p.217による。

設置された。為替会社とは「バンク」の訳語として使用されたもので，為替会社から発行される銀行券によって「殖産興業」のスローガンのもと産業を発達させ，すでに出回っていた政府紙幣を整理し，健全な新通貨の供給によって金貨の海外への流出を防止しつつ貿易の増進にも役立てようとしたものであった。

　しかし，この目的は為替会社によっては十分に達成され難いと明治政府は考えたのであろう。後述する国立銀行制度に切り替えられた。東京・横浜・京都・大阪・神戸・大津・新潟・敦賀の8か所に設立された為替会社のうち洋銀券（両建ての金券のほか，外国銀貨と兌換可能な金券）を発行した横浜為替会社は，海外との貿易の増進という意義もあって解散しなかった。

1-3　国立銀行の設立

　1872（明治5）年11月に国立銀行条例が制定され，以後の銀行券発行は国立銀行のみが行うこととなり，また銀行設立で株式分割払込が認められた。国立銀行は1873（明治6）年に東京に第一，横浜に第二（横浜為替会社の継続），大阪に第三と第五，新潟に第四国立銀行が設立されたが，大阪の第三国立銀行は設立されたものの実際の営業の開始には至らなかった。その背景には，正貨兌換を原則として保証準備も紙幣と交換に交付された金札引換証書に限定されたこと，資本金50万円（現貨幣価値で約100億円，1円＝20,000円で換算）以上という条件が厳しすぎたことがあった。そのため，設立されたものの銀行券の発行が困難で経営に行き詰る銀行も現れた。

　国立銀行の設立ブームは，国立銀行条例が改定された1876（明治9年）以後に起きた。ほぼ全面にわたる改定で，兌換は正金（正貨幣）でなく政府紙幣で行うことができ，保証準備として一切の政府発行公債を認め，資本金は10万円（現貨幣価値で約20億円）以上と緩和された。これにより1876（明治9）年末に5行にすぎなかった国立銀行は，1877（明治10）年末に26行，翌年末に95行と増加し，1879（明治12）年の第百五十三国立銀行（京都）まで設立が許可された。

　また，国立銀行条例は，アメリカのナショナルバンク方式を基本としてい

た。アメリカでは，国の財務省が管轄する通貨監督庁からライセンスを受けた
ナショナルバンクが，連邦政府から購入した国債額の範囲内で自由に紙幣を発
行するという制度を採用していた。明治政府はその制度にならって条例を制定
した。

　国立銀行条例では，国立銀行は先述のように民間資本が政府の免許を受けて
設立されることとした。銀行は，その資本金の6割にあたる政府紙幣を納付す
る。これにより，納付した政府紙幣と同額の銀行紙幣の発券を行うことができ
る。銀行紙幣は銀行が兌換義務を負う。その義務の履行のために資本金の残り
4割を金貨とし，兌換準備金として保有することとなった。しかし，国立銀行
は設立当初から，発券紙幣が払出しと同時に兌換されたこともあり，資金が不
足する状況となり，当初から営業不振に陥るような状態であった。

　その窮状を受けて，明治政府は1876（明治9）年に国立銀行条例を改定し，
さらに，旧武士団の「金禄公債」（明治維新に伴う禄制の廃止により強制的に
禄が廃止された華族や士族に，その代償として交付された公債）を国立銀行の
出資金に充てることを認めた。そのため，商人ではなく，士族が出資した国立
銀行の設立が増加した。こうした銀行は「士族銀行」とも呼ばれた[6]。

　こうして国立銀行は1879（明治12）年設立の京都第百五十三国立銀行まで，
まさに明治維新という激変期に「雨後の“筍”」のように次々に設立された。
その様相は，まさに国立銀行の設立ラッシュともいうべき状況であった。

　明治期の銀行貸出の特徴として，株式担保金融があげられる。借主が元手金
で株を購入し，その株を担保に銀行から借り入れ，さらに株を買うということ
を繰り返すことによって，少ない元手金でも大量の株式を購入できる仕組であ
る。資金が潤沢になかった時代に，銀行貸出と株式という異なる手段を組み合
わせることによって，企業への資金供給で重要な役割を果たしていた[7]。

---

(6)　兵庫県（1967）p.218による。
(7)　深尾京司・中村尚史・中林真幸編（2017）pp.135-136による。

1-4 東京株式取引所と日本銀行の設立

(1) 東京株式取引所の設立

　国立銀行の設立ラッシュが続くなか，現在の東京証券取引所の前身となる東京株式取引所が設立された。1878（明治11）年のことである。その具体的な計画は，1874（明治7）年の株式取引条例制定に始まる。その後，1878（明治11）年に東京・兜町にあった第一国立銀行が所有する不動産を購入して本拠として定め，改定された株式取引条例に基づいて，1878（明治11）年5月に発起人らが設立を出願した。発起人には渋沢栄一をはじめ，財界・産業界の重鎮が名を連ねた。1878（明治11）年5月，東京株式取引所は大蔵卿・大隈重信から免許を受けて，正式に成立した。6月には営業を開始し，現場取引の売買も開始された。

　1878（明治11）年7月には，日本初の上場株式として東京株式取引所の株式の売買が開始され，9月には第一国立銀行の株式が上場された。ここに，国立という名の株式会社が生まれたということになる。

　間接金融優位の第二次世界大戦後とは異なり，明治期は株式による資金調達も多かった。株式担保金融による株式の活用だけではなく，国立銀行で認められた株式分割払込制度が一般的に企業にも広く利用されるようになり，設備投資を促進させた[8]。

　東京株式取引所は1879（明治12）年に金銀貨幣の売買を開始し，その後，1943（昭和18）年，日本証券取引所に統合され，その日本証券取引所も同名称では1947（昭和22）年に解散するに至る。

(2) 日本銀行の設立

　国立銀行にはアメリカのナショナルバンク制度にならって銀行券の発行権限が与えられていたが，事実上，失敗に終わった。そこで，次はイギリスにならい，銀行券の様式を全国的に統一し，金融政策も統一して行い得るよう単一の

---

(8) 深尾京司・中村尚史・中林真幸編（2017）pp.135-140による。

24

中央銀行の設立を目指す機運が生じた。そして1882（明治15）年に日本銀行条例が公布された。一方，1884（明治17）年には兌換銀行券条例が制定され，国立銀行からの銀行券発行が停止された。

　日本銀行が設立されたのは，153を数えるすべての国立銀行が設立された後，日本銀行条例が公布された1882（明治15）年10月であった。前述のように，国立銀行が金兌換紙幣である国立銀行紙幣の発行を開始したのが1873（明治6）年であるが，その国立銀行紙幣の金兌換が停止されたのが1876（明治9）年のことである。こうした貨幣統一の機運のなかで，明治政府は1882（明治15）年に日本銀行条例を公布し，日本における統一的な貨幣制度を樹立することを目指したのである。1882（明治15）年10月の日本銀行開業とともに預金取引や貸出等の業務も開始された。前述のように国立銀行の紙幣発行権も認められなくなり，以後，国立銀行は私立銀行など新たな組織形態を模索していくこととなった。

　明治初期から中期にかけての銀行，特に国立銀行と日本銀行の設立の経緯は上記のとおりであるが，日本銀行については，その後の動向についてここで触れておきたい。開業翌年の1883（明治16）年，日本銀行は政府預金の取扱を開始し，国庫金の取扱を始める。これに伴い，国庫金取扱代理店を設置した。さらに1884（明治17）年には国債事務の取扱を開始し，国債事務取扱代理店を設置した。そして1885（明治18）年には日本銀行券（銀貨兌換券）の発行を開始し，1円券の発行を開始した。1円券は1889（明治22）年に新様式になり，1958（昭和33）年の発行停止まで続いた。このような経緯を経て，日本銀行は巷間言われるような"銀行の銀行，政府の銀行"の地位を固めていったのである。

(3) 日本銀行設立に伴う国立銀行の動向

　日本銀行が設立された翌年，1883（明治16）年の国立銀行条例の改定によって，国立銀行の営業年限は創立後20年間に制限されることとなった。しかし，1890（明治23）年には銀行条例が公布され，実際上は営業満期前に各

国立銀行は普通銀行に移行した。国立銀行も民間資本の銀行であるため，普通銀行への移行は名実ともに民間銀行になるということを意味するが，国立銀行から移行した銀行以外にも，銀行条例に基づく銀行の新設があり，その数は一挙に増加した。1888（明治21）年に200行強であった全国の普通銀行が，1897（明治30）年には約1,300行へと増加したのである。その背景には，日清戦争（1894（明治27）年）後の産業興隆があった。さらに1897（明治30）年に金本位制への移行が進んだこともある。

1-5　松方デフレ政策

(1) インフレを押さえ込む強硬なデフレ政策

　日本銀行の初代総裁は大蔵卿・大蔵大臣の松方正義である。フランスなどへの滞欧経験がある松方が明治政府に「日本帝国中央銀行」の設立案を提出したのは1881（明治14）年7月であり，約1年間という短期間で日本銀行の創設にこぎ着けたことになる。それほどまでに，金融政策の構築，財政再建の実施，貨幣制度の統一は明治政府，また日本の産業界・金融界にとって喫緊の課題であったのであろう。

　当時の日本は，国立銀行による不換紙幣の濫発と「最後の内乱」と呼ばれる西南戦争（1877（明治10）年）の戦費調達の影響により物価が高騰し，急激なインフレ状態になっていた。松方はそのインフレを押さえるべく，デフレ政策を次々に打ち出した。それが巷間，松方デフレと呼ばれる一連のデフレ政策である。

　松方はまず西南戦争の戦費調達のために濫発した政府不換紙幣を全廃し，同時に兌換紙幣である日本銀行券の発行による紙幣整理を実施した。明治政府の財政再建を目的として税収の確保に努め，煙草税や酒造税，醤油税などの増税も実施した。もちろん政府予算の圧縮策などの財政政策も積極的に進めた。それまで政府予算でまかなわれていた官営（模範）工場の民間への払下げなども行い，明治政府の財政収支を大幅に改善させた。以上の施策が当時の経済状況に深刻な打撃を与えていたインフレの抑制にもつながった。しかし，インフレ

を押さえ込む積極的な施策は，やがて深刻なデフレ，物価の下落を引き起こすことになる。

　産業界では「民間による殖産興業」を進めていたため，会社資本の増強が求められていた。民間による殖産興業とは，直接的には従来から力のあった各地の地主や商人による金融への起業を意味する。それぞれが国立銀行などの金融機関から資金を調達し，なかには自前の資産を活かして金融機能を有する私立銀行を設立する地主・商人・富豪もいた。加えて，1878（明治11）年に設立された東京株式取引所に株式を上場して資金調達を行う企業もあった。

　そうした旺盛な資金需要が，デフレによって冷や水を浴びせられたような状態になった。これが産業全体の停滞・失速を招き，1890（明治23）年，日本において初めて恐慌と呼ばれる経済状況を迎えることとなった。

(2) 明治23年恐慌

　松方デフレ政策の結果としての「明治23年恐慌」について触れておきたい。1887（明治20）年以降，日本の金融全体で見れば公債の人気が去り，1878（明治11）年に東京株式取引所が設立されたことを受け，株券に人気が集まり，会社の創設が各地で活況を呈した。

　ところが，アメリカでは1890（明治23）年に発布された銀貨条例・シャーマン銀購入法によって銀本位制に戻りかけ，銀貨が暴騰した。そのあおりを日本も受けることになる。1890（明治23）年8月には大阪や神戸での銀貨の需要が高まり，兌換銀券と政府紙幣，銀行紙幣の交換にも影響が現れ，1,000円につき50銭の打歩（割増差額のこと）をつけた[9]。これが「明治23年恐慌」の始まりである。金融状況も行き詰まりを見せ，兵庫県では阪神・淡路地区の伝統産業の1つである紡績をはじめとした兵庫県下の企業にも大きな影響が出た。

　しかし，恐慌という経済的危機は1886（明治19）年以降の会社の創設ラッシュの反動にすぎなかったこともあって早期に収束し，金融への起業の気運が

---

(9) 兵庫県（1967）p.477による。

再び高まった。1892（明治25）年には再び私立銀行の設立が活発になった。

1-6　特殊銀行の設立

(1)　特別な法律に基づいて設立された政府系の金融機関

　特殊銀行とは，ここでは明治期において，長期にわたる設備投資や対外貿易・政策上の必要性から，特別な法律に基づいて設立された政府系の金融機関のこととする。具体的には，重化学産業の振興を担う目的で設立された日本興業銀行，農工業の発展に寄与する目的で設立された日本勧業銀行・農工銀行，国際金融を専門に扱う銀行として設立された横浜正金銀行，北海道開拓を経済面で援助することを目的に設立された北海道拓殖銀行，朝鮮半島や台湾などの併合地の中央銀行として設立された朝鮮銀行や台湾銀行などを指す。

　1894（明治27）年に日清戦争が勃発したが，戦争終結後の農工業の発展は喫緊の課題であり，その課題に寄与する長期資金を供給する特殊銀行の設置もまた大きな課題となっていた。特殊銀行の設置はその要望に明治政府が応えた恰好になる。1896（明治29）年の農工銀行法の公布に基づいて，1897（明治30）年7月に日本勧業銀行が設置され，引き続いて各府県に農工銀行が設置されることになった[10]。

　日本勧業銀行と各地に設立された農工銀行は親子のような関係にあったということもできる。日本勧業銀行が大中地主を対象として資金を供給したのに対し，農工銀行は中小地主を対象として資金を供給した。そして，日本勧業銀行は各地の農工銀行の発行する農工債券を優先的に引き受けることによって，農工銀行を資金的に援助した。それと引き換えに，農工銀行は日本勧業銀行の代理店となることによって，全国的な規模での日本勧業銀行の営業と各府県単位での農工銀行の営業とが深く関わりあい，相互依存の関係を形成していった。

---

(10)　兵庫県（1967）p.487による。

(2) 兵庫県における農工銀行

　各府県の農工銀行の一例として，兵庫県農工銀行の誕生と営業状況について見ていく。兵庫県における農工銀行すなわち兵庫県農工銀行は，1898（明治31）年に設立された。農工銀行は，基本的に各府県1つで1営業区域となっていた。後述する一県一行主義の考え方が根底にはあったわけである。1897（明治30）年に大蔵省が各県の知事に内訓した農工銀行設立事務手続によると，設立委員の認定には「全管下ヲ通ジ各郡市ニ於テ資産名望若クハ経験ヲ有スルモノ凡ソ一人県官ヲ標準（各地における資産家・名望家・経験者から担当を選んで設立の準備に当たることを標準とする）」とある[(11)]。この内訓に準拠して，兵庫県では農工銀行の設立準備のため，1897（明治30）年11月に知事が県下の名望家（明治維新以後に力を伸ばしてきた有力者や地主のこと）を選び，設立委員を任命した。そして1898（明治31）年7月から営業を開始した。

　兵庫県農工銀行は県出資と株式出資を合わせ，計100万円の資本金で出発した。東京・大阪・京都で設立された農工銀行が35万～50万円の資本金であったのに対し，2倍以上の規模でスタートしたことが注目される。設立当初の資本金の100万円は1株50円で，募集株は5万株とされていたが，そのうち兵庫県が1万5,000株を引き受けるとともに，創立以後20年は配当を受けないことになっていた。兵庫県の農工銀行にとってはありがたい出資であるが，一方で，明治政府も1896（明治29）年4月に公布された農工銀行補助法を根拠法として，県が引き受けた株式の払込金額を県に交付することになっていた[(12)]。

　これは兵庫県に限った対応ではない。大蔵大臣の認可を受けた特殊銀行である農工銀行には，県と国，いわゆる「官」の厚い保護を受けながら民の資金ニーズを下支えされていたということができる。

　兵庫県農工銀行の初代頭取は旧龍野藩の士族であるが，特殊銀行の設立については，資金的には地場の有力者に協力を仰ぎつつも，組織体として「官」出

---

(11)　兵庫県（1967）p.488による。
(12)　兵庫県（1967）p.488による。

身者をトップに据えるという手法が一般的であった。なお，1903（明治36）年からの頭取は初代神戸市長であり，市営の上水道事業の実現に取組み，「水道市長」と呼ばれた鳴瀧幸恭が就いている。

(3) 都市周辺部・地方部にあった兵庫県農工銀行の資金基盤

　兵庫県農工銀行の創設時における株の応募数は5万株を超え，盛況であったということができる。株式の割当については，最初は地域ごとに株数の割当が行われていたが，結果としての確定株について見ると，都市部よりも都市周辺・地方部の割合が多かった。

　1894（明治27）年の日清戦争後，各郡町村においては基本財産の安定が大きな課題となっていたが，兵庫県農工銀行の株式はその課題解決のためにも恰好の投資対象であったのであろう[13]。いわば郡市町村，特に郡部の基本財産を国のお墨付きの銀行設立に総動員し，郡部の財産の安定化を図った。すなわち「呼び水効果」を生んだのである。

(4) 不動産を担保とした貸付額が急増

　農工銀行の設立初期の特色は，不動産（土地）を担保とした貸付にあった。1899（明治32）年から翌1900（明治33）年にかけて，耕地整理法，産業組合法が制定され，農工銀行法も改定された。不動産を担保として資金を集め産業の組織化につなげるという一連の資金循環の連関性を定めた施策である。そうした新法や法改定により，不動産を所有する産業組合や耕地整理組合への貸付が始まるようになったのである。

　兵庫県農工銀行も同様で，その貸付額は，1904（明治37）年に約70万円であったものが，1907（明治40）年には約250万円になり，1912（大正元）年には約1,580万円と急増している。新法・改定法を根拠として，農工銀行も貸付を積極的に推進し，資金循環・財務基盤を強固にしていった姿が見てとれる。

---

(13) 兵庫県（1967）p.489による。

　貸付の内容を少し細かく見ると，兵庫県農工銀行の貸付には，水利組合，産業組合，耕地整理組合，および20人以上の農工業者の連帯に対する無担保貸付があった。兵庫県農工銀行における，これら業者に対する貸付は，1907（明治40）年では20万円ほどにすぎなかった。一方，貸付額全体の約84％にあたる200万円ほどは不動産担保による貸付であった。

　1912（大正元）年には，不動産担保による貸付は貸付総額の約8割と変わらないものの，額としては1,200万円を超えていた。それは有担保の貸付金総額の9割強にあたり，いかに不動産に依存した貸付を積極的に行っていたかを垣間見ることができる[14]。

　兵庫県農工銀行は上記のような営業状況であったが，各府県の農工銀行は，昭和に入って順次，日本勧業銀行に吸収合併されていく。兵庫県農工銀行も1937（昭和12）年に日本勧業銀行と合併し，日本勧業銀行の神戸支店となっている。

(5) 明治期の民間企業の動向

　ここで，明治期の民間銀行の特徴について触れておく。明治期の民間銀行を捉える際，重要な点は，国立という名の民間銀行が多数存立したことである。国立銀行とは国の資本ではなく，民間資本を活用し，国が認可することによって設立された銀行である。その後，国立銀行に関する時限措置を盛り込んだ法改正もあり，順次，国立の名が外れ，純然たる民間銀行になっていく。

　兵庫県の国立銀行の一例として，兵庫県北部・出石に設立された第五十五国立銀行の系譜をたどっておこう。第五十五国立銀行は1878（明治11）年に設立され，20年の営業期限を経て1898（明治31）年に第五十五銀行となった。その後，出石貯蓄銀行を買収し，1928（昭和3）年には但馬銀行（現在の但馬銀行とは無関係）に吸収されている。その但馬銀行は1941（昭和16）年に全但銀行と合同し，その後，但馬貯蓄銀行を合併して，1945（昭和20）年には

---

(14)　兵庫県（1967）p.490による。

神戸銀行に吸収された。

　詳細は次章に譲るが，神戸銀行は兵庫・播磨地区のみならず，県内全域の銀行を集約するかたちで誕生し，成長していった。なお，兵庫県下に限らず，現在，全国にある大手行，地方銀行の多くは，この国立銀行が源流となっている。

1-7　中小企業金融（庶民金融）の歴史

（1）頼母子・無尽の歴史

　ここで，明治初期の国による金融機関の設立だけでなく，当時の庶民金融の歴史にも触れておく。中小企業金融の歴史をたどるときに欠かせないのは，その源流ともいえる庶民金融の様相である。庶民金融の原初形態として，広く「頼母子」「無尽」という経営形態があった。そして，その庶民金融は明治から大正，さらに昭和の好不況・戦時下においても文字どおり庶民の金融を支えた。

　その仕組を一言でいうと，「多くの人がお金を出しあって，出しあった人が貯蓄を重ねるとともに，お金を使える順番を決め，一定の目標金額が貯まった段階で大きな物品を購入したり，サービスを受けたり，旅行したりする仕組」ということができる。お金を出し合う人たちで「講」という組合（組織）をつくり，サービスを受けたり，旅行したりする便益が享受できる順番を決めた場合は，全員に便益が行きわたった段階で講を解散する決まりもあった。これは「頼母子講」と呼ばれていた。

　頼母子や無尽の起源をたどれば，中世から培われてきたとされる極めて原初的な相互扶助の仕組にさかのぼる。それが江戸期には庶民の間の金融機能という性格を帯び，明治期にかけて庶民金融として定着したのである。江戸期には伊勢参りのお金を庶民が出しあい，お金が貯まった段階で代表者が参詣する代参講や順番が優位な順に参詣できる頼母子講が存在した[15]。

---

(15) 落合功（2016）p.91による。

(2) 無尽が果たした役割

　頼母子と無尽には明確・厳密な定義の違いは見られない。強いていえば，頼
母子には文字どおり，頼む（＝互助や協力に関わる習俗）を踏まえた金融の仕
組と捉えることができ，無尽には「質物を伴う貸金」という意味があるとされ
る。質物には担保機能があり，その機能を活かした金融ということになる。そ
こで，質物を活かした無尽の金融機能について触れておきたい。

　江戸も後期になると，都市部だけでなく，農村にも質屋が設置されるように
なった。質屋はまず，「庶民・農民がお金に窮したときに，品物を持ち込んで
換金してもらう場」である。第一義としては現在のリサイクル・ショップのよ
うな性質を持っていたと考えてよいだろう。

　ただし，質屋の機能はそれだけではなかった。江戸の後期には，品物を質屋
に預かってもらい，それを担保として品物に応じてお金を借り，必要な時期に
品物を質屋から買い戻すという行為も行っていたとされる。一般的な質屋のイ
メージである。たとえば江戸後期以降，生糸の生産地では，糸の仲買人が来る
まで生糸を質屋に預け，借金によって生産農家は生計を立てることができた。
糸の仲買人が来れば，生糸を戻してもらって販売し，それによって得たお金で
借りていた金を返済するという仕組になる[16]。

　米も同様である。ところが，米の仲買人が来るまで米農家が米を預けた場
合，仲買人は米農家ではなく，質屋から米を購入することにすれば，米農家は
質屋によって米を早期に現金化できる。質屋は"ただの質屋"ではなく，問屋
機能，金融機能を持つようになった。極めて原初的な機能であるが，物とお金
とを流通させる機能の源流は，このような形態に見ることができる。

　しかし，現実には，質屋のこのような金融機能を利用することができない庶
民も多かったのも事実である。その場合でも，無尽，また頼母子は庶民にとっ
て最も手軽な仕組であり，かつ有力な金融手段であった。

　頼母子や無尽は，明治期に入り銀行が設立されて以降，庶民金融としては脇

---

(16) 落合功（2016）p.91による。

に追いやられた感があるが，根強く続き，しかも機能を充実させ発展させてきた一面もある。たとえば，無尽（ここに至っては頼母子との“境界線”が薄れてきた感はあるが）は明治期以降，協同組合的な無尽講と，企業化した営業無尽に大別されるようになっていった。さらに，営業無尽はやがて相互銀行の業務へとつながっていく。

　加えて，頼母子や無尽は，昭和期に企業が従業員に求めていた社内預金的な機能を有し，現在でも銀行が企業に求める協力預金的な機能も有し，さらに，現代のクラウド・ファンディングの“原型の原型”ともいえる。

1-8　明治中期からの信用組合

（1）産業組合法の制定と改定

　信用組合の設立は，1900（明治33）年に公布された産業組合法にさかのぼる。その背景には前述した松方デフレによる，庶民，なかでも農民の生活の困窮があった。農民の困窮のなかで力のある地主への土地所有の集中が起こり，また，農民のなかで階層の分化が進んでいたことを是正する目的もあったとされる。ただ，産業組合法は対象を農民だけに限定したものではなく，農林業者はもちろんのこと，商工業者や水産業者のほか市民・消費者も対象とした法律であった。しかし，現実は異なっていた。産業組合法のもと，1907（明治40）年頃までは農民に対する積極的な農業の奨励と指導が行われていたが，商工業に対する支援はほとんど行われていなかった。

（2）信用組合と金融機能

　産業組合法の施行後，産業組合法に基づいた信用組合から農民への貸出額は増加の一途をたどる。ただし，金融機関の融資全体から見ると，信用組合からの借入額は少額にすぎなかった。法の目的とされた中産以下の小作貧農層を，従前の金貸しから必ずしも救済することができなかったという面もある。そして，1917（大正6）年，産業組合法が改定され，市街地信用組合が創設されることとなった。それは国の農村支援のための信用組合に対応する都市版である。

　国の施策としての産業組合活動は，いわばお上からの指導奨励によって，各農村に一村一組合を目標とする産業組合の設立が進められたということである。しかし，市街地信用組合が創設され，産業組合が有する信用・販売・購買・利用の4つの機能のうち，とくに信用機能が重視されるようになり，信用組合の設立が普及していった。そして，両者の信用組合は第二次世界大戦後，農業協同組合（農協）と信用金庫の名称のもとに，新しく発足することになる。

第2節　大戦と不況・恐慌の波に揉まれる銀行

2-1　好況と恐慌の連鎖

(1) たび重なる戦争の狭間で起こる好況と不況

　明治維新から昭和初期までの金融史をたどっていくうえで，たび重なる戦争とその特需，その前後の好況と不況，また震災と直後の不況，その後の復興に伴う好況，さらに景気循環のなかで襲い来る恐慌といった波を踏まえておきたい。第二次世界大戦までには，日清戦争，日露戦争，第一次世界大戦，関東大震災といったトピックがあり，その狭間には金融恐慌・昭和恐慌・世界恐慌といったトピックがある。

　特に明治から大正，昭和初期にかけて，経済がまだまだ未成熟であった時代は，金融面を捉えれば，起業と同時に銀行類似会社を設立する地主・資産家・商人も多かった。そうした起業家のなかには銀行経営に明るくないためか，不況期には経営難に陥るところも少なからずあった。そうした事態を解消・回避するため，行政による金融機関の合併も推進された。以下では，国全体を揺るがす景気の波と兵庫県下での金融・銀行の対応を振り返る。

(2) 日清・日露，2つの戦争と明治34年恐慌

　明治期において，日本は1894（明治27）年に日清戦争，1904（明治37）年に日露戦争という2つの大きな戦争を経験した。戦争前夜および戦中は軍事需

要に湧いた面があったのも事実であるが，いずれも日清・日露の戦後しばらく
すると需要の鈍化が経済全体に打撃を与え，日本は抜き差しならぬ不況に見舞
われた。単純な右肩上がりの景況は実現できず，必ずといってよいほど反動的
な不況に見舞われたのである。

　日清戦争後の反動的な不況期に入ると，戦後すぐに乱立した小さな銀行は，
瞬く間に経営が苦しくなった。このため1900（明治33）年頃から銀行合併の
気運が高まった。たとえば1895（明治28）年に創立した神戸の共同貯蓄銀行
が篠山に拠を構える第百三十七銀行に，1900（明治33）年に吸収合併された。
翌1901（明治34）年には，淡路勧業銀行が同じ淡路島の志筑銀行に吸収合併
された。

　日清・日露両戦争の狭間にあった不況期は，明治34年恐慌とも呼ばれてい
る。この恐慌は，神戸地域に限定して見ても，1894（明治27）年，神戸に設
立された岸本銀行の取付に端を発し，神戸の町全体に波及していった。

　当時の神戸の主要産業の1つにマッチがあった。そのマッチ工場をはじめ，
多くの中小企業や商店が大打撃を受け，破産する企業が続出した。市内の組合
銀行（図表1-1参照。当時は独立した私立銀行という性格では公金取扱の特権
が剥奪される恐れもあるため，組合という組織・団体を設けて運営され，神戸
に拠点をおく大手銀行の支店などで構成されていた）の預金が全体で200万円
も減少した。また，全体の手持金が大幅に減少し，企業からの貸出の要請が
あっても断らざるを得ない事態にもなった[17]。

　1901（明治34）年9月からは，神戸同盟銀行集会所（図表1-2参照。1896
（明治29）年当時，神戸市にあった有力銀行が集まってつくられた集会組織。
1987（明治30）年7月1日に手形交換所を設置した）に属する多くの金融機
関が預金利子の引下を実施した。さらに1896（明治29）年に創立した湊西銀
行が1903（明治36）年2月には臨時休業に追い込まれた。

---

(17)　兵庫県（1967）p.484による。

図表1-1　明治期に組織された神戸市内の組合銀行を構成した主な銀行

```
第一銀行支店
三十八銀行
六十五銀行
三井銀行支店
横浜正金銀行支店
住友銀行支店
三菱銀行支店
加島銀行支店
浪速銀行支店
```

（出所：兵庫県（1967）p.484）

図表1-2　神戸同盟銀行集会所の主な構成メンバー

```
第一銀行神戸支店
横浜正金銀行神戸支店
三井銀行神戸支店
日本貿易銀行
第六十五国立銀行
第三十八国立銀行神戸支店
日本商業銀行
住友銀行神戸支店
三菱合資会社銀行部神戸支店
```

　明治期は銀行といってもその歴史は浅く，そのため，中小の銀行業の不安定さが表面化したということもできる。特に資本金10万円前後で創業したような資本力の小さい私立銀行は，相次いで整理・吸収の憂き目に遭った。兵庫県下の私立銀行数は1897（明治30）年を過ぎると本店数が減少し，かわって支店・出張所の増加が目立つようになる。これは，銀行資本の集中・集約が進んだことを意味する。

　特に日露戦争（1904（明治37）年）後に訪れた不況期にあっては，小銀行の倒産が生じ，合併が急速に進んだ。図表1-3に兵庫県下の例をいくつか挙げる。1907（明治40）年に入ると，赤穂産業銀行・出石商工銀行・淡路貯金銀行の3行が解散することになった。翌1908（明治41）年に入ると，恐慌は一

図表1-3　日露戦争直後の銀行の倒産，合併

1905（明治38）年	1896（明治29）年に設立された洲本銀行が取付に遭う。
1906（明治39）年	洲本銀行（1896（明治29）年設立）・淡路興業銀行（1897（明治30）年設立）・淡路銀行（1889（明治22）年設立）・北淡銀行（1897（明治30）年設立）が合併。上記の合併により淡路銀行が設立され，本店を淡路島の洲本に置く。
1907（明治40）年	赤穂産業銀行・出石商工銀行・淡路貯蓄銀行の3行が解散。

（出所：兵庫県（1967）pp.484-485）

段と厳しさを増した。兵庫県下の銀行数もこの年から著しく数を減らし始めている。

　象徴的なのは1895（明治28）年に資本金15万円で設立された神戸貯蓄銀行である。神戸貯蓄銀行は1908（明治41）年に，取付から休業に追い込まれた[18]。神戸貯蓄銀行は神戸地域の庶民の貯蓄奨励を目的として設立されたが，大株主のほとんどは西宮の酒造家であった。神戸貯蓄銀行西宮支店は近隣の農家の少額の貯金に頼っていたが，大株主ら，いわゆる地元経済界に押し寄せた不況が，そうした預金者の銀行不信につながり，西宮支店から取付が起こったのである。さらに1908（明治41）年6月には三田帝国銀行が支払を停止，7月には解散を決定し，神戸の湊東協和銀行も任意解散となった。

　兵庫県の地方部に目を移してみる。三田は現在，大阪への通勤も至便なベッドタウンであるが，1907（明治40）年当時は800戸に満たない小さな町であった。そこに5つの普通銀行と1つの貯蓄銀行があり，銀行数は乱立気味であった。この乱立の様相は1行ごとの資本力の弱さを象徴している。三田地区にあった三田銀行・三田同盟銀行・三田実業銀行・三田共融銀行・三輪貯金銀行・帝国貯金銀行の6つの銀行が統合し，1908（明治41）年，資本金25万円の三田銀行が設立された。その三田銀行は日本ビルブローカー銀行，杷木銀行へと名称を変え，さらに兵庫・大阪・福岡などに営業地域を変え，昭和初期ま

---

(18)　兵庫県（1967）p.485による。

で営業を続けた。

　日露戦争後に訪れた恐慌は，1909（明治42）年以後も続いた。2月には姫路銀行が整理に入り，翌1910（明治43）年には赤穂実業銀行が整理に入った。さらに，1912（明治45）年5月には，東条銀行などに取付が起こった。兵庫県内において，特に資本力の小さい銀行で取付が頻発していた時期である。具体的な銀行名をあげつつ日清・日露両戦争とその後の不況・恐慌のあおりを受けた銀行の取付・整理・解散，そして統合の状況を見てきたが，ここで全体を通した払込資本金額ベースで見ておこう[19]。

　兵庫県下の普通銀行の払込資本総額は，1897（明治30）年の約750万円から，1902（明治35）年には約2.1倍になり，1907（明治40）年には2.6倍，1912（大正元）年には3.5倍と増加している。そのなかで資本金30万円未満の銀行の行数は減少していく。

　兵庫県内の銀行は1912（大正元）年では資本金30万円以上の銀行が銀行資本総額の約6割を占め，三十八銀行や日本商業銀行など，大規模な銀行数行で資本金全体の過半を占めていた。これは，明治期の後半になるにつれ，大規模銀行のいわば寡占状態が進み，それらの大手金融機関による産業資本支配が強まったことがうかがえる[20]。

2-2　金融恐慌がもたらした金融機関への影響

（1）関東大震災と金融恐慌

　日本の産業界は，1914（大正3）年の第一次世界大戦後にも急激な不況に見舞われた。大戦間と戦後の特需の残り香のような好況期を過ぎると，日本の経済はしだいに後退の傾向をたどり，1920（大正9）年3月には株式市場の大暴落が起こる。これを機に金融恐慌が押し寄せてきた。

　その経済的回復を見ないうちに1923（大正12）年9月1日，関東大震災に

（19）兵庫県（1967）p.486による。
（20）佐竹隆幸（2008）pp.49-60による。

襲われた。関東はいうに及ばず日本経済はふたたび混乱状態に陥ったが，その事態のなかで最後まで尾を引いたのが，震災のために決済できなくなった震災手形の処理であった。金融恐慌は震災手形の処理によって，さらに尾を引くこととなった。震災手形は1925（大正14）年までに整理を完了することになっていた。しかし，期限がきてもなお，その約半分が未決済として残っており，しかも，未決済額の大部分の実態は，経営の悪化した企業が振り出した決済不能の手形であった。

　当時，金解禁の準備を進めていた第1次若槻禮次郎内閣は，震災手形の根本的な解決を図る必要に迫られ，1927（昭和2）年，震災手形善後処理法案と震災手形損失補償公債法案の2法案を帝国議会に提出した。震災手形2法案は，政治的な駆引もあって審議は難航した。この審議の過程において，震災手形の所持銀行が約50行あり，そのうち特殊銀行が1億円強を，普通銀行が1億円弱を所持していることがわかった。さらに，特殊銀行の所持分は台湾銀行のものがほとんどあり，しかもそのほとんどが神戸を本拠として当時日本最大の商社といわれた鈴木商店の系列企業が振り出したものであることなどが明らかになった[21]。

　台湾銀行と鈴木商店の抜き差しならぬ関係が明らかになると，世間では震災手形を持っている銀行に対する不安・不信が高まった。そこに1927（昭和2）年3月14日の衆議院予算総会における大蔵大臣・片岡直温の失言が冷や水を浴びせた。実際には破綻していなかったにもかかわらず，「東京渡辺銀行がとうとう破綻を致しました」と答弁したのである。その一言がきっかけとなって，翌3月15日，東京渡辺銀行とその姉妹銀行である，あかぢ貯蓄銀行が休業に追い込まれた。東京渡辺銀行の休業によって，一般預金者の不安は募るばかりとなり，東京の中小銀行への取付はいっそう厳しさを増した。

---

(21)　兵庫県（1967）pp.835-836による。

(2) 金融恐慌と台湾銀行・近江銀行・十五銀行

　金融恐慌のまっただ中の1927（昭和2）年，大型商社として世界を舞台に事業を展開していた鈴木商店が倒産した。メインバンクとして取引を続けていた台湾銀行は，大きな痛手を受けることになる。台湾銀行は極度の資金難に直面し，政府・日本銀行に救済を求めた。台湾銀行と並び，関西の一流といわれた銀行に1894（明治27）年に創立した近江銀行がある。近江銀行も1927（昭和2）年4月，休業を余儀なくされた。

　地方有力銀行である近江銀行の休業は，関西経済界にとって台湾銀行以上のインパクトがあった。神戸市内の貿易業者の一部や綿関係業者が近江銀行と取引関係にあり，特に現在の西脇市周辺の伝統産業である播州織の業者にはかなりの衝撃を与えた。また，神戸市西町にあった近江銀行神戸支店には，休業当日の朝から預金者や取引関係者が大挙して押し寄せた[22]。

　1927（昭和2）年4月，五大銀行の1つとされていた十五銀行も3週間の休業に入った。十五銀行は全国に支店や出張所を持つ銀行であったが，第一次世界大戦後の恐慌以来，川崎造船所・国際汽船・東京瓦斯電工など，いわゆる"松方系事業"への融資が返済されない状況に陥ってしまっていた。資金循環が生じないことによって，上記企業の経営はさらに悪化していった。そこへ台湾銀行や近江銀行の休業が波及し猛烈な取付に襲われた。十五銀行は神戸では4つの支店を運営していたが，4支店に合わせて2万人が押し寄せたといわれている[23]。

(3) 銀行の一斉休業による支払猶予（モラトリアム）

　金融恐慌の波及は計り知れないものであった。東京や大阪の手形交換所など経済諸団体は，動揺を阻止するための適切な措置を即時に講じるように政府に陳情した。兵庫県では，信用組合の安全を確保するために，当時の知事が大

(22)　兵庫県（1967）p.842による。
(23)　兵庫県（1967）p.843による。

蔵・内務両大臣宛に緊急措置の要請電報を打った。神戸商業会議所（現神戸商工会議所）も，混乱を鎮静することを求める要望を政府に打電した。

　こうして政府は，応急策として支払猶予（モラトリアム）令の断行を決定した。と同時に，緊急的に金融界を安定させるため，銀行の徹底的な救済策を実施する旨の声明を発表した。全国の銀行は，政府の実効性のある措置を待つため，1927（昭和2）年4月22日・23日を一斉に休業することを決定した。4月24日は日曜日であるから，銀行の営業は3日間停止したことになる。香港上海銀行・蘭印商業銀行など神戸にあった外国銀行も手形の交換ができなくなり休業した。兵庫県下で休業しなかった金融機関は，後に神戸銀行に吸収合併された東播合同銀行ほか3行，姫路・播磨を中心とした約30の信用組合であった[24]。

　支払猶予令は，1927（昭和2）年4月22日から5月12日までの3週間の支払を猶予する施策である。ただ，公共団体の債務の支払のほか，給与・賃金の支払，1日500円以下の銀行預金の支払は除外された。

(4) モラトリアム下の兵庫県の商業

　兵庫県下の金融機関では，モラトリアム実施中の措置として新規貸出を一切見合わせ，預金を担保とするものでも貸付は行わないこと，さらに定期預金の期限未到来のものは支払わず，預金の引出は猶予令で認められている1人1日500円以内に限ることなどを申し合わせた。緊急的ではあるものの，市民は預金を動かせない状況となった。一方，500円の限度が当時の市民生活の実情にそぐわない，高すぎるという状況も鑑み，郡部の小銀行や信用組合などでは100円，200円を限度としたところもあった。

　県民・自営業者，中小企業のモラトリアムへの対応によって，米・鮮魚・惣菜などの生活必需品の小売業者は，仕入がすべて現金になった。ところが，販売では貸売（ツケ）が増加して，業者は資金繰に窮する状態に陥った。市民も

---

(24) 兵庫県（1967）p.845による。

現金が不足し厳しい生活を強いられたが，小売業者，生産者もまた困窮を強いられたのである。

(5) 川崎造船所の整理と金融機関

　金融恐慌が兵庫県にもたらした影響として，川崎造船所の整理を見逃すことはできないであろう。川崎造船所の主要取引銀行は十五銀行であったが，その十五銀行の休業により当面の運転資金にも窮すると，一気に経営難に陥った。県や政府においてもどうやって救済すべきかが盛んに議論された。川崎造船所の救済措置は，国内でも五大銀行の一角である十五銀行の整理と不可分の関係にあった。そこでまず，政府の特別融資3,000万円を骨子とする整理案が1927（昭和2）年5月に作成されたが，実現するには至らなかった。

　実際には政府の救済策が実現しなかったため，会社の更生のために残された道は，従業員を整理して事業を縮小し，経費削減を図るほかなかった。しかし，その後，1927（昭和2）年8月，川崎造船所と大口債権者との間に整理案が成立し，1928（昭和3）年4月，特殊銀行である日本興業銀行など9銀行による融資が決定した。

(6) 金解禁と金融機関

　昭和初期の金解禁とその前後の金融の動向にも触れておきたい。政府は第一次世界大戦以来停止していた金本位制の復帰を意図していたが，関東大震災によって時機を逸した。旧平価による金輸出の解禁はようやく1930（昭和5）年1月に断行された。

　ところが，1931（昭和6）年9月に満州事変が勃発し，12月には金本位制が再停止された。金本位制再開の期間は満2か年に満たなかった。再停止の翌日には為替相場が大暴落し，横浜正金銀行は1931（昭和6）年12月中に7,000万円以上の正貨を用意しドル売りに応戦したといわれる。再停止当日，横浜正金銀行は建値発表を停止したが，それ以後も為替相場は低落を続け，翌1932

（昭和7）年8月にドルは平価の半分以下に下がった[25]。

(7) 兵庫県下の信用組合への金融恐慌の影響

　信用組合のなかには，金融恐慌により一定の打撃を受けたところもあった。1927（昭和2）年4月，神戸市内で最も有力とされていた三宮にある神戸信用組合にも預金者が押しかけ，支店での支払を停止せざるを得なくなった。このとき大蔵省からは，信用組合と貯蓄銀行についてはあくまで救済するという声明が出ていた。また，実際にも信用組合や貯蓄銀行に対しては緊急的な資金援助がなされた。そうした対応もあって，神戸信用組合はしばらくして平常業務に戻ることができた。

　神戸の周辺都市の信用組合としては，西宮信用組合などにも預金者が詰めかけた。姫路地方・龍野地方でも，ほとんどの信用組合が預金の引出に遭っている。ただし，休業や閉鎖など深刻な状況は信用組合には起こらなかった[26]。

第3節　むすび

　明治期から昭和初期にかけて，兵庫県内の金融機関は県下の経済発展に対してどのように貢献したのであろうか。

　兵庫県の経済は神戸から姫路，瀬戸内海に面した播磨の海浜地区に至る地域に代表される重工業や県内各地にある伝統産業，神戸港を中心とした貿易など多種多様な産業がある。それら産業の特色を背景に，その要請にも呼応して各種の金融機関が育っていった。重工業や貿易産業に関しては旧財閥系銀行の支店が取引を活発化させ，貿易に関しては為替業務を行い得る横浜正金銀行の支店の存在が大きかった。もちろん，外国銀行の支店も軒を並べていた。

　ところが，明治期から大正時代を経た昭和初期までの日本は，周知のとおり

---

(25) 神戸市（1967）p.877による。
(26) 兵庫県（1967）p.814による。

戦争と不況，恐慌のうねりに揉まれ続けた。明治時代には日清・日露戦争が起こった。さらに第一次世界大戦に見舞われた。これらの戦争では，金融機関は，戦争前夜や戦争中こそ特需の恩恵にあずかることができた。しかし，戦間期にあっては金融恐慌，昭和恐慌，そして世界恐慌といった恐慌が畳み重ねるように押し寄せている。特に1920（大正9）年の株式大暴落に端を発する金融恐慌では，回復をなし得ないまま，3年後の1923（大正12）年に関東大震災に襲われた。経済が未熟であった時期に興った関西地方の多くの金融機関もまた，関東大震災の直接的な被害こそ受けなかったものの，激動のなかで対応に苦慮し，経営難に陥るところも決して少なくなかったのである。

【参考文献】

落合功（2016）『新版 入門 日本金融史』日本経済評論社.
神戸市（1967）『神戸市史 第3集 産業経済編』神戸市.
佐竹隆幸（2008）『中小企業存立論』ミネルヴァ書房.
兵庫県（1967）『兵庫県百年史』兵庫県.
深尾京司・中村尚史・中林真幸編（2017）『日本経済の歴史 近代I』岩波書店.
伊勢河崎商人館ホームページ<http://www.isekawasaki.jp/hagaki/).

第2章

明治から昭和初期へ(II)
兵庫県内の銀行の歴史

第1節　県内金融と産業の近代化

1-1　兵庫県の成立過程と明治期の県内金融の特色

　まず，江戸末期から，明治初期に実施された廃藩置県前後の兵庫県の成立過程について触れておきたい。現在の兵庫県の面積は約8,400km^{2}であり，播磨・但馬・淡路と，丹波・摂津の一部を加えた5か国にまたがる県（わずかながら美作と備前の一部も含んでおり，7か国にまたがるとする捉え方もある）であり，その成立過程が後述するような県内それぞれの地域金融の独自色にも影響を与えたと考えられる。

　1871（明治4）年に廃藩置県が行われ，その初期の段階では現在の兵庫県域には30を超える県が存立した。その後，兵庫，飾磨（播磨全域），豊岡（但馬全域，丹後全域，丹波3郡），名東（阿波及び淡路全域）の4県に編成され，摂津の西部5郡を含めて現在の県域がほぼ確定したのは1876（明治9）年のことである。

　このように多種多様な国（藩）からなる兵庫県は，明治初期の廃藩置県の実施に至るまで，多数の藩の大名が統治し，また，藩ごとに地主や商人が育っていった。その様相は，まさに各地に地元の名望家が存在し，それらが群雄割拠していたといってもよいだろう。

　金融においても県域内それぞれの地域色は強く，明治初期にはこれら各藩の地主や商人，富豪らと藩主の流れをくむ士族らによって銀行が設立されていった。当然ながら，のちの県域を支える金融機関も，核となる銀行・銀行類似会社がいくつにも分かれ，それぞれが独自に存立基盤を固め，また成長し，統合していった。たとえば，明治初期に兵庫県に設立された国立銀行は，第三十八国立銀行（姫路），第五十五国立銀行（出石），第五十六国立銀行（明石），第九十四国立銀行（龍野），第六十五国立銀行（兵庫），第百三十七国立銀行（篠山）と6行もあったことがその状況を示している。153の国立銀行を現在の47都道府県で割ると，1県あたり3.26行となる。兵庫県は，まず国立銀行数にお

いて突出していたのである。

　兵庫県の成立過程を踏まえて県内金融を捉えると，その成り立ちから，明治
初期の金融の集積地は県庁所在地となった神戸一極に集中するのではなく，県
内各地に分散するかたちで独自に銀行および銀行類似会社が育ってきたという
ことができる。

1-2　県内企業と大手金融機関

(1)　貿易，重工業と地域密着の地場産業

　兵庫県全体の産業の歴史を大きく捉えると，神戸港を中心とした貿易，ま
た，阪神・播磨の工業地帯における重工業である鉄鋼や造船，さらに機械，ま
た化学工業の歴史と捉えることができる。その一方で，郷土の歴史と伝統に培
われ，地域社会と密着した地場産業が県内各地で形成されてきた。産業の近代
化において，兵庫県はそうした地場産業を着実に育ててきた地域でもある。た
とえば，清酒・皮革・手延素麺・かばん・線香・釣針・真珠などは今日，全国
でもトップクラスのシェアを誇っている。このほかにも，ケミカルシューズや
播州織物，三木金物，淡路瓦などが全国的に著名な産地として知られている。
いまでこそ需要は少ないものの，マッチ工業を支えてきた地域もある。さらに
あげれば，乾麺・糸・染色・ちりめん・アパレル・そろばん・窯業・土石・ボル
ト・ナットなどもある。

　重工業はもちろんのこと，そうした地域の地場産業を支えることも，地域の
金融機関の大きな役割であった。本節では，県内産業を支えてきた県内の金融
機関の歴史を中心に振り返ってみたい。

(2)　神戸の産業と大手金融機関

　兵庫県内の銀行について見る前に，まず，国立銀行をはじめ，のちに大手金
融機関と呼ばれるようになった銀行と神戸の関わりについて触れておく。国立
銀行として最初に設立されたのは，文字どおり第一国立銀行である。資本金
300万円のうち200万円は第一国立銀行の前身である為替会社の設立にあたっ

て政府に協力した三井組・小野組が出資した。渋沢栄一によれば「第一国立銀行は余が大蔵省にありて銀行条例を起草しつつありし際，為替組として官金を取扱いおりたる三井・小野両家を慫慂して設立せしめたるものにして，半ば命令的に出たもの」とされている[1]。すなわち，率先して設立したというより，国の要請により出資したのである。第一国立銀行の創立証書には「本店を東京とし，出店を横浜・神戸・大阪において設置すべし」とあった。当時より神戸は全国という視点から見れば金融面で要衝の地であったことがうかがえる。

第一国立銀行は，1896（明治29）年9月に国立銀行としての営業期間を満了した。そして，普通銀行として改組され，第一銀行の名称で営業を継続した。第一銀行は渋沢との関係から，財閥との関係も深かった。特に1914（大正3）年に勃発した第一次世界大戦中には，山下汽船をはじめ多くの海運会社や造船会社への金融に事業展開していた。そうした海運会社や造船会社は，いずれも神戸を中心に経営が行われた。そのため，神戸の重工業や海運のみならず，商事関係全般にも，初めての国立銀行，また普通銀行である第一銀行が大きく関わっていた。神戸の産業は，金融においても主要な地位と役割を有し，国の金融政策において特別の地位を占めていたことがわかる[2]。

第一国立銀行の設立には協力したものの，別に独自の私立銀行を設立し，また成長していったのが三井家・三井銀行である。三井銀行の創業は1683（天和3）年，江戸に開店した三井両替店に始まる。元禄年間には幕府御用の為替組頭となり，大坂にも両替店を開設した。慶応年間から三井組御用所と呼ばれた三井組を前身としている。

三井組は1871（明治4）年に銀行の設立を大蔵省に請願したが，折から国立銀行の設立を計画していた政府の要請もあり，1872（明治5）年に出願した小野組バンクとともに，第一国立銀行の設立に協力を求められることになった。

1876（明治9）年，国立銀行条例の改定によって，それまでの銀行名称の私

---

(1) 神戸市（1967）p.869による。
(2) 神戸市（1967）p.870による。

称禁止が解除され，銀行券を発行する権限を持たない銀行および銀行類似会社も銀行の名称を用いて自由に営業を行えるようになった。そこで，いち早く1876（明治9）年7月，三井組は独自の私立銀行である三井銀行を創設し，開業した。

日本の主たる銀行で最も古い第一，三井両行が，設立の当初から神戸に支店を設置したことは象徴的である。それは，神戸の重工業，また海運業が日本の産業において重要な位置を占めていたことの証左でもある。

重工業・海運業において，物流の拠点となる倉庫は重要な存在である。三井銀行は，1899（明治32）年7月から倉庫業を兼営し，神戸支店には小野浜倉庫が所属していた。後に三井銀行小野浜倉庫として神戸支店より分離独立したが，1909（明治42）年に東神倉庫株式会社が設立されるまでは，倉庫業の拠点を銀行の所属とする形式が続けられていたのである[3]。

他の大手金融機関では，三菱銀行も神戸には縁が深い。三菱銀行の設立は，第一次世界大戦の終了後の1919（大正8）年である。その三菱銀行が設立されたとき，すでに神戸には，横浜・大阪・伏見・新潟・函館とともに，前身である三菱為替店時代からの支店が設置されていた。

住友銀行は，銀行条例が制定された後の1895（明治28）年に創立が認可された。その直後の1895（明治28）年11月には神戸支店のほかに兵庫出張所も開設している[4]。

兵庫県，なかでもその経済の中心地である神戸と大手金融機関の関わりは古く，その経済的意義が日本全体から見ても大きかったことがわかる。それだけに，神戸をはじめ兵庫県下には多くの銀行が設立された。それが，功罪相半ばすることになったことは歴史が証明している。数の多さは，一つひとつの基盤の脆さを象徴している。それは独自路線で成長してきたとはいっても，変わらない。そして，その基盤の脆さゆえに，やがて自発的，また県や国の後押しも

（3）神戸市（1967）p.871による。
（4）神戸市（1967）p.872による。

手伝って集約化の道をたどる。その背景には銀行の集約化による存立基盤強化という目的があるとともに，兵庫県産業の基盤強化という目的もあった。こうして生まれたのが，兵庫県下の多数の銀行を合併して，1936（昭和11）年に設立された神戸銀行であった。

1-3　兵庫県内の国立銀行の設立

(1)　姫路と明石に設立された2つの国立銀行

　1872（明治5）年に国立銀行条例が公布されて以降，兵庫県内においても続々と国立銀行が誕生した。前述のように，兵庫県内には第三十八国立銀行（姫路），第五十五国立銀行（出石），第五十六国立銀行（明石），第九十四国立銀行（龍野），第六十五国立銀行（兵庫），第百三十七国立銀行（篠山）の6行が設立された（兵庫の第六十五国立銀行は鳥取からの移転）。その設立年は図表2-1のようになっている[5]。

図表2-1　兵庫県に設立された国立銀行

銀行	所在地	設立年	備考
第三十八国立銀行	姫路	1877（明治10）年	
第五十五国立銀行	出石	1878（明治11）年	1928（昭和3）年，但馬銀行（現在の但馬銀行とは異なる金融機関）に合併
第五十六国立銀行	明石	1878（明治11）年	
第九十四国立銀行	龍野	1878（明治11）年	1917（大正6）年，第三十八銀行に合併
第六十五国立銀行	兵庫	1878（明治11）年	1928（昭和3）年，神戸岡崎銀行に合併
第百三十七国立銀行	篠山	1879（明治12）年	1942（昭和17）年，神戸，丹波両銀行に分割合併

（出所：兵庫県（1967）より作成）

---

(5) 本書において金融機関の設立年等は，基本的に銀行協会による『銀行変遷史データベース』をもとに，現存する金融機関は各金融機関のホームページの「沿革・あゆみ」に基づいている。

このなかで，資本金をはじめ紙幣の発行高から見て最も有力だったのは，1877（明治10）年，姫路に設立された第三十八国立銀行であった。発起者は伊藤長次郎・岡崎真鶴らである。頭取の岡崎は土佐藩の出身で1871（明治4）年，播磨県の権参事となっている。第三十八国立銀行は，いわば農業を営み商人地主としても活躍する伊藤の資力を頼りに，地方の官僚や士族が集まってできた銀行といえる[6]。

第三十八国立銀行に次いで有力な国立銀行として，1878（明治11）年，明石に設立された第五十六国立銀行をあげることができる。設立者は明石の商人である米沢長衛で，彼が発起するとともに頭取になった。米沢は米穀の売買，海上運送，酒造などを幅広く営む商人であり，地主でもあったという。その手腕と資力は第五十六国立銀行の経営にも遺憾なく発揮された。設立後3年間は増資を重ね，明治政府の為替方として官金の出納業務を取扱うようになり，1882（明治15）年の日本銀行設立後は，その支金庫になった。

(2) 商人の資力と士族の権威

姫路の第三十八国立銀行と明石の第五十六国立銀行はともに，士族銀行ではなく，商人・地主の資力を活かして設立された銀行である。兵庫県内の他の国立銀行（出石第五十五国立銀行・竜野第九十四国立銀行・篠山第百三十七国立銀行）は士族が設立した銀行で，この点に大きな違いがある[7]。

いずれにせよ，明治期においても，そして今日も，銀行は都市商業の象徴ということができる。それに対して兵庫県は，もともと多くの藩の"寄せ集まり"で，地勢的には標高が低い土地が多いため，谷筋ごとに独自の地域の文化・経済が分散集積して小都市として発達してきた地域といわれる。そのため，貿易に目を向けた神戸とは別の地理的要因から，国内・県内商業を見る視点も欠かせない。その視点から捉えると，明治初期の県内においては，神戸だけでなく

---

(6) 兵庫県（1967）p.219による。
(7) 兵庫県（1967）p.220による。

播州地区に県内商業の集積地の大きな核の1つがあったと推察できる。姫路と明石に国立銀行が誕生したのも，そうした背景があったものと思われる。さらに，それが後に神戸に集約されていったことも，まさに都市商業の大都市への集積の変遷と軌を一にするものである。

第2節　兵庫県内の私立銀行と中小企業金融

2-1　兵庫県内の私立銀行の特徴

(1) 相次ぐ私立銀行の設立

　兵庫県下における私立銀行は，国立銀行の設立ラッシュと競うかのように明治10年代に続々と誕生した。まず，1882（明治15）年8月，篠山に南丹銀行が設立された。後に県内の岩坂銀行（本店加古郡加古新町，現 稲美町），さらに上荘銀行（本店印南郡上荘村，現 加古川市）に合併された銀行である。

　1883（明治16）年に山梨県に設立され，後に神戸銀行に吸収合併された豊融銀行は，東京への移転，改称を経て，1917（大正6）年に揖保郡余部村（現 姫路市）に移転，松本永銀行と改称した。神戸銀行に吸収合併されていく過程で，さらに1935（昭和10）年に松本銀行に改称し，1941（昭和16）年の合併より兵和銀行（龍野）になる。

　姫路銀行が設立されたのは，1883（明治16）年5月のことであり，後に同じ姫路の第三十八国立銀行に合併された。また，同時期に篠山銀行も設立され，後に県内の中丹銀行（本店多紀郡村雲村，現 篠山市）に合併された。1885（明治18）年8月には，恵美酒銀行が資本金10万円で設立された。銀行名が示すように，西宮・灘地区の酒造関係者による銀行である。

　これらの私立銀行の多くは設立後，統合に次ぐ統合を重ね，最終的には神戸岡崎銀行，さらに神戸銀行に集約されることになる。ちなみに，神戸銀行が吸収した私立銀行の数は100行を優に超えた。

54

(2) 都市部を離れた地元商人・地主・資産家による銀行の設立

　明治10年代の神戸の私立銀行の設立状況とその背景について振り返ってみる。神戸港の海運・貿易の隆盛もあり，当時，神戸には日本で最初の商業銀行である第一国立銀行をはじめ，横浜正金銀行・三井銀行などの大手銀行，さらに外国銀行などの各支店が軒を並べていた。一方，神戸生粋・地元の私立銀行は，1883（明治16）年に設立された神田銀行だけであった。兵庫県下全体を見渡しても，神戸に私立銀行が集中していたわけではなく，むしろ都市部を離れた地方に多く設立されていた。県内各地方の地主・資産家の力がそれだけ大きかったということができる。

　たとえば，1887（明治20）年に設立された豊岡銀行の発起人の1人は，代々金貸業を営み，豊岡藩との金品のやり取りで結びつきが強い存在であった。また，発起人には豊岡の富豪，呉服・生糸商もおり，中には，銀行類似会社（明治初期当時に自然発生的に設立された為替・両替・貸付・預金の業務を営む金融）を設立し，後に銀行に改組した地元の富豪・大地主もいた。

　このように兵庫県下の地方部の私立銀行は，もともと銀行類似の組織を営み，それが発展して私立銀行として生まれ，やがて，より大きな私立銀行に吸収されていくという過程をたどっていった。たとえば豊岡の士族が1873（明治6）年に設立した銀行類似の宝林社は，1893（明治26）年に宝林銀行に改組した。また，播磨の北条町にあった銀行類似の積塵社は，1891（明治24）年に北条銀行という株式会社に改組した。北条銀行は，1925（大正14）年に加西銀行に合併された。龍野では，戸長（村長にあたる）が1882（明治15）年に貯蓄奨励の目的で組織した蟠龍社があったが，その8年後の1890（明治23）年に龍野銀行に改組した。そのほか播磨では1884（明治17）年に播磨銀行，1888（明治21）年には福本銀行が設立されている[8]。

　こうした乱立ともいえる私立銀行の設立は，まさに神戸という都市圏を離れたところを主戦場としたといってもよい状況であった。何よりそれは，農業・

---

(8)　兵庫県（1967）p.221による。

漁業など，また，それぞれの地域における地場産業・伝統産業との結びつきの強さによるものであった。

(3) 灘酒家興業銀行の台頭

　明治20年代の兵庫県内において最大の資本金を有した私立銀行は，1888（明治21）年，御影町に創業した灘酒家興業銀行である。灘酒家興業銀行は摂州灘興業株式会社の銀行部として発足した。銀行部として発足し，後に酒造部を分離独立させて銀行とした経緯から，主に酒造家の金融機関としての性格を持つが，1898（明治31）年に解散した[9]。

　こうした私立銀行は一部を除き資本金3万円以下が多く，いわば小資本でのスタートであった。銀行以外のいわゆる銀行類似会社も多かった。銀行類似会社は，為替・両替・預金・貸金などの金融業務を行うが，中心は貸金であり，一般的な銀行との規模の差は歴然としていた。銀行類似会社は，神戸市にあった貿易為替会社，兵庫共融会社を除けば，ほとんどが資本金1万円から1万5,000円の小資本であった。

図表2-2　後に神戸銀行に集約された明治中期設立の主な銀行

西宮銀行	1891（明治24）年
日本商業銀行	1895（明治28）年
灘商業銀行	1895（明治28）年
姫路商業銀行	1896（明治29）年
高砂貯蓄銀行	1896（明治29）年
村岡銀行	1896（明治29）年
岩見銀行	1896（明治29）年
東播銀行	1896（明治29）年
但馬銀行	1896（明治29）年
香住銀行	1897（明治30）年

（出所：神戸市（1967）より作成）

---

(9) 兵庫県（1967）p.476による。

　ちなみに，後に神戸銀行に統合した兵庫県下の私立銀行も，多くはこの明治中期に設立されている（図表2-2）。この時期の兵庫県は，日本で最も多くの銀行を擁する県の1つであったが，図表にあげた銀行のうち西宮銀行は八馬財閥が創設した銀行であり，灘商業銀行は嘉納財閥の創設した銀行である。いずれも，県内における財閥が力を持っていたことが窺える。

(4) 国立銀行の普通銀行への改組

　1893（明治26）年7月，銀行条例と貯蓄銀行条例が施行され，従来の私立銀行や銀行類似会社の大部分は，この条例に基づいて整備された。あわせて，新銀行の設立も促進されることとなった。他方，1894（明治27）年の日清戦争後の賠償金を基礎として1897（明治30）年に貨幣法が施行されると，金本位制が確立するにつれて，全国的に金融制度の整備が進んだ。

　兵庫県下では1897（明治30）年に銀行数が約130行を数えた。その後，1904（明治37）年の日露戦争にかけて銀行数は増加し，日露戦争時には190行に迫る勢いであった[10]。

　このような新設銀行の急増のなかで，国立銀行の普通銀行への改組が進んだ。国立銀行条例が改定されたのは1883（明治16）年のことであるが，改定により営業期間は20年と決められ，期間満了後は解散するか普通銀行へ転換しなければならなかった。そこで，政府は国立銀行の清算，発行した紙幣の償却方法などに関して，1896（明治29）年3月に営業満期国立銀行処分法（以下，「満期処分法」）と国立銀行営業満期前特別処分法（以下，「満期前特別処分法」）を制定した。兵庫県下の国立銀行は明治10年代初頭に設立されているので，明治30年代初頭には営業満期を迎える。その改組が1897（明治30）年頃から喫緊の課題となった。

　兵庫県下で最も有力といわれ，重要な役割を果たしてきた姫路第三十八国立銀行は，1890（明治23）年の恐慌で大阪・北浜にあった大阪支店を閉鎖する事

---

(10) 兵庫県（1967）p.478による。

態となった。それでも，姫路第三十八国立銀行の重要性は変わらなかったが，満期前特別処分法によって1898（明治31）年，名称から国立を外し，株式会社第三十八銀行に改組した。

明石にあった第五十六国立銀行は1898（明治31）年6月，満期処分法により株式会社組織の普通銀行になった。そのほか，兵庫の第六十五国立銀行，龍野の第九十四国立銀行，出石の第五十五国立銀行は，いずれも満期前特別処分法によって株式会社組織の普通銀行に転換した。

このような国立銀行の改組を可能とする経済的な基盤はどこにあったのだろうか。たとえば，第五十五国立銀行は1878（明治11）年，大蔵省の許可を得て出石町に設立されたが，設立当時の株主はすべて旧出石藩の士族であった。ところが，出石の町民や近隣地域の地主による株の所有が増えてゆき，やがて士族銀行から地主銀行への変容が始まった。

国立銀行の設立には，士族の救済を地域の産業に結びつけるという思惑があった。それが一定の成果をあげると，次は地域産業側からの事業展開を受け，いわゆる大地主の投資対象になっていった。出石の第五十五国立銀行の場合も，地元の養蚕農家，さらに養蚕業者との関係がより深まっていったようである。このような経済基盤とその変化が株主構成の変化を生み，それが国立銀行の普通銀行化を可能にしたといえる[11]。

(5) 新設の私立銀行の特徴

従来の金融・貸金業の改組が進むとともに，明治20年代の後半には新設銀行が急増した。この背景には何があるのだろうか。

前述のとおり，明治期においては姫路の第三十八国立銀行が県下最大の資本を有していたが，1897（明治30）年前後から，日本商業銀行や西宮銀行など，第三十八国立銀行に匹敵する銀行が兵庫県内主要都市の資本家や各地の有力者によって設立され始めた。

---

(11) 兵庫県（1967）p.480による。

58

　日本商業銀行は，1895（明治28）年12月に東京の安田善次郎と兵庫の実業家が提携して設立された。安田は1877（明治10）年以降，大阪・神戸方面への事業展開を狙っており，安田が山口に設立した第百三国立銀行も1897（明治30年）年11月，満期処分法によって日本商業銀行に譲渡された。

　もちろん兵庫県の特徴を示す地方色あふれる新設銀行も存在した。その1つが西宮銀行である。設立当時の頭取は米穀の小売商から身を立てた人物で，海運業に事業展開し，日清・日露の両戦争では軍需産業で業績を上げ，さらに酒造・回漕・米穀などの統合ビジネスで急伸した。また，1895（明治28）年11月，西宮地区の御影町に設立された灘商業銀行は設立発起人に灘地域の酒造家が名を連ね，酒造関係の金融を担当していた。

　県北部には，1897（明治30）年11月に開業した美含銀行（後の但馬銀行）がある。美含銀行の発起人は回船問屋のほかに地元漁業関係者であった。漁業資本のための銀行という特色があったが，一般漁民に対する融資は少なかった[12]。

2-2　兵庫県における一県一行主義の様相

（1）金融恐慌と一県一行主義

　政府の施策としての一県一行主義は，1933（昭和8）年8月，大蔵省が銀行政策に関する新方針として「1府県または経済的に1単位と見られる地域内の金融系統を整備し，金融統制を確立する」ことを打ち出したことに始まる。しかしながら，一県一行主義は，1927年（昭和2年）に発生した金融恐慌の時期において進んでいたということもできる。

　金融恐慌時，兵庫県のみならず全国の中小銀行や地方銀行が没落し，金融機関の統合が相次いだ。その結果，これら中小・地方銀行に対する預金者の警戒が強まり，預金が大銀行や郵便貯金に集中する傾向が強まった。兵庫県においてもその動きは顕著であった。銀行預金そのものの動向を見てみよう。昭和初

(12)　兵庫県（1967）p.482による。

期，神戸銀行組合に加盟している銀行は21行あったが，そのうち主な15銀行について見ると，一部の例外を除いて金融恐慌を境に預金が減少している。反面，大銀行の預金が著しく増加しており，預金者がより安全な預け先を求めていたことがわかる[13]。

中小銀行のうちでもさらに弱小銀行は整理・淘汰されることが避けられない状況となった。第一次世界大戦後の恐慌以来，基盤が脆弱な中小銀行，地方銀行が破綻するケースもいくつか出ていたこともあり，金融業界の根本的改革は国民も望んでいた。このため政府は，金融恐慌のさなかに新銀行法を公布し，1928（昭和3）年から実施したということになる。そのなかで，政府は定めた基準をテコにして銀行の統合政策を推し進めた。法定の資本額までの単独増資をほとんど認めず，統合すべきという方針で臨んだのである。

(2) 政府の施策により集約された地域金融機関

一県一行主義の結果，1931（昭和6）年には全国で700行近くまで増加し続けた普通銀行は，1936（昭和11）年には約420行に減少した。第二次世界大戦中，大銀行が群立する東京・大阪は例外として，一県一行主義は自然淘汰も含めてさらに推進され，1945（昭和20）年までに，全国の普通銀行数は約60行に減少した[14]。

しかし，銀行数の減少は，日清，日露，第一次世界大戦と相次ぐ戦争，戦争特需に伴う好況と戦後の反動的不況の繰返しによって，基盤が弱く経営の不健全な銀行の倒産を招き，銀行の自然陶汰が進んでいったことも影響している。破綻によって吸収される銀行，自発的に合併して基礎の強化を図ろうとする銀行もあった。

いずれにせよ，一県一行主義によって，いわゆる銀行の集中・大規模化が進み，銀行の数そのものは減少した。ところが，勝ち残った銀行の拡大志向と市

---

(13) 兵庫県（1967）p.851による。
(14) 神戸市（1967）p.879による。

場からの利便性の要求を受けて，店舗数は増加していった。一県一行主義は結局のところ，独立した力のある銀行が他の中小銀行を支店化したにすぎなかったともいえる。

(3) 兵庫県下における一県一行主義

　兵庫県は，昭和初期，全国で最も銀行が乱立していた県であり，一県一行主義実施の最初のターゲットとなった県であった。兵庫県内には新銀行法の施行時である1928（昭和3）年1月時点で，法定資本額に達しない銀行が約40行あった。また，1935（昭和10）年末時点では普通銀行が43行あった。そこで，兵庫県では地方銀行を神戸市内に3行，各市および各郡にそれぞれ1行を置いて収斂させていくことを目標に，銀行の整理統合を推進した[15]。そこでまず，三十八銀行・神戸岡崎銀行・五十六銀行・西宮銀行・灘商業銀行・姫路銀行・高砂銀行の7行に合同の勧奨が行われた[16]。

　ちなみに，第二次世界大戦前に設立された特殊銀行の兵庫県農工銀行は日本勧業銀行に吸収合併されていた。また，貯蓄銀行は吸収合併を重ねた結果，第二次世界大戦前には全国にわずかに4行を数えるのみとなっていた。

　一県一行主義により，兵庫県下においては，1931（昭和6）年当時の52行から，1936（昭和11）年には37行に減少している[17]。

(4) 地方色の強かった神戸銀行

　この一県一行主義の全国的な状況のなかで，1936（昭和11）年，大蔵省および日本銀行の斡旋と推進によって，前述の三十八銀行・神戸岡崎銀行・五十六銀行・西宮銀行・灘商業銀行・姫路銀行および高砂銀行の7行が合体して，神戸銀行が創設された。7行合併による神戸銀行の資本金は2,200万円を超えた。合併した7行の概要を図表2-3に示す。

---

(15)　兵庫県（1967）p.852による。
(16)　姫路市（2002）p.699による。
(17)　神戸市（1967）p.885による。

図表2-3　神戸銀行設立時に合併した主要行の概要

三十八銀行	1877（明治10）年8月に創立された，姫路第三十八国立銀行を前身とする。株主として，旧士族だけではなく大地主であり企業の役員でもあった有力資産家が参加したのが特徴である。業務の伸展に伴い，姫路を中心に銀行の合併，買収を積極的に行い営業基盤を拡大した。その結果，姫路市を中心に県下西南部一帯に広大な営業基盤を築き，神戸銀行創立直前には兵庫県に本店を置く銀行の中で最大の預金量を擁していた。
神戸岡崎銀行	第一次世界大戦時の海運界の好況を背景として売船で得た資金をもって，1917（大正6）年に創業。神戸市に本店を置き，地元の富豪である岡崎家を中心とする銀行。その後，銀行業のほか，海運・損害保険・酒造などの事業の発展とともに神戸岡崎銀行も発展し，明石・大阪・有馬道・東京・柳原・須磨に各支店を設置し，営業基盤を拡大した。1928（昭和3）年7月には藤田銀行の営業を一部譲り受け，1928（昭和3）年10月には第六十五銀行を買収し，1930（昭和5）年3月には安田銀行の明石支店の営業も譲り受けた。
五十六銀行	1878（明治11）年6月に創立された明石第五十六国立銀行を引きいだ銀行。本店を明石市に置き，政府の為替方として官金の出納を取り扱い，1882（明治15）年に日本銀行が創立されてからはその支金庫事務を取り扱う。国立銀行条例の改定に伴って1898（明治31）年6月，株式会社五十六銀行に改組。1923（大正12）年には万里銀行を統合し，1928（昭和3）年に二見銀行・明石実業銀行を買収した。この結果，明石を中心に神戸市より姫路市に至る瀬戸内海沿岸一帯に，営業の基盤を確立した。
西宮銀行	1891（明治24）年5月に創業し，1893（明治26）年，株式会社に改組。酒造や海運などの事業を営む事業家を背景として発展し，兵庫県の宝塚・三田方面にも支店を開設することで，営業地盤を拡大。1932（昭和7）年には西宮貯蓄銀行の後身である武庫銀行を合併した。
灘商業銀行	1895（明治28）年に創業。本店を御影に置く。西宮とともに御影は灘五郷の1つであり，灘商業銀行も当地方の酒造家の事業融資を背景に発展した。融資先は主に酒造関係であったが，後に海運にも事業展開し，船舶の製造に対する融資にも力を注ぐ。
姫路銀行	1896（明治29）年に創業した株式会社姫路商業銀行を前身とする。本店を姫路市に置く。姫路というと第三十八国立銀行が優勢であるが，姫路銀行は，町人中心の"庶民銀行"として発足した。1929（昭和4）年8月には博融銀行を買収し，営業の地盤を兵庫県南西部に拡大した。
高砂銀行	1896（明治29）年2月に創業した株式会社高砂貯蓄銀行を前身とし，本店を兵庫県播磨南東部の高砂に置く。1907（明治40）年5月には普通銀行の高砂銀行に改組し，紐績や製紙など高砂周辺の近代的工場の建設に伴い成長した。1923（大正12）年に曽根銀行，1924（大正13）年に播陽銀行を統合。1927（昭和2）年6月に魚住銀行と統合し，翌1928（昭和3）年に大塩銀行を買収した。

（出所：神戸市（1967）pp.887-890より作成）

　神戸銀行は兵庫県下の銀行を集約して誕生しただけに，創立とともに預金高は全国銀行中の第9位にランクされた。しかし，なお地方色が強い面もあった。1941（昭和16）年末における預金約56億円のうち，神戸を除く兵庫県が50％弱，神戸が40％強と両者で90％を占めていた。残り10％のほとんどは大阪であり，東京は2％弱に過ぎなかった。一方の貸出金約20億6,000万円の内訳も，神戸が50％強，神戸を除く兵庫が20％強，大阪が約15％であり，東京は10％足らずであった[18]。

　神戸銀行は，神戸市を基盤としつつも全国銀行へと脱皮することが大きな課題であった。そのため，神戸銀行は1937（昭和12）年，臨時資金調整法に対応し，兵庫県下にあった本店銀行によって結成された神戸地方資金自治調整団の幹事銀行となり，1938（昭和13）年には兵庫県金融懇談会を設立した。

　1938（昭和13）年，神戸銀行は中国連合準備銀行クレジット供与シンジケート団に加盟する。1939（昭和14）年に日本興業銀行の増資新株引受団，日本発送電の社債引受シンジケート団に，1940（昭和15）年には満州国債シンジケート団にそれぞれ加盟した。1941（昭和16）年8月には時局共同融資団のメンバーとなり，神戸を越えてその活動範囲を拡大していった。一方で，経営合理化の観点から店舗の改廃を行っている。創立当初の神戸銀行は本店および支店・出張所あわせて135の店舗を持っていたが，1941（昭和16）年末には105店となった[19]。

　一方，神戸銀行は兵庫県下の銀行の整備も積極的に進めた。県下の金融界における中心銀行として地方金融機関の育成に力を注ぎ，1937（昭和12）年に淡州貯蓄銀行の株式の大半を譲り受け，同時に取締役を派遣した。また1940（昭和15）年には神戸貯蓄銀行に監査役を，1941（昭和16）年には神戸貯蓄銀行に取締役頭取を派遣している。

　1941（昭和16）年は，大蔵省の銀行合同を勧奨する方針に基づいて，西播

（18）神戸市（1967）p.891による。
（19）神戸市（1967）p.892による。

8行（岩見・奥藤・上郡・竜野・松本・佐用合同・宍粟・新宮）が合併して兵和銀行が創立された年である。神戸銀行は，その株式1万株を引き受けるとともに取締役および常任監査役を派遣した。株式のすべてを取得した福本銀行に対しては，取締役会長・取締役頭取・常務取締役を派遣している。そうした県下の金融機関の整備と関係の緊密化によって，神戸銀行の存立基盤はより強固になり，堅実な発展を示していた。

兵庫県下の普通銀行数は，神戸銀行創立の翌年，1937（昭和12）年の36行から日中戦争後期には14行に減少し，第二次世界大戦後期にあたる1945（昭和20）年には，神戸銀行と香住銀行の2行のみとなった。ここに，政府の推奨してきた一県一行主義に基づく銀行合同整備，すなわち金融再編成が完了したということができる。「時局の要請にかんがみ強力なる兵庫県中心銀行を具現し，もって我国並に県下金融に一眉奉公の誠を致さんがため」という方針に，あたかもとどめを刺すように，1945（昭和20）年，神戸銀行・播州銀行・兵和銀行・全但銀行・福本銀行の5行が合併し，「全国十大銀行の1つとしての神戸銀行」が成立したのである。

神戸銀行の誕生とその後の成長，また神戸・兵庫県下の銀行の神戸銀行への集約は，神戸銀行そのものの経営手腕であるところが大きい。しかし，集約の背景として当時の国家戦略の思惑が働いていたことも無視できない。なお，神戸銀行がどのような銀行を集約して誕生し，さらに成長してきたのかを図表2-4に示す。

神戸銀行は，1942（昭和17）年に中丹銀行営業権の一部を譲り受け，さらに合併後の1945（昭和20）年には神戸湊西銀行や恵美酒銀行の営業権を譲り受けるとともに，神戸貯蓄銀行や神戸信託銀行を統合している。この統合の全体像を図表2-5に示すとともに，1945（昭和20）年の合併5行のうち，神戸銀行以外の4銀行の概要を図表2-6に示した。

(5) 第二次世界大戦をめぐる一県一行主義と神戸銀行の動向

第二次世界大戦前，日本の内外情勢はきわめて不安定な状況であった。国際

図表2-4　1936（昭和11）年設立時の神戸銀行の系譜

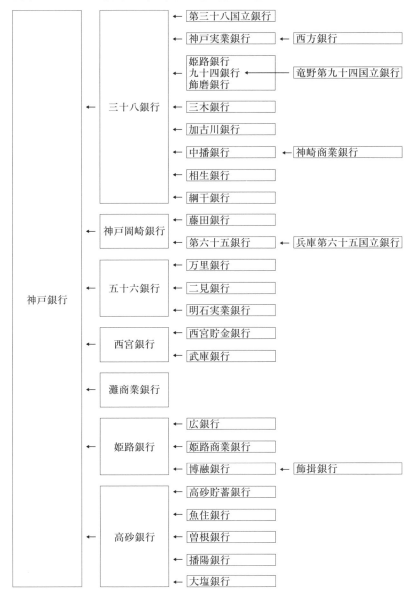

図表2-5　1945（昭和20）年～1955（昭和30）年の神戸銀行の系譜

（出所：神戸銀行行史編纂委員編（1956）pp.48-49より作成）

図表2-6　神戸銀行の拡大の背景となる4銀行の概要

播州銀行	1940（昭和15）年に東播合同・加西合同・上荘・美嚢合同・西脇商業の5行の合併によって創立。東播合同銀行は、東播銀行・社銀行・柳城銀行・小野銀行の4行の合併によって創立され、1926（大正15）年に中東条銀行と小田銀行を統合し、1929（昭和4）年に木梨銀行を買収し、1939（昭和14）年に東和銀行を買収してできた銀行。加西合同銀行も、1926（大正15）年に北条銀行と加西銀行の2行が合併して創立され、1936（昭和11）年に三重商工銀行を買収。上荘銀行は、1929（昭和4）年に岩坂銀行・大西銀行・国包銀行の3行が合併して創立され、美嚢合同銀行は1928（昭和3）年に細川銀行・渡瀬銀行が合併して創立、1932（昭和7）年に吉川銀行を買収した銀行。
兵和銀行	1941（昭和16）年8月に岩見・奥藤・上郡・竜野・松本・佐用合同・宍栗・新宮の8行が合同して創立。岩見銀行は1896（明治29）年の創立。奥藤銀行は1897（明治30）年創立の堀貯蓄銀行が1904（明治37）年に改称したもので、1931（昭和6）年に赤穂合同銀行を買収している。上郡銀行は、1895（明治28）年の創立。竜野銀行は1889（明治22）年の創立で、1919（大正8）年に竜野貯蓄銀行を統合している。松本銀行は、1883（明治16）年に創業した豊融銀行を前身として、1915（大正4）年に東京庶民銀行、1917（大正6）年に松本永銀行、さらに1935（昭和10））年に松本銀行と改称した銀行。佐用合同銀行は、1926（大正15）年に佐用銀行と三日月銀行が合併して創立。1928（昭和3）年に久崎銀行、1930（昭和5）年に平福銀行を買収。宍栗銀行は、1893（明治26）年に銀行類似の山崎勤倹株式会社として創立され、1897（明治30）年に勤倹銀行と改称。1918（大正7）年に三河興業銀行を統合し、1919（大正8）年に宍栗銀行と改称。その後、宍栗山崎銀行・神戸産業株式会社・安志銀行を統合し、1928（昭和3）年に繁盛銀行を統合し、揖水銀行を買収。新宮銀行は、1897（明治30）年に創立された出合銀行を前身とし、その後、新宮銀行と改称。1927（昭和2）年に神岡銀行と苅尾銀行を統合し、1930（昭和5）年に播西銀行を買収。
全但銀行	1941（昭和16）年5月に生野・但馬・但馬合同・村岡・養父合同・朝来・三共・殖産の8銀行が合同して創立。生野銀行は、1894（明治27）年の創立。但馬銀行は、1924（大正13）年に但馬銀行と江原銀行の合併によって創立された甲子銀行の後身で、1928（昭和3）年に但馬銀行に改称し、合橋銀行と五十五銀行を統合した。但馬合同銀行は、1928（昭和3）年に豊岡・新栄・宝正・宝林の4銀行が合併して創立。村岡銀行は、1896（明治29）年の創立。養父合同銀行は、1894（明治27）年に広谷銀行として創立され、1930（昭和5）年に大屋銀行・西谷銀行・関宮銀行・南盛銀行を統合して養父合同と改称。朝来銀行は、1901（明治34）年に創立され、1927（昭和2）年に宮田銀行、その後、協同竹田銀行や中川銀行を統合。三共銀行は、1894（明治27）年に八鹿銀行として創立。1932（昭和7）年に港府銀行と城崎銀行を統合。殖産銀行は1889（明治22）年に創立。1932（昭和7）年に田村銀行と太田垣銀行を統合。
福本銀行	1888（明治21）年6月に創立された私立福本銀行の後身で、1894（明治27）年に株式会社福本銀行に改組。1941（昭和16）年9月に神戸銀行に全株式を譲渡。

（出所：神戸市（1967）pp.896-899及び神戸銀行行史編纂委員会編（1956）pp.48-49より作成）

的に孤立する状況のなか，諸外国からの排日傾向がより濃厚になり，その中で国内では国の統制の重要性が一段と増していったのである。このような内外情勢の悪化のなかでは，政府にとって，自国内で国債の円滑な発行や消化を重ね，同時に生産力の拡充資金の調達を急ぎ，さらに国民・国家の貯蓄の増強を進めざるを得ない。そのために，一県一行主義による金融系統の整備を強力に推進する必要があったのである。

こうした状況下の1941（昭和16）年12月8日，太平洋戦争が勃発し，日本は第二次世界大戦に参戦した。すなわち日本政府は米英蘭に対する宣戦布告を行ったのである。と同時に，金融面では「戦時非常金融対策要綱」を決定した。金融統制の基本線は，日中戦争勃発時と同様であった。戦時経済体制を強化するために戦時公債を発行・消化し，軍需産業への融資を確保するとともに，国民貯蓄を増強することにあった。

1941（昭和16）年4月の金融団体令に基づき，5月には全国金融統制会が結成された。創業間もない神戸銀行は，兵庫県下の銀行を集約して設立された経緯から，全国金融統制会の下部組織である普通銀行統制会と兵庫県金融協議会の一員として活動した。また，戦時体制下の軍事資金融資の指定金融機関としても活動した[20]。

しかし，活動の基盤そのものは神戸市を中心としており，大銀行になったとはいえ地方色が強かったため，軍需融資の比重は他の財閥系の銀行に比べると低かった。

ところが，戦時体制下における金融情勢を反映して，神戸銀行の有価証券の保有高は急増し，1942（昭和17）年には3億円強だったものが1945（昭和20）年には約12億5,000万円に増加した。特に国債は2億円弱から9億円弱へと4倍を超える増加を示した。神戸，さらに兵庫県下の国民の貯蓄によって，大量の国債を引き受けていた状況が見てとれる。

貯蓄奨励の成果は，神戸銀行の第二次世界大戦中の預金残高の増加にも如実

---

(20) 神戸市（1967）p.894による。

に現れている。1941（昭和16）年末の預金残高は5億6,000万円ほどであったが，合併を重ねるなかで預金量を増やし，1945（昭和20）年9月には約29億5,000万円へと増加した。全国の普通銀行の預金残高の増加率は平均で約2.5倍であり，それをはるかに上回っていた。預金の増加は貸出の増加につながる。融資残高は1941（昭和16）年末の2億台から1945（昭和20）年の半ばには約8億円へと増加した[21]。

2-3　県内の中小企業金融の動向

（1）銀行類似会社の改組が続く

　明治20年代の半ば頃から，兵庫県下でも小規模な銀行類似会社が普通銀行に改組される例が多くなってきた。そうした銀行の1つに，1890（明治23）年に曽根弐銭社が改組した曽根銀行がある。明治20年代後半の銀行類似組織から普通銀行への改組は，曽根銀行のケースのように，いわば自社の少額の貯蓄を積み重ねた資金をもとに貸金業を始め，やがてそれが地域の金融に大きく貢献する存在になっていった。

　毎月少額の資金を集めて1889（明治22）年につくられた積衆社という組織が，1893（明治26）年に社銀行に改組した。また，1881（明治14）年に金銭・米穀・肥料のための貸付を行う目的で設立された長栄社という組織が，同盟社，同盟合資会社を経て，1898（明治31）年に小野銀行になった。このような経緯で設立され大きくなった銀行に，貿易為替会社から発展した日本貿易銀行（神戸市），兵庫共融会社から発展した兵庫銀行がある[22]（兵庫相互銀行から普通銀行に転換した兵庫銀行とは異なる金融機関で1904（明治37）年に解散した）。

　これら銀行類似会社から普通銀行への改組は，日本貿易銀行を除いて，それぞれ地場の産業が発展していく過程で，少額の積立に始まる金融貸付業が銀行

（21）神戸市（1967）p.894による。
（22）兵庫県（1967）p.481による。

に発展したことが共通している。地域の一般民衆の少額積立に始まっているため，地主や資本家の直接の出資に頼らないことにも共通点がある。また，こうした地方銀行の誕生そのものが，後の産業組合的な組織を生むことにもつながっていったのであろう。ところが，そうした地方銀行も，規模が大きくなれば，やがて富裕層が役員に入ることになる。こうして富裕層が支配を強め，一般民衆を資本や経営から締め出すことにもつながった。

　なお，銀行類似の発展形としての性格もある貯蓄銀行についても見ておきたい。貯蓄銀行条例は銀行条例とともに，1893（明治26）年7月に施行された。施行とともに，全国で，また兵庫県内においても徐々にではあるが貯蓄銀行の数が増えていった。貯蓄銀行は一般に，一般市民の少額の預金を積み重ねていくことを対象・目的としたものである。神戸地区には，1895（明治28）年6月に設立された御影貯金銀行があった。

(2) 信用取引の発達

　県内の中小企業金融の動向を見ていくうえで，"原初的な目的"である貯蓄とともに，信用取引の浸透も見逃せない動きである。

　前述のとおり，1897（明治30）年頃までは，神戸市内でも資本金10万円未満の中規模銀行が多かった。東京や大阪，横浜のように資本金100万円を超える銀行は存在しなかった。

　しかし，兵庫県には神戸港という一大貿易港が存在する。その港を通じた外国との商業取引は，神戸の伝統産業ということもできる。その隆盛もあり，兵庫県下，特に神戸地域に関しては，普通銀行の商業金融ともいうべき割引手形や荷為替手形の比重は大きかった。特に手形割引は明治期に全国有数の取引高を示していた。こうした背景もあり，1897（明治30）年7月，神戸市に所在する各銀行が集まって神戸手形交換所が創設された。

　また，外国貿易が頻繁な神戸市には早くから大銀行の支店が開設されていた。三井銀行・横浜正金銀行・第一銀行・三菱銀行の各銀行の支店であるが，やがて大阪資本の銀行の事業展開も見られるようになった。こうした大銀行の

支店は，明治30年代における綿花の輸入や地場産業としての性格も有する綿紡績の発展と密接に関係していた。

(3) 無尽業法の制定前から続いた無尽会社の設立

　日本の営業無尽の始まりは，1901（明治34）年7月に東京に設立された共栄貯金合資会社であるといわれている。金融が早くから根づいていた兵庫県は，東京・福岡などについで，無尽の盛んな地域でもあった。明治の末頃から兵庫県下における無尽会社は急速に増加し，無尽業法制定前年の1914（大正3）年には約70社が営業していた。1913（大正2）年における全国の無尽総数は約380社であった[23]。単純計算で約5分の1が兵庫県にあったことになる。一定の会員を募集し，その会員が掛金を積立てて，集まった金額をもとに抽選や入札で当選した会員に対し一定の金額を限度として貸付を行う無尽という組織形態が，県内にいかに多く集積し，この形態が長らく存立していたことがわかる。

　政府は管理法として1915（大正4）年，無尽業法を制定した。この法律によって，無尽業の免許制，資本金の最低限規制，他事業の兼営禁止，営業区域の制限，営業資金の運用制限，取締役の連帯無限責任，無尽給付金額，契約期間などを規制する法制化が進んだ。この法の下で，結局，兵庫県下においては9社が免許を受けた。その後5社が設立されて免許を受けたので，県下の無尽会社は計14社になった。そのうち当初9社の概要を図表2-7に示す。

　これらの無尽は，1915（大正4）年10月の無尽業法制定以前に設立され，制定後に無尽業法による免許を受けて営業を続けた組織であるが，これらの本店所在地は，関西共栄無尽を除いて，当時の郡部や小都市に誕生したものばかりであった。これは，兵庫県下の私立銀行と同様の特徴でもある。営業区域が複数の郡や地域にわたるとしても，ほとんどが本店所在地を中心として数か所に出張所を設けたに過ぎず，規模も小さいものであった。また，それぞれの無

---

(23)　神戸市（1967）p.914による。

図表2-7 無尽業法制定時の兵庫県下の9無尽

関西共栄無尽株式会社	1911（明治44）年に設立。創業当初は関西共栄会社という名称であったが，1915（大正4）年に商号を変更。その後，1918（大正7）年に解散した。
三木無尽株式会社	1912（大正元）年，三木勧業株式合資会社として設立。1913（大正2）年，三木勧業信託株式合資会社と改称し，1915（大正4）年，三木無尽信託株式合資会社に商号変更。その後，名称変更，組織変更を重ね，1924（大正13）年に三木金融株式会社を統合・増資した。
播州興業無尽株式会社	1913（大正2）年に設立。当初は播州興業株式会社と称し，後に商号を変更。1939（昭和14）年に解散した。
山陽金融無尽株式会社	1913（大正2）年に山陽金融株式会社として設立。1915（大正4）年に山陽金融無尽株式会社に商号を変更した。
酒見無尽株式会社	1913（大正2）年に酒見信託株式会社として設立。1918（大正7）年に酒見無尽株式会社に名称を変更し，1922（大正11）年に解散した。
淡路無尽株式会社	1913（大正2）年，洲本融通株式会社として設立。1915（大正4）年に大正融通株式会社を統合し，1915（大正4）年，淡路無尽株式会社と商号を変更した。
西脇無尽株式会社	1914（大正3）年，西脇信託株式会社として設立。1916（大正5）年に西脇金融株式会社を統合し，西脇無尽信託株式会社に商号を変更。1921（大正10）年に西脇無尽株式会社に商号を変更した。
姫路船場無尽株式会社	1914（大正3）年，姫路船場信託株式会社として設立。翌1915（大正4）年，姫路船場無尽株式会社に商号を変更した。
帝国興業無尽株式会社	1915（大正4）年，帝国興業株式会社として設立。後に帝国興業無尽株式会社に商号を変更。1937（昭和12）年に解散した。

（出所：神戸市（1967）pp.914-915より作成）

尽の発起人もその地に住む有力商人や伝統産業の自営業主であった。

　一方，免許を受けられない無尽会社もあった。それは無尽業法の制定後に解散となったが，なかには私人無尽として営業を続けた無尽もあったようである。なお，兵庫県下において無尽業法の制定後に設立された主な無尽会社には，図表2-8の会社があった。

図表2-8　無尽業法制定後の兵庫県下の無尽

南海無尽株式会社	1921（大正10）年に設立。
神戸無尽株式会社	1923（大正12）年に設立。
扇港無尽株式会社	1925（大正14）年に設立。
兵庫無尽株式会社	1928（昭和3）年に設立。兵庫相互銀行の前身。
日の丸無尽株式会社	1930（昭和5）年に設立。

（出所：神戸市（1967）p.916より作成）

　これらの無尽は，無尽業法の制定後，大正期の末から昭和の初頭にかけて，阪神地域の大都市を地盤にして設立された。無尽業法の制定によって免許を取得した無尽はもちろんのこと，法制定後に設立された無尽会社も，都市圏において着実に発展し，急激な成長を見せることになった。

　この点においては，神戸銀行に集約された県内の普通銀行とは少し異なる。しかし，後述するが，県内の普通銀行が神戸銀行に集約されたように，県内の無尽会社は相互銀行となり，やがて最終的には兵庫相互銀行に集約されていった。

(4) 三木無尽に見る兵庫県内における無尽会社の成長の型

　兵庫県下における無尽の成長について，三木無尽の例を見ておきたい。図表2-7にあるように兵庫県下で最初に設立された無尽会社は，神戸市に本店を持つ関西共栄無尽であった。しかし，それは1918（大正7）年に解散し，それ以降，神戸無尽が1923（大正12）年に設立されるまで，神戸市に本店を持つ無尽会社はなかった。その間隙を縫うように着実な発展を見せたのは，三木町（現　三木市）に本拠を置く三木無尽であった。

　三木無尽に代表される地方部の無尽会社は，農村部において江戸時代以来の伝統的な産業の親方を相手とした零細な事業主からの資金が中心であった。そのため，いわゆる貸出も，主に生活上の資金の工面のほか，小規模な事業運営資金の調達に役立つ程度のものであった。ところが，第一次世界大戦と戦後の好況，米価の高騰により，農業家や小規模事業主が余裕資金の多くを無尽会社に持ち込むようになった。こうした状況を背景に，農村部で資金がダブつく事

態となった。しかし，第一次世界大戦後の不況期に入ると，今度は無尽を利用して融資を受けようとする人が増え，預金と貸出の両輪で，契約高は急速に増加した。ここに無尽会社が貯蓄機関・融資機関として，一般市民の間に徐々に浸透する地盤がつくられたといってよい。これは，兵庫県に限らず全国の地方部において成長した無尽会社に共通する成長のスタイルといえるであろう。

　同様の傾向は無尽給付（いわゆる貸出）金額の変化にも現れている。無尽会社の無尽給付金額は当初，最高1,000円，5年以内と定められていた。比較的少額であり，実態としては100円口，200円口がほとんどであった。ところが，1921（大正10）年の無尽業法の改定を機に，2,000円口，3,000円口，5,000円口といった長期かつ多額の無尽に重点が移っていった[24]。無尽の設立当初はいわば生活上の消費のための資金調達が中心であったが，やがて中小企業資金の融資へと移っていった。徐々にではあるが，今日の中小企業向けの金融機関としての機能・性格がより明確になってきたのである。

　以上の背景の下，三木無尽は1923（大正12）年，神戸市に営業所を設置した。その年に三木無尽で成立した契約高の約半分は，神戸市の営業所で獲得した資金であった。その勢いもあり，神戸営業所は1928（昭和3）年8月，神戸支店として昇格した。

　三木無尽の神戸での事業展開の成功は他の無尽の設立をも促した。1923（大正12）年8月に神戸無尽が，1925（大正14）年8月に扇港無尽が，1928（昭和3）年2月には兵庫無尽がそれぞれ神戸市に設立された。そして，1934（昭和9）年7月には，山陽金融無尽が神戸支店を設けて事業展開を始めた。

　三木無尽は1931（昭和6）年に本店を神戸市に移した。さらに山陽金融無尽も1939（昭和14）年4月に本店を神戸市に移し，計5社が神戸市で無尽業務を営むことになった。

　前述のように，兵庫県下の営業無尽はかつての郡部に多かったが，この要因の1つとして，神戸市においては頼母子講が盛んであったことが指摘できる。

---

(24) 神戸市（1967）p.918による。

ところが，1925（大正14）年に神戸市内の頼母子講の乱脈ぶりが問題となり，「兵庫県講会取締規則」が公布された。従来ともすれば無尽会社の営業を妨害していた頼母子講が，厳重に取り締まられることとなった[25]。

神戸に本店を置いて設立された無尽各社は，いずれも本店営業所1店で営業活動を行ったという点も特徴的である。郡部において数店舗で営業していた無尽とは違って，市街地の人口密集地に地盤をつくったのである。

神戸の5営業無尽とは異なり，三木に加えて神戸で事業展開を果たした三木無尽は郡部で行ってきた“多店舗展開”を推進した。1928（昭和3）年当時は，神戸・尼崎・西宮・明石の4市のほか，播磨・但馬・摂津・丹波などの郡部に複数の営業所を設けていた。

神戸に設立された3社（神戸・扇港・兵庫の各無尽会社）は，設立が新しいほど発展がいちじるしいという特徴もあった。このことは，無尽に対する社会的信用が高まるにつれ，それに対応できにくい古い会社ほど飛躍の機会を逸したということができる。図表2-9にそれら3社の設立からの営業状況の概要を示しておく。

(5) 三木無尽の経営破綻

三木無尽は時流に反して郡部に散在する多店舗展開が仇となった。ここでは，経済情勢の変化が無尽会社に与える影響についてまとめておく。

大正末の不況期にも無尽には大きな影響はなく，1927（昭和2）年3月に始まる金融恐慌でも直接の大きな異変はなかった。とはいえ，まったく影響がないわけではなく，恐慌期には加入者から集める無尽掛金の未収分が出る。そのため，給付済分が多いと会社に損失が発生してしまう。この状況にあるとき，無尽規模が大きくなるほどに，未収率を下げる努力が必要とされる。その努力が無尽の維持継続に結びつかなかったことが，三木無尽の経営破綻の原因に

---

(25) 神戸市（1967）p.919による。

図表2-9　神戸の無尽会社の概要

神戸無尽	質屋仲間によって設立。顧客は3年100円・500円・1,000円という比較的短期の少額無尽が中心で，会社員・工員などの給料生活者が主要顧客。1935（昭和10）年に経営者が交代し積極経営を展開，契約給付金を最低7年6か月1,000円とし，10年3,000円，10年5,000円という長期多額の融資に主力を置くようになった。低額の融資を廃止してから，業績は上昇。資金使途として「土地の買入や家屋新築のため」「店舗の拡張や商品仕入のため」「子女の学資金またはお嫁入り支度のため」「不時の用意に備えるため」などを謳う。それは当時の無尽に共通したものであった。
扇港無尽	アメの製造業者が近隣の商人の同志を集めて始めた。社長以下重役が陣頭指揮をとり，従業員も十数名で，事業規模としては小さいが，不動産金融の無尽に先鞭をつけ，長期多額の融資を最初からメインの事業に据えた。この長期多額無尽が許可されたことが強みとなった。抽選や入札で得た資金で借家を持ち，借家の入居者から入る家賃で掛金を払い込んでいく，今日でいう不動産投資に着目した。その対応は住宅需要が増大する一方の神戸市に誕生した無尽会社として，時流に合ったシステムであった。
兵庫無尽	政治家が中心となり1928（昭和3）年に設立。当初は経営そのものより，自己の政治的地位を利用して，無尽営業の免許を得たに過ぎなかった。しかし，1930（昭和5）年に新経営者に交代以降，経営を刷新，本格的な営業を開始。神戸無尽株式会社・扇港無尽株式会社の2社と同様，経営者に有力商店主や財界の有力者を迎えて成功。個人色の濃い無尽会社が，個人的なつながりから支持を得て，契約口数の増加の糸口とした事情を反映している。1933（昭和8）年には県下の無尽会社でトップの業績を誇るまでになった。

（出所：神戸市（1967）pp.920-921を基に作成）

なった[26]。

　大正末期の不況や金融恐慌においても，またその間の好況期においても，無尽会社には大きな影響はなかったが，日中戦争とそれに続く第二次世界大戦では事情が異なっていた。

　戦争体制に入ると，国債の消化，貯蓄の増強の一環として，1938（昭和13）年に国債給付無尽，1939（昭和14）年には貯蓄債券給付無尽が売りに出され

---

[26]　神戸市（1967）p.922による。

た。その一方で，日中戦争が勃発した1937（昭和12）年下期からは，継続する各社は軍需景気により，業績の伸びを示した。

　三木無尽の経営破綻は主として貸付金の焦付によって生じた。また，その背景には，1933（昭和8）年頃から未収金が増加し，それを補うために積立金を取り崩さざるを得ない状況にもあった。いくつかの要因により，資金的な余裕がまったくなくなったのである。そして，1938（昭和13）年末には山陽金融無尽の翼下に入った。

(6) 兵庫無尽に統合された無尽各社

　無尽会社にも統合の波が押し寄せてきた。その経営的動機と外的要因は以下の2点である。1つは，無尽会社そのものが存立基盤を増強するために自発的な統合を行ったことである。これは昭和初期までの統合の動機であった。もう1つは，日中戦争から続く戦争を契機として，戦時体制下の国家的要請から統合が求められたことである[27]。

　統合の方法には会社を新設してその会社に合併する新設合併，1社が別の会社を吸収する吸収合併，1社の営業を他の会社に売却する営業譲渡の3つの方法があった。こうした手法で本社を神戸市に置く無尽会社の拡大・統合の例を図表2-10に示す。

　このようにして1942（昭和17）年には，営業無尽においても「一県数社主義」が達成された。当時，無尽会社の融資は有担保と無担保の割合が半々で，いわゆる庶民金融の特色の1つともいうべき無担保での貸出が多いことが特徴であった。しかし，神戸においては有担保の比率が高く，それも不動産担保に依っていた。これは有力な無尽会社が神戸市を中心に営業展開し，比較的大口の融資を行うとともに，債権保全のために担保主義を重視したことが影響している。

---

(27) 神戸市（1967）p.923による。

図表2-10　神戸に本社を置く無尽会社の拡大・統合の例

東亜無尽株式会社	1941（昭和16）年，扇港無尽と兵庫無尽によって資本金100万円で設立。前身となる有力無尽の力を受け，営業区域は淡路島を除く県下全域にわたった
神戸大同無尽株式会社	1941（昭和16）年，神戸無尽・西脇無尽両社の合併によって設立。1942（昭和17）年，姫路船場無尽の営業譲渡を受ける。合併により事業区域を拡大し，営業区域は淡路島を除く県下全域にわたった。
山陽無尽株式会社	山陽金融無尽が1941（昭和16）年，淡路無尽の営業譲渡を受け，日の丸無尽を吸収合併し，1942（昭和17）年，山陽金融無尽と三木無尽の合併によって設立。合併によって急速に事業を拡大し，営業区域は兵庫県下一円にわたった。

（出所：神戸市（1967）pp.923-924 より作成）

　その後は無尽各社も銀行と同様に，「一県数社主義」から「一県一社主義」へと進んでいく。1944（昭和19）年に，東亜・神戸大同・山陽の3無尽会社の新設合併によって設立された兵庫無尽は，当初の資本金は300万円であったが，1961（昭和36）年には8億円になった。増資とともに営業区域を拡大し，兵庫県全域から大阪府一円，近県の都市に事業展開し，名古屋市にも店舗を置くようになった。1951（昭和26）年6月，相互銀行法が施行され，無尽会社は相互銀行に転換した。「一県一社主義」を越えた「一行多県主義」。それが，大規模な無尽会社，さらに相互銀行への組織変更とつながっていった。

第3節　米騒動と鈴木商店の破綻

3-1　鈴木商店の破綻の背景と金融史における位置づけ

　第1章では，明治期から第二次世界大戦前における金融史について，国の動きに重きをおいてまとめてきた。明治期から昭和初期にかけて，現代に照らすと未成熟ともいえる経済・金融がたび重なる戦争や好不況の波に揉まれ，そのなかでも近代的な金融体制に向かっていく姿が見てとれた。

　その点を踏まえ第2章では，現在の兵庫県域に重きを置き，第1章と同時期の金融の動向をまとめた。その第3節として，地域経済に大きな影響を与えた"事件"を取り上げておきたい。鈴木商店の破綻である。日本有数の商社として名を馳せた鈴木商店の破綻は，当時の地域金融界にどのような影響を及ぼしたのであろうか。

(1) 米価の奔騰で鈴木商店に助けを求めた神戸市役所

　1918（大正7）年の年初から，米価は高騰を続けていた。歴史をたどれば，それが鈴木商店破綻へのスタートラインであったということができる。1918（大正7）年7月には中国地方を暴風雨が襲った。加えてシベリア出兵の情報が米の買占や買煽りを招き，神戸米穀取引所は休会のやむなきに至った。

　こうした情勢のなかで，農商務省は全国各県に内地米保有高の調査を命じ，10石以上の内地米保有者は届け出るように指示を出した。報告を怠ったり虚偽の申告をした者は100円以下の罰金または3か月以下の懲役という厳しい通達であった。しかし，こうした政府の措置は，かえって保有米の不足を暴露する結果になり，売惜しみや買占をますます煽ることとなった。米商人は高値と品薄で営業ができなくなり，休業や廃業するものが出始めた。

　このとき神戸市役所が，外米約600石の供給を受けた相手が鈴木商店であった。当時，鈴木商店は日本を代表する商社であり，神戸にとっても経済的な支柱・拠りどころであった。神戸市役所は1升19銭で鈴木商店などから仕入れた外米の廉売を行った。しかし，各廉売所に群衆が殺到し，予定数量を超える米を売り尽くしてしまった。翌日の廉売では，なだれ込んだ群衆のなかに負傷者も出た。この日は神戸米穀取引所でも外米を売り出したが，予定の外米がまたたく間に売り切れた[28]。

---

(28) 兵庫県（1967）p.666による。

(2) 神戸の米騒動と鈴木商店の焼き討ち

　1918（大正7）年の夏，米不足による米価の高騰のなか，富山県下で米の県外移出に反対する主婦が米屋を襲撃する事件が起きた。騒動はたちまちのうちに名古屋・大阪・京都・東京などの大都市に伝播していった。世情の不安は募る一方で，「米価暴騰」「無能なる県当局の措置」など過激な字句を連ねたビラが神戸市内にも貼り出され，湊川公園で開かれる市民大会への参加を呼びかけていた。湊川署では，さっそくビラを撤去して警戒にあたった。市民大会の夜は何事も起こらなかったが，翌日の新聞にビラの内容が報道されると，不穏な空気が市民の間に広がった。

　その夜，湊川公園に集まった群衆は，公園の一角で行われた煽動演説を合図にデモを起こした。群衆はざっと1,000人に膨れ上がり，湊町から多聞通，上橘通の米屋に次々に押しかけ，米の安売りを強要した。しかし，この夜は警察署員になだめられて，たいした騒ぎには至らず群衆は解散した。

　翌朝，今度は三菱造船所で購買部供給米の廉売をめぐって暴動が起きた。この日は朝から各所で，「夜に入るのを待って放火する」という噂も広がり，神戸の街全体が重苦しい不穏な空気に包まれていた。陽も傾いた夕方6時頃，湊川公園に集合し始めた群衆を前に，さかんに煽動演説が行われ，街はにわかに殺気立っていった。そして夜の帳が落ちた頃，群衆はなだれを打って新開地から鈴木商店の本店に殺到した。

　神戸のみならず全国の経済的支柱であった鈴木商店であったが，鈴木商店には小麦粉の買占を行い，鈴木商店と特別の関係にある寺内内閣の後藤内相がその便宜を図ったという風評があった。このほかにも，大連で豆粕を買い占めて警告された，暴利取締令の前に九州で多量の正米を買い占めた，外米輸入の指定商となって朝鮮米を安く買い入れて不当な利益を得たとの噂も取り沙汰されていた。そのため鈴木商店は，市民の羨望の眼差しのなかで，恨みの的にもなっていたのである。

　東川崎町（現神戸市中央区）1丁目にあった鈴木商店の本社前と栄町（現神戸市中央区）4丁目の旧店舗に押し寄せた群衆は，屋内に侵入して火を放った。

焼き討ちである。こうして日付が変わろうとする頃には3階建ての本社建物は灰塵に帰した。興奮した群衆は，道路を隔てて筋向いの神戸新聞社にも火をつけて焼き払った。

　一方，兵庫方面では不動産業の兵神館の兵庫支店，兵庫米穀取引所が破壊され，塚本通の高利貸し業者の家が焼かれた。兵神館は市民の住宅難に付け込むやり方が市民の恨みを買ったとされ，兵庫支店のほか本店や近郊の出張所まで襲撃，破壊された。そのほか，鈴木商店の系列下にあった神戸製鋼所が襲撃されて倉庫が全焼，また，小野柄通にあった日本樟脳も放火された。1918（大正7）年8月12日の夜から13日の朝方にかけての出来事である。神戸市内全体が無警察・無法状態となり，各所で群衆が蜂起して米屋を襲撃し，米の安売を強要したり強奪を行ったりした。

　当時の兵庫県はかねてから積極的な社会政策をとり，県民に理解と同情を寄せていたが，各地で起きた焼き討ちを見て，ついに姫路師団に出兵を要請せざるを得なくなった。これにより，姫路師団の歩兵第三十九聯隊が神戸に到着し，本部を県庁に置いて警戒にあたった。さらに神戸市の懇請もあって，歩兵三個中隊と憲兵隊も到着した。県当局も県下各地から応援巡査を招集し，市内各署に警官を配置して待機させた。8月13日も山本通・八幡通・小野柄通などの各所で白米の安売が強要され，夜になると，湊川公園にふたたび集合した群衆は3万人に達したという。群衆は須磨にあった鈴木商店主の本宅である金子直吉宅や兵庫県庁横の知事官舎などの襲撃に向かった。しかし，いずれも警備の軍隊や警官隊に阻まれ，目的を果たせず解散した。

　翌日になっても不穏な空気が神戸の街を包む。県当局は午後6時以降の外出を禁止するとともに，徹底的な鎮圧のために，さらなる軍隊の派遣を求めた。市内の軍隊は1,000名を超え，厳重な警戒によって，大衆行動は次第に困難になった。散発的な小集団による暴動・強奪はいずれも警官隊や軍隊に追い散らされ，秩序の乱れは次第に収まっていった[29]。

---

(29)　兵庫県（1967）pp.667-670による。

1918（大正7）年8月11日から14日にわたる暴動で被害を受けた戸数は650戸，被害総額は140万円余りに上り，神戸全市で略奪・強買された米殻は5,000〜6,000石となった。富山県に端を発し，神戸にも飛び火した米騒動，そして鈴木商店の焼き討ち事件は，こうして沈静化していった[30]。

一連の米騒動に関する検挙者は神戸市内で約800人，兵庫県下では2,000人近くに上った。騒擾事件として公判に付された者は約400人であった。罪名は強盗・騒擾・恐喝・住居侵入・脅迫・放火・窃盗などとなっている。米の安売の強要は，強盗・窃盗罪に問われた。放火については死刑を求刑された者もおり，懲役に処せられた者は約250人を数えた。被告の職業を見ると，神戸市では職人・労働者・商人・無職のほか，新聞記者や歯科技工師などもおり，職人・労働者のなかでは仲仕・大工・鍛冶屋・靴職人などが多い。兵庫県内で見ても，職人と労働者が多数を占め，海辺の地域では漁民も多かった[31]。

米騒動は，富山県の漁師の主婦たちが米の県外移出反対に立ち上がったことをきっかけに，たちまち全国に波及したものであった。しかし，当時の支配者層が恐れたのは，それが生活に困窮した民衆による自然発生的なものであり，誰かが煽動して計画的・組織的に一貫した指導もとに行われたものではなかったことである。この民衆の行動・米騒動は日本の労働運動にも大きな刺激を与えた。これを契機に労働運動が高揚していったことは紛れもない事実である。

3-2 鈴木商店と台湾銀行の関係

(1) 鈴木商店の破綻で窮地に立つ台湾銀行

大正期，大型商社として世界を舞台に活躍した鈴木商店は焼き討ちに遭い，その9年後の1927（昭和2）年，崩れ落ちるように倒産していった。米騒動や焼き討ちが倒産の契機となった一因ではあるものの，より根源的な原因は，金融恐慌のさなかの，メインバンクである台湾銀行との関係に探ることができる。

---

(30) 兵庫県（1967）p.670による。
(31) 兵庫県（1967）p.674による。

　当時，台湾銀行は神戸市仲町（中央区）に神戸支店を置いていた。休業を余儀なくされた日，店頭には向こう3週間は臨時休業となる旨が貼り出された。一般市民の台湾銀行神戸支店への預金は比較的少なかったようである。

　しかし，外国為替取扱銀行である台湾銀行の休業は，神戸一帯に本拠を置く貿易商社に多大な影響をもたらした。特に台湾銀行神戸支店は，中国や東南アジア向けの中規模の貿易業者との取引関係が密接にあった。ゴム・砂糖・外米・樟脳などを輸入し，綿糸布・生糸などの輸出を行う業者である。台湾銀行の休業によって，これらの貿易業者も営業を休止せざるを得ない事態に見舞われた。

　台湾銀行は台湾の豊富な資源を開発するための事業や商業に資金を融通するとともに，東南アジア諸国との貿易に必要な資金の提供を目的として設立されたが，第一次世界大戦の好景気に乗じて本来の業務以外に事業展開し，経営を拡大していた。ところが，大戦後の不景気が訪れると，貸付金が固定されてしまう。しかも，そのほとんどが鈴木商店系の企業への融資であった。

　第一次世界大戦の好況の波に乗って急激に膨張した鈴木商店は，大正末期には直系傍系を合わせて60以上の関係会社を擁し，資本総額は約5億5,000万円に達していた。しかし，第一次世界大戦後の不況により関係会社の大部分は経営が困難を極め，倒産の危機に瀕していた。台湾銀行としては，鈴木商店の倒産によって貸付金の回収ができなくなることを恐れ，無担保の融資を続けざるを得なかった。

　1927（昭和2）年，年度始めの株式市場は鈴木商店の整理悲観説を受けて，鈴木商店の関係会社の株が大暴落した。このため鈴木商店は，ついにその整理を台湾銀行に一任することにした。金子直吉以下の役員が辞職し，一切の新規取引を自発的に一時中止すると発表したのである。

　そして，金融恐慌のまっただ中の1927（昭和2）年，鈴木商店は倒産した。メインバンクとして取引を続けていた台湾銀行は大きな痛手を受け，極度の資金難に直面し，政府・日本銀行に救済を求めた。政府は台湾銀行が休業した場合に起きる混乱，ひいては台湾統治に及ぼす支障などを憂慮して積極的な救済

策に乗り出し，台湾銀行の救済に関する緊急勅令案を決定した。しかし，この勅令案は枢密院本会議において否決される。若槻内閣はその責任をとって辞表を提出した。

(2) 鈴木商店の解体と金融機関への影響

　鈴木商店破綻の直接要因は，本店の焼き討ちということもできる。しかし，より本質的には第一次世界大戦の終結によって船価および傭船料が大暴落することで5,000万円を超える負債をつくり，次いで1921（大正10）年の海軍の軍備縮小によって神戸製鋼所が大打撃を受けたことに始まっている。その後，鈴木商店は，1923（大正12）年に関係事業の管理を業務とする鈴木合名会社と従来の商取引を業務とする株式会社鈴木商店とに改組し，経営不振の打開に努めた[32]。しかし，関東大震災の打撃と慢性的な不況が続き，商況は好転しなかった。思惑は失敗を重ね，関係企業の不振も加わって資金難に追われるようになった。

　1926（大正15）年，鈴木商店直系の日本製粉と日清製粉との合併に失敗した鈴木商店は窮地に立たされた。このような苦境のさなかに震災手形2法案をめぐり，鈴木商店と台湾銀行の内情が明るみに出たのである[33]。鈴木商店系の事業会社の整理は，台湾銀行をはじめ横浜正金銀行などの債権者の手によって進められることになった。

　鈴木商店は，今日の日本経済と産業に大きな足跡を残している。鈴木商店の直系会社で棉花・綿糸布・羊毛の貿易を業務とする大阪の日本商業株式会社は日商株式会社（現双日）に改組され，解散後の鈴木商店の業務を引き継ぐことになった。そのほか，鈴木商店にゆかりのある企業を図表2-11に示しておく。

　鈴木商店の破綻は台湾銀行との関連で論じられることが多い。では，県内の地域金融機関にはどのような影響を及ぼしたのか。一例をあげると，鈴木商店

---

(32) 兵庫県（1967）p.839による。
(33) 兵庫県（1967）p.840による。

図表2-11　鈴木商店ゆかりの企業の系譜

鈴木商店が設立，買収した企業	現在の企業

貿易
- 日本商業（1909（明治42）年設立） → 双日（東京）

樟脳
- 直営樟脳製造所（1900（明治33）年設立）
- 日本樟脳（1918（大正7）年設立） → 日本精化（大阪市）
- 再製樟脳（1919（大正8）年設立） → 日本テルペン化学（神戸市東灘区）
- → 日本香料薬品（神戸市中央区）
- 支那樟脳（1920（大正9）年設立）
- 帝国樟脳（1922（大正11）年設立） → 太陽林産（太陽鉱工グループ，神戸市中央区）

薄荷
- 鈴木薄荷（1902（明治35）年設立） → 鈴木薄荷（神戸市灘区）

製糖
- 大里製糖所（1903（明治36）年設立） → 関門製糖（大日本明治製糖グループ，北九州市）
- 塩水港製糖（1907（明治40）年出資） → 塩水港製糖（東京）
- 北港製糖（1912（大正元）年設立）
- 斗六製糖（1912（大正元）年設立） → 大日本明治製糖（東京）
- 東洋製糖（1914（大正3）年買収）
- 南洋製糖（1915（大正4）年買収） → 解散

製粉
- 東亜製粉（1906（明治39）年買収）
- 札幌製粉（1909（明治42）年買収）
- 大里製粉所（1911（明治44）年設立） → 日本製粉（東京）
- 日本製粉（1925（大正14）年系列化）

人絹
- 帝国人造絹糸（1918（大正7）年設立） → 帝人（東京）
- → ナブテスコ（東京）

レザー
- 東レザー（1907（明治40）年買収） → 北越東洋ファイバー（静岡県沼津市）
- 日沙商会（1918（大正7）年株式会社化）
- 日本輪業（1914（大正3）年設立） → ニチリン（姫路市）

セルロイド
- 日本セルロイド人造絹糸（1908（明治41）年設立） → ダイセル（大阪市）
- 大日本セルロイド（1919（大正8）年設立） → 富士フイルムホールディングス（東京）

火薬・マッチ・染料
- 日本火薬製造（1916（大正5）年設立） → 日本化薬（東京）
- 帝国染料製造（1916（大正5）年設立）

分野	旧会社	現会社
火薬・マッチ 染料	帝国燐寸(1916(大正5)年設立) 東洋燐寸(1917(大正6)年設立)	兼松サステック(東京)
油脂	直営製造所(硬化製油)(1906(明治39)年設立) 直営製造所(大豆製油)(1915(大正4)年買収) 豊年製油(1922(大正11)年設立) スタンダード製油(1921(大正10)年設立) 合同油脂グリセリン(1923(大正12)年設立)	日油(東京) J-オイルミルズ(東京)
合成 アンモニア	クロード式窒素工業(1922(大正11)年設立) 第一窒素工業(1926(大正15)年設立)	下関三井化学(山口県下関市)
製鉄	神戸製鋼所(1905(明治38)年設立)	神戸製鋼所(神戸市中央区)
造船	浪華造船所(1916(大正5)年買収) 播磨造船所(1916(大正5)年改称) 鳥羽造船所(1916(大正5)年買収)	IHI(東京) ナブテスコ(東京)
海運	帝国汽船(1916(大正5)年設立) 国際汽船(1919(大正8)年設立)	石原産業(大阪市) 日本海運(東京) 商船三井(東京)
機械	日本エヤーブレーキ(1925(大正14)年設立)	
金属・ 金属製品	日本金属(1916(大正5)年設立) 日本冶金(1918(大正7)年設立) 日本発条(1939(昭和14)年設立)	三井金属鉱業(東京) 彦島製錬(山口県下関市) 東邦金属(大阪市) 日本発条(横浜市)
ビール・発酵	帝国麦酒(1912(明治45)年設立) 大里酒精製造所(1914(大正3)年設立)	サッポロホールディングス(東京) ニッカウヰスキー門司工場 (福岡県北九州市)
塩業	東洋塩業(1908(明治41)年買収) 大日本塩業(1914(大正3)年買収)	日塩(東京)
ソーダ	太陽曹達(1919(大正8)年設立)	太陽鉱工(神戸市中央区)
石油	帝国石油(1918(大正7)年買収) 旭石油(1922(大正11)年設立)	昭和シェル石油(東京)

86

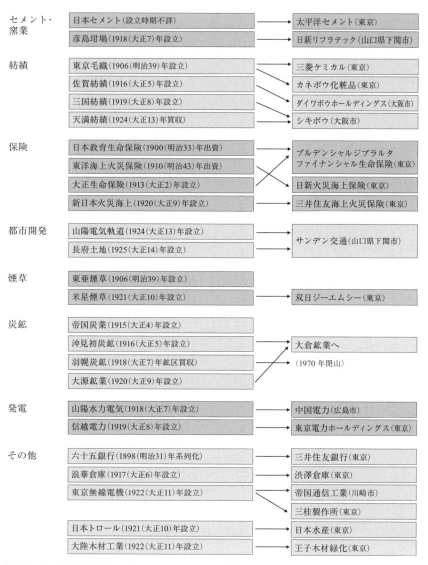

セメント・窯業	日本セメント（設立時期不詳）	→ 太平洋セメント（東京）
	彦島坩堝（1918（大正7）年設立）	→ 日新リフラテック（山口県下関市）
紡績	東京毛織（1906（明治39）年設立）	→ 三菱ケミカル（東京）
	佐賀紡績（1916（大正5）年設立）	→ カネボウ化粧品（東京）
	三国紡績（1919（大正8）年設立）	→ ダイワボウホールディングス（大阪市）
	天満紡績（1924（大正13）年買収）	→ シキボウ（大阪市）
保険	日本教育生命保険（1900（明治33）年出資）	→ プルデンシャルジブラルタファイナンシャル生命保険（東京）
	東洋海上火災保険（1910（明治43）年出資）	
	大正生命保険（1913（大正2）年設立）	→ 日新火災海上保険（東京）
	新日本火災海上（1920（大正9）年設立）	→ 三井住友海上火災保険（東京）
都市開発	山陽電気軌道（1924（大正13）年設立）	→ サンデン交通（山口県下関市）
	長府土地（1925（大正14）年設立）	
煙草	東亜煙草（1906（明治39）年設立）	
	米星煙草（1921（大正10）年設立）	→ 双日ジーエムシー（東京）
炭鉱	帝国炭業（1915（大正4）年設立）	
	沖見初炭鉱（1916（大正5）年設立）	→ 大倉鉱業へ
	羽幌炭鉱（1918（大正7）年鉱区買収）	→（1970年閉山）
	大源鉱業（1920（大正9）年設立）	
発電	山陽水力電気（1918（大正7）年設立）	→ 中国電力（広島市）
	信越電力（1919（大正8）年設立）	→ 東京電力ホールディングス（東京）
その他	六十五銀行（1898（明治31）年系列化）	→ 三井住友銀行（東京）
	浪華倉庫（1917（大正6）年設立）	→ 渋澤倉庫（東京）
	東京無線電機（1922（大正11）年設立）	→ 帝国通信工業（川崎市）
		→ 三桂製作所（東京）
	日本トロール（1921（大正10）年設立）	→ 日本水産（東京）
	大陸木材工業（1922（大正11）年設立）	→ 王子木材緑化（東京）

（出所：神戸新聞社編（2017）pp.278-281 より作成）

と関係が深いとされていた神戸の第六十五銀行は鈴木商店の破綻の直前に取引関係を解消する旨の宣言をしていた。しかし，その関係に不安を抱く預金者の疑いを払拭するには至らず，取付に発展するなど甚大な影響を及ぼしている。そして，第六十五銀行は鈴木商店が破綻した1927（昭和2）年4月に1か月の休業を実施し，翌月には営業再開となった。しかし，再建の道を着実に歩む間もなく，1927（昭和2）年10月には後継銀行を神戸岡崎銀行として解散した。

第4節　むすび

　播磨の海浜地区には姫路に国立銀行が設立された。県内には姫路のほかにも明石・出石・篠山・龍野にも設立されている。このことは，県内各地に産業が分散され，それぞれに士族も含めた有力者がいて，そうした産業の発展に期待するところが大きかったことの現れだといえる。

　私立銀行も，各地の産業の発展に大きく貢献した。全国と比べてみても，県内の都市部を離れた各地に多数の私立銀行や無尽会社，また銀行類似会社などを擁していたことは大きな特色の1つである。

　しかし，県内金融機関の特色は国の一県一行主義に対応する過程で集約の道をたどる。数多くの普通銀行は神戸銀行に集約され，無尽会社は後章で述べる兵庫相互銀行に集約されていった。その過程では，国立銀行も営業期間の満了により普通銀行となり，やがて神戸銀行に集約されていく。

　神戸銀行は全国的に見ても大手行といえるが，一方で地方色が強い銀行でもあった。預金額も貸出額も兵庫県内，特に神戸市内に本社を置く大企業の割合が高かったのである。太平洋戦争のもと，神戸銀行は軍需融資においても重要な役割を果たす。多額の国債の発行も請け負っていた。

　神戸銀行に代表される大手行と県のつながりとは別に，小規模の銀行類似会社のなかで堅実な経営を進めるところは貯蓄銀行に改組・発展するところもあった。

　また，県内の金融機関の動向を語るとき，無尽会社を外すことはできない。

大正期には全国の約5分の1にあたる無尽会社が県内に存立していたのである。無尽会社の管理法として政府は大正期に無尽業法を制定する。そのもとで9無尽会社が認可を受け，独自の発展を遂げた。その過程では合併や統合も行われた。そうした動きもあり，三木無尽のように，地域の無尽会社が地域を超えた存在になっていった。

　無尽業法制定後の無尽会社は県内地方部よりむしろ県内都市部で成長を遂げた。その1つが神戸に本社を置く兵庫無尽である。兵庫無尽は無担保ではなく有担保融資によって業容を拡大し，神戸から県内全域，さらに他府県へと営業地域を拡大していった。

　兵庫県内の金融機関は県内各地に広がる産業の発展に大きな貢献を果たした。しかし，その一方で，それぞれの金融機関の集約化・巨大化が結局はデメリットに働いた面も無視できない。戦時下にあっては多額の軍費を調達する役割を担っていたが，敗戦を迎えると，集約した金融機関の巨大化が仇となり，小廻りがきかなくなったということは確かである。

　鈴木商店の破綻に見るように，企業の拡大は破綻を迎えるまで止めることはできない。明治期から昭和初期にかけて県内の金融機関も，こうした一面を抱えながら成長していった面は否定できない。

【参考文献】
神戸銀行行史編纂委員編（1956）『神戸銀行小史』神戸銀行行史編纂委員.
神戸市（1967）『神戸市史　第3集　産業経済編』神戸市.
神戸新聞社編（2017）『遥かなる海路—巨大商社・鈴木商店が残したもの』神戸新聞社.
姫路市（2002）『姫路市史　第5巻下　近現代2』姫路市.
兵庫県（1967）『兵庫県百年史』兵庫県.

第3章
戦後復興から
高度成長を支えた金融機関

第1節　戦時統制経済

1-1　戦時統制経済下で生まれた公庫・金庫

(1) 戦時金融公庫

　日本は第二次世界大戦時，各種の銀行のほかにも，いくつかの公庫・金庫を活用して軍費を調達していた。その1つに戦時金融金庫がある。

　戦時金融金庫は，戦時における軍需生産の拡充と産業再編成のために必要な資金を円滑に供給するため，1942（昭和17）年に公布された戦時金融金庫法により発足した法人格を有する組織で，3億円の資本金のうち政府が2億円を出資していた。

　一方，資金の貸出については，一般の銀行からは調達不可能なリスクの高い資金を供給することもあった。そのため，公庫に生じた損失については，全額を政府が補償することとしていた。政府の資金と補償というバックボーンに支えられ，戦時金融公庫は軍艦や戦闘機などを製造する巨大軍需産業はもちろんのこと，一般の中小企業や個人にまでまとまった融資を行っていた。一言で述べると，極めてハイリスクな資金の供給機能を果たしていたのである。

　さらに，戦時金融金庫は，設立時に吸収した株価維持機関である日本共同証券の機能を引き継いでいた。ところが，戦局が著しく悪化してくると，軍需株の暴落が始まる。そこで戦時金融金庫は，1944（昭和19）年の夏頃から大量の軍需株を買い付けて株価の維持を図った。

　そのほかにも，戦時金融金庫は投資の目的で多くの企業の株式を保有しており，その株式を中小企業の自己資本を充実させるための援助に活用していた。いわば戦時金融公庫は戦時における資金調達機能や企業の株価維持機能を，政府の統制のもとに果たしていたのである。

(2) 南方開発金庫，外資金庫

　太平洋戦争の拡大に伴って増加する軍需資金需要に対応するため，1942（昭

和17）年2月には戦時金融金庫のほかに，南方開発金庫，外資金庫を続けざまに設立した。南方開発金庫は戦時金融公庫と同じく，194昭和17）年初に公布された南方開発金庫法により設置され，1942（昭和17）年4月に営業を開始した。その目的は，太平洋戦争において占領した南方地域における資源の開発や利用に必要な資金を供給することであり，また，占領した南方地域における通貨や金融の調整を図ることであった。政府が1億円を出資し，総裁・副総裁は天皇による直接の裁定を経て政府により任命された。一方，総裁・副総裁は南方地域の現地において軍司令官の監督を受けた。事実上，国・政府・軍部の管轄下に置かれた金融機関だったのである。

　南方開発金庫は当初，臨時の軍事費のほか軍票（戦争時に占領地や勢力下にある地域において軍が現地からの物資調達などの支払のために発行された擬似紙幣のこと）を借り受けて，その軍票をもとに南方地域の開発を進める企業などに融資するのが主要な役割であった。

　ところが，軍票が濫発され，軍票による融資が膨張してくると，資金そのものを南方開発金庫が自己調達せねばならなくなる。そこで，1943（昭和18）年からは，南方開発金庫券という独自の"貨幣"を南方地域において発行するようになった。独自の発券機能を持つようになった南方開発金庫は，軍需資金需要が高まる時局に半ば圧倒されるように独自貨幣の濫発を行っていった。それが初期には南方地域においてインフレーションを招くことになり，時の政府が新たに外資金庫を設立する原因の一つともなった(1)。

　外資金庫とは，中国大陸などの日本占領地において軍事費の調達を行う目的で1945（昭和20）年，外資金庫法に基づいて設立された金融機関である。資本金5,000万円はすべて政府支出であったが，第二次世界大戦終戦により存在意義がなくなり，1947（昭和22）年に閉鎖された。理事長は大蔵次官であり，理事には横浜正金銀行，朝鮮銀行，南方開発金庫などの代表者が名を連ねてい

---

(1) 国立公文書館アジア歴史資料センター「アジ歴グロッサリー南方開発金庫」による。

た。しかも，本店を大蔵省外資局内に置いた。実質的な業務は，中国大陸など
の日本占領地において軍事費を支払う際に，予算では現地のインフレーション
に対応できないため，その差額を外資金庫が横浜正金銀行や朝鮮銀行，南方開
発金庫との間の預け合いで生み出した資金で支払うことであった。したがっ
て，専属の職員や事務所もなかったようである。その点では帳簿上の金融機関
といったほうが的確かもしれない。

　外資金庫の存在は不明瞭なものだが，そうした"組織"を生むこととなった
南方開発金庫の金融行政の対応も，連合国側から見れば，統治という名の"放
漫経営"といわざるを得なかった。そのため，南方開発金庫は戦時金融公庫と
同様に，1945（昭和20）年，他の植民地や外地に置かれていた金融機関とと
もにGHQから即時閉鎖命令を受けることとなった。

(3) 庶民の生活を支える金庫も設立

　一方，戦時下には一般庶民に対する貸出を中心に行った金融機関も存立して
いた。1938（昭和13）年，庶民金庫法に基づいて設立された庶民金庫である。
それまで地域の小企業や個人事業者，また労働者に対しては，いわゆる金貸し
がお金を融通していた面もあったが，それに代わって小規模な貸出を行っていた。

　その手法としては，庶民債権（金融債）の発行が国によって許可されてい
た。また，担保を必要とせず，対人信用のみで貸出を行っていたことも大きな
特徴であった。また，庶民金庫法の条文上では信用組合などへの業務の委託も
想定されていたことも特徴として挙げられる。

　戦時統制経済下，庶民金庫は困窮する市民の生活資金を補うなど一定の役割
を果たしていた。しかし，戦後の1949（昭和24）年，国民金融公庫に業務を
引き継ぎ，解散となった。

1-2　戦時金融行政を支えた銀行

(1) 軍需融資指定金融機関制度の活用

　戦時金融行政としては，軍需融資指定金融機関制度というものがあった。

1943（昭和18）年の軍需会社法の施行に伴い採用された制度である。この制度の制定により，市中の大銀行や特殊銀行を中心とする軍需金融については指定プール制が確立した。指定プール制とは，同種の企業が協定を結んで中央機関を設け，この中央機関が共同の収支計算を行って計上した利潤を，あらかじめ定められた割合で分配する制度のことである。そして，この制度は市中の大銀行や特殊銀行だけでなく，地方銀行にも対応することとなった。個々の地方銀行が独自にプール制を採用するような動きは見られなかったものの，遊休資産を活用して軍需産業に積極的に融資することになったのである。

(2) 共同融資銀行から資金統合銀行へ

　戦時金融行政を支えた金融機関の1つである共同融資銀行は，このような経緯から生まれた銀行であった。1945（昭和20）年4月，大蔵省と地方銀行統制会の指導斡旋により，地方に所在する普通銀行の余裕資金を預金などの方法で掻き集め，これを他の金融機関等に融資するとともに，社債等の有価証券の応募のほか，引受，売買などを行う目的で設立された。

　しかし，地方銀行側のこのような積極的な融資対応に関しては，都市部にある大銀行や日本銀行（以後「日銀」）が反発した。なかには融資しようとする地方銀行を妨害するような行為もあったという。このため，共同融資銀行は当初の目的と機能を十分に果たすことはできなかった。そこで大蔵省は新たに資金統合銀行という金融機関を設立し，共同融資銀行の吸収を図った。

　資金統合銀行は戦局が厳しくなる1945（昭和20）年，銀行法に基づいて資本金5,000万円の普通銀行として発足した。資本金の8割は共同融資銀行の対応に難色を示していた日銀が出資し，日銀副総裁が会長となった。地方銀行の動きを呑み込むように対応したところを見ると，日銀としては，戦時日本の中央銀行のメンツを保つことが目的であったのかもしれない。

　資金統合銀行の役割を一言で示すと，日銀を中心とした特殊銀行・都市銀行・有力地方銀行を一体化した巨大な資金プール機関である。地方の有力銀行は資金統合銀行の設立時には直接の出資者とはならなかった。なお，地方有力

銀行が直接の出資者となったのは，共同融資銀行が解散となった後のことである[2]。

　資金統合銀行の主な業務は軍需金融機関に対する資金の融通であり，具体的には日本興業銀行に対する資金供給であった。第二次世界大戦のさなか，不利な戦局を打開すべく，軍需融資の必要性は日増しに高まっていった。そのため，大都市，地方にこだわらず，市中銀行に対する依存度もますます高まっていった。その結果として日銀券の発行高が増し，膨張する傾向にあったが，資金統合銀行はこの傾向を防ぎ，あわせて資金の回転の効率化を果たす役割を担っていた。

(3) 日本興業銀行と新興コンツェルン

　資金統合銀行の資金の融資先となったのが，日本興業銀行（以後「興銀」）である。興銀は1900（明治33）年，日本興業銀行法に基づく特殊銀行の1つとして設立された。設立当初の主な目的は，工業金融の供給であった。

　興銀の産業融資のための資金供給の方法は，主として興業債券の発行によるものと，政府または日銀からの借入金で成り立っていた。ところが，1937（昭和12）年に日中戦争が勃発して以降，生産力を拡充するための資金需要を一行では果たし得なくなってきた。その背景には，興銀と共同融資を行ったり，すでに普通銀行が行った融資の興銀への肩代わりを望んだりする普通銀行が多かったことがある。こうした要望を受けて興銀では，社債前貸しの形式による共同融資を主幹事行として行うことも多かった。また興銀は，1939（昭和14）年に公布された「会社利益配当及資金融通令」[3]により，「命令融資」の指定機関となり，政府保証のもとに政府の命令による軍需産業への融資を開始した。これと共にシンジケート団（共同融資団）による共同融資を発展させていった。

---

(2) 国立公文書館アジア歴史資料センター「アジ歴グロッサリー資金統合銀行」による。
(3) 国立公文書館アジア歴史資料センター「アジ歴グロッサリー会社利益配当及資金融通令」による。

　会社利益配当及資金融通令は1937（昭和12）年に公布された臨時資金調整
法を強化するための法令で，会社の利益金の処分，償却，その他経理に関する
命令および銀行に対する資金の運用に関する命令を行使していた。それは，生
産力を拡充するための資金や軍需産業に資金を円滑に供給する必要があると
き，大蔵大臣が興銀に資金の融通または有価証券の応募引受，買入を命じるこ
とを可能とした。また，資本金20万円以上の会社に対しては，1938（昭和
13）年11月30日以前の最終配当率を超えて配当することを禁じた。つまり，
戦時下においては会社にその資金を自由に使わせない命令であったということ
ができる。

　その会社利益配当及資金融通令のもと，1941（昭和16）年，財政金融基本
方策確立要綱が閣議決定され，興銀は時局共同融資団を結成する。ここに，政
府・興銀による金融統制の強化が進んだ。興銀は財閥系銀行を含む市中銀行の
融資を事実上肩代わりする形式で，新興コンツェルンのほか，中島飛行機など
の非財閥系軍需企業との結びつきを強めた。新興コンツェルンとは明治以来の
旧財閥に対し，日中戦争前後から重化学工業を中心に形成された新しい財閥の
ことであり，日産コンツェルン，日窒コンツェルン，森コンツェルン，日曹コ
ンツェルン，理研コンツェルンなどが生まれた。それらは軍需工業的性格が強
かった。

　太平洋戦争の突入後においては，何をおいても国策金融・軍需融資が優先さ
れた。1942（昭和17）年には軍需手形引受制度が採用され，軍から発注を受
けた会社は，興銀を通して前払金の範囲で金融を受けることができる仕組もで
き上がっていた。

　軍需会社の社債でも興銀が主力となって引受・受託したのは，一般の市中銀
行の融資が消極的でリスクの高い新興コンツェルンに属する企業への融資で
あった。

　興銀による金融統制は新興コンツェルンとの絆の強化を生み，第二次世界大
戦後の財閥解体に伴う戦時金融行政の反省のなかで，そうした新しい財閥のあ
り方も問われることとなった。

(4) 数多くの金融統制団体が生んだもの

　第二次世界大戦前においては金融行政が十分に整備されていない面もあり，金融業者の自治団体が数多く生まれていた。図表3-1に主な団体の名称を挙げる。

図表3-1　第二次大戦前に生まれた主な金融業界の自治団体

全国金融協議会特殊銀行団 普通銀行団 全国地方銀行協会全国貯蓄銀行協会信託協会 証券引受会社協会生命保険会社協会農工銀行同盟会 全国手形交換所連合会銀行集会所 全国無尽中央会 全国信用組合連合会協会全国市街地信用組合協会産業組合中央会

（出所：国立公文書館アジア歴史資料センター「アジ歴グロッサリー　金融統制団体」を基に作成）

　こうした各種金融団体は，いずれも親睦社交・連絡調整・研究等をその目的としていた。そのため，第二次世界大戦突入後の戦時統制経済下においては，新しく自律的指導統制のとれた団体を設立することが求められた。

　国はその要請を受けて，1942（昭和17）年，金融団体統制令を発布した。各業態別の統制会を包括する全国金融統制会，地区別に各業態を包括する地方金融協議会などの統制団体が組織され，政府・日銀は金融統制の強化を図った。中枢的な組織が全国金融統制会であり，そのほかは全国金融統制会の下部組織である。全国金融統制会の運営には日銀が当たった。これにより政府・日銀による金融統制が一層進むことになった。政府の指揮監督の下，日銀は金融操作の方法において，統制団体は自立的な指導統制の方法において，相互補完的に金融統制に協力することになったのである。

　第二次世界大戦を通じて，全国金融統制会は，金融機関の資金吸収目標や運用枠の設定，とくに国債の計画的な消化，軍需産業や戦時金融金庫などの起債の引受，軍需産業に対する共同融資等の斡旋，さらに金融機関の合併など再編成の促進，内国為替集中決済制度の創設など，金融業務の改善策の立案などに

ついて主導的な立場で活動した[4]。

第2節　戦後の金融行政の展開とインフレ対策

2-1　戦時金融行政の転換

(1) 戦時金融金庫の閉鎖

　戦時統制経済期においては公庫・金庫も戦費の調達，金融支援において重要な役割を果たした。その一例としては，1942（昭和17）年，戦時金融金庫法に基づいて設立された戦時金融金庫が挙げられる。戦時金融金庫融資の対象は軍需産業や国策会社であり，戦時中の国の要請があったとはいえ，高リスクの融資を続けた。その結果，太平洋戦争敗戦に合わせるように，戦時金融金庫は1945（昭和20）年，GHQによって閉鎖機関に指定された。閉鎖時の融資残高は約600社で30億5,000万円強にも達していたといわれる。

　このような戦時金融行政，具体的には各種公庫・金庫，国主導の銀行，各種の金融団体，企業の余剰資金などに対する統制的な対応の是非が第二次世界大戦後に問われることになったのである。

(2) 中小企業支援の金融機関整備も進む

　第二次世界大戦後，中小企業の育成・発展を支援する金融機関の設立の動きが活発化した。

　1949（昭和24）年には国民金融公庫法が発布され，前述のように庶民金庫の業務を承継した。続いて6月には中小企業等協同組合法が発布された。そして，1951（昭和26）年6月には相互銀行法，信用金庫法が発布された。このように，中小企業を資金面で支援する地域金融機関に関連する法制度は，1950年代初頭に相次いで整備されてきたということもできる。

---

(4) 国立公文書館アジア歴史資料センター「アジ歴グロッサリー金融統制団体」による。

相次ぐ新法の制定に，金融業者も敏感に反応した。1950年代初頭には，全国で相互銀行が約60行，信用金庫が約250金庫も発足した。相互銀行は旧無尽会社からの改組が多く，信用金庫は旧市街地信用組合からの組織変更による設立が多かった。

　1953（昭和28）年8月には，中小企業金融公庫法が公布された。しかし，中小企業金融公庫を援護するための法律，中小企業信用保険公庫法が公布されたのは，その5年後，1958（昭和33）年4月のことである。

　ちなみに，中小企業が市中金融機関から融資を受ける際に，その債務を保証して中小企業の資金繰の円滑化を図ることを目的とした信用保証協会法が公布されたのは1953（昭和28）年のことである。保証協会そのものは1937（昭和12）年に東京において設立されていたが，その根拠法が1953（昭和28）年に整備されたということになる。

(3) 戦後の金融体制の構築

　戦後金融体制の構築において先陣を切ったのは，1947（昭和22）年に設立された復興金融金庫である。興銀の復興金融部を継承した組織で，復興金融金庫が大量の国債（復興債）を発行し，それを日銀が引き受けることにより資金を獲得，それを石炭・電力・海運を中心とした基幹産業に重点的に投入した。また，1946（昭和21）年末には横浜正金銀行が東京銀行に改組されている。さらに，旧産業組合法に代わる農業協同組合法が施行された。今日の農業協同組合（農協）の源流をなす法制度であり，法の施行により，農業関連の自営業者・団体の金融マーケットの基礎が築かれていった。

　そのほか，1947（昭和22）年には臨時金利調整法が公布された。金利の最高限を臨時・緊急的にであっても規制する法律である。国は半ば強制的にではあっても，安定的な資金循環を図ったのである。

　1948（昭和23）年に入ると，それまで最大の貯蓄銀行であった日本貯蓄銀行が，協和銀行と改称して普通銀行となった。貯蓄に限定された機能を持つ貯蓄銀行に集まった膨大な預金を，産業の復興に向けて積極的に活用するための

下地を整えたといえる。

　貯蓄銀行の普通銀行への転換と同趣旨で，金融財産を殖産興業のための資金として有効活用する目的が明確になったことを受け，第一・日本・三井・三菱・安田・住友のいわゆる財閥系の各信託会社が，相次いで同名の信託銀行に転換した。結果的に，この業態転換により，一時期のこととはいえ信託を専業とする事業会社は消滅したことになる。

　インフレに伴い物価の高騰がより激化していけば，金融機関としては当然ながら長期の預金（貯蓄）や金銭信託を集めることが難しくなってしまう。それでは戦後復興に向けた資金が回っていかない。これらの金融の再建は，その事態を少しでも防ぐために，やむなく行われた面も否定できないであろう。

　そして10月には，財閥を解体・解消する意味もあり，三菱が千代田，安田が富士，野村が大和，住友が大阪と，その銀行名を改称することとなった。第一銀行は帝国銀行から分離独立した。

　だが，名称の変更による旧財閥系の解消は付け焼き刃な面も強かったのであろう。5年ほど経った1953（昭和28）年前後に，千代田は三菱に，大阪は住友に，また帝国は三井へと，旧称に復帰していった。

2-2　戦後インフレ対策と，銀行を核とした金融制度

(1) 旧円の切替え，預金封鎖などの金融緊急措置令の発布

　第二次世界大戦後は上記のような戦時金融行政の反省に立脚した施策がとられた。しかし，終戦直後から急速にインフレが進んだことで，金融行政は過度の統制への反省とともに，インフレ対応という大きな2つの難題への対応に迫られた。

　第二次世界大戦によって日本および日本人の生産力は壊滅的な打撃を被った。民間の生産力に回復の糸口すら見えていない状況のなか，終戦直後は莫多な額の戦時賠償が予想されていた。その一方で，民間設備や資産の復興，政府・軍が発注した軍需物資の代金支払などさまざまな資金需要に貨幣の供給が追いつかず，終戦直後の日本で急激なインフレーションが起こったのである。

1935（昭和10）年前後の消費者物価指数を1とした場合，1950（昭和25）年の消費者物価指数が200となるような急激なインフレーションであった。1945（昭和20）年10月頃から，インフレを収束させるための諸施策が大蔵省を中心に検討された。施策の概略は次のようなものであった。

　　・金融緊急措置令によって新円と旧円を切り替える
　　・一定額・一定条件にある預金を一定期間封鎖する
　　・食糧対策として，米・麦等を中心とした農業振興策をとる
　　・農業・畜産業に欠かせない肥料など，農村における必需品を確保する
　　・鉱工業生産の増強策として，エネルギーの基本となる石炭を増産する
　　・米や石炭の価値を基準として，新しい公定物価体系を設定する

　政府は多岐にわたる各産業を根幹から建て直すべく，抜本的かつ根源的な施策によってインフレの打開を目指した。
　政府は大蔵省を中心とした討議を受け，1946（昭和21）年早々に経済危機緊急対策を発表した。それは預金封鎖や新円切り替えを主眼に置いた金融緊急措置令を扇の要とした，金融・産業・労働・国民生活全般にわたる経済対策であった。具体的には，日本銀行券預入令，臨時財産調査令，食糧緊急措置令などの緊急勅令[5]と，戦後物価対策基本要綱，緊急就業対策要綱，鉱工業生産増強対策，国民生活用品の統制措置などであった。大蔵省が中心になって検討した諸施策を盛り込んだ総合的なインフレ対策であったといえる。
　事態は一刻の猶予も許されなかった。そのため，金融緊急措置令の内容は金融機関には知らされていたものの，一般市民には，まさに寝耳に水の状態で知らされ，受け止めざるをえなかった[6]。
　金融緊急措置令そのものは国民に理解できたであろう。しかし，金融緊急措

---

(5) 戦時下の治安維持法のように旧憲法8条により緊急事態に天皇が発する法律に代わる勅令。
(6) 飛田紀男（2004）による。

置令によって，どのような事態が起こるのか。国民の多くは金融緊急措置令の
影響を想定できずにいたはずである。

　1946（昭和21）年2月，預金封鎖と新円への切り替えは，次のような手順
で行われた。まず，2月17日以降，銀行・信託などの預金，郵便貯金などは
一斉に支払を停止し封鎖する。と同時に，すでに流通している日銀券（旧円）
は3月2日限りで失効する。そして旧円の失効と並行して新円を発行し，2月
25日から3月7日までは交換比率1対1で旧円と交換する。つまり，旧円の1
円は新円の1円になるということである。ただし，新円交換の限度は個人につ
いては1人100円までとし，残った個人所有の旧円は預金として封鎖する。

　封鎖された預金を引き出したい要望もあるだろう。その場合も，制限が設け
られた。封鎖された預金からの新円での払戻しの限度は，個人については生活
資金として世帯主が月額300円，世帯員（世帯主の家族）は1人につき100円
となった。一方の事業主については，給与の支払は月額1人500円まで新円，
その他は封鎖された旧円による支払いとし，必要な交通費や通信費は新円で支
払うこととなった。旧円は預金封鎖の直後に通貨としては失効する。そのため
旧円の現金はできる限り金融機関に持ち込まれることになり，預金として封鎖
されることになる。そして，失効期限後に財産調査を行い，それを財産税算定
の基礎とすることとした。

　金融緊急措置令によって，日銀券（旧円）および日銀そのものにはどのよう
なことが起こったのか。まず，日銀券（旧円）は一挙に金融機関に還流するこ
とになる。そのため，金融機関の預金残高は急増する。と同時に，日銀券（旧
円）の発行残高は新円への切り替えに伴って大きく減少することになる。すな
わち，預金の封鎖により金融機関の資金繰が改善され，あわせて日銀からの借
入金を返済することもできるようになる。

　金融緊急措置令は国民には負担を強いるものの，できるだけ貨幣の流通をコ
ントロールすることによって，貨幣流通をリセットしようという施策であっ
た。その施策は一定の効果を発揮した。金融界全体としてはインフレの高波に
救われたが，なし崩し的に当時の金融システムが崩壊してしまうことは緊急避

難的ではあるものの防ぐことができた。

　しかし，日本経済全体としては金融緊急措置令だけでは生産力・生産活動の増強という大きな命題は解決できず，課題として残っていた。生産・消費，それを取り巻く金融の好循環を生み出さない限り，真に戦後復興の軌道に乗ったということはできない。生産力の増強については依然として停滞を続けてままで，なかでも食糧や石炭の欠乏が著しい状態が続いていた。金融は窮状を回避できたかもしれないが，国民の窮乏はまだまだ続いていたのである。

(2) 金融機関再建整備法の制定

　金融緊急措置令により貨幣流通の整備に関しては一定の成果を見た。ところが，市中の普通銀行の実質的な再建については，緒についたとさえいえない状態だった。そこに押し寄せてきたのが「戦時補償の打切り」，すなわち戦時に補償した銀行における債権を放棄するという施策であった。戦時補償の打切りとなると，市中の普通銀行にとっては，打切りによって生じた金額を損失として丸被りすることになるため，銀行は猛反発した。当時，5大銀行と呼ばれた帝国銀行，三菱銀行，安田銀行，住友銀行，三和銀行の各行と興銀は，強硬に抵抗した。5大銀行と興銀を合わせると補償による穴埋めをあてにして貸し出していた額が貸出額全体の8割を超え，しかも打切り額全体から見れば7割に達していたからだ。

　軍需産業をはじめ融資を受けていた企業側も単純に借入を消し込めばよい，という話ではない。次の融資が受けられない事態も容易に想像できた。一斉に補償の打切りを行えば，経済界全体が大混乱に陥る。そのため，打切りによって生じる損失を従来とは異なる方法で整理する必要があった。

　政府は金融緊急措置令に関する施行規則を改定し，封鎖された預金を2種類に分離するという方針を打ち出した。そのうえで金融機関経理応急措置法を施行し，金融機関の勘定を新旧に分離することとした。具体的には，国債や地方債など戦時補償の打切りによる影響を受けないとみられる資産とこれに見合う封鎖預金，および新円による自由預金などの負債については新勘定となり，動

産や不動産，株式や社債などの有価証券，貸出金などの資産のほか，資本金，積立金，第二封鎖預金，特殊預金など，戦時補償の打切りの影響が及ぶような負債を旧勘定として処理をすることにしたのである。

　そして，金融緊急措置令に関する施行規則の施行以後，各金融機関は新勘定を基礎に営業を行うことになった。これは，結局のところ，戦時補償の打切りによって被る損失を旧勘定すなわち別会計として処理し，"不問に付す"というべき対策をとったといえるのかもしれない。

　この戦時補償の打切りに伴う金融機関の損失を処理するために，1946（昭和21）年，金融機関再建整備法が施行された。金融機関の再建整備のために，競争制限的な規制が設けられた法律である。金融機関再建整備法は会社経理応急措置法の適用を受ける銀行について，戦時補償特別税を課せられることなどによって生じた損失を適正に処理し，企業再建の促進と産業の健全な回復と振興を図ることを目的とした法律である。直截的には政府が資金配分と金利体系を管理することで，第二次世界大戦後の経済復興を支援する金融制度が構築されたのである。このうち金利体系の管理では，日本企業の国際競争力を強化するために，貸出金利を低く抑える低金利政策がとられた。

(3) 銀証分離をはじめとする「分離政策」

　第二次世界大戦後の金融行政は戦時金融行政の反省のもと，銀行を核としたいくつかの分離政策がとられている。その一例は銀行と証券の分離，長期金利と短期金利の分離，また，預金業務と信託業務の分離である。その政策は，それぞれの業務を扱う金融機関を分離することで，いわゆるなし崩し的になっていた不良債権，滞留債権などの潜在的課題を明らかにして，それぞれの金融機関が得意分野に絞って成長していくことを企図していた。そして，その分離は今日の金融業界の業態につながっていった（ただし，金融自由化によって融合した経営形態も見られる）。その分離政策の1つである「銀証分離」について検証していく。

　銀証分離とは，銀行と証券の分離制度のことである。銀行が証券業務を行う

ことを禁止するとともに，証券会社が銀行業務を行うことを禁止するという制度であった。

　第二次世界大戦前，日本の銀行は公社債引受等の証券業務を行っていた。証券業務は銀行業務に包括されたものと捉えられていたのである。ところが，1948（昭和23）年に制定された証券取引法により，銀行は原則として証券業務を行うことができなくなった。

　証券取引法はアメリカのグラス・スティガール法（Glass-Steagall Act）の思想をとり入れた法律である。グラス・スティガール法とは，1933（昭和8）年に制定された連邦法の1つである。アメリカでは1929（昭和4）年に始まった世界恐慌の経験から，銀行の健全化と預金者保護を十全に図るため，銀行・証券業務の分離のほか，連邦預金保険公社（FDIC）の設立などを定めた。

　グラス・スティガール法は1999（平成11）年に制定されたグラム・リーチブライリー法（Gramm-Leach-Bliley Act）により撤廃されたが，法の本来の主旨としては，銀行による利益相反や産業支配を防止し，証券会社を保護・育成することにあった。第二次世界大戦後の経済成長において，証券会社の成長は企業成長の資金供給のもととして欠くべからざるものと判断したのであろう。なお，現在はアメリカと同様に，日本も証券取引法の改定により，銀行は公共債の売買や投資信託の販売が行えるようになっている。

(4) 外国為替銀行の再編

　第二次世界大戦後の金融行政について，目を外国為替業務に転じてみると，横浜正金銀行の東京銀行への改組・改称がまず特筆される。

　第二次世界大戦前は，1880（明治13）年創業の横浜正金銀行が一手に外国為替業務を担っていた。明治期において，中央銀行である日銀は外国為替には直接的には関与せず，大蔵省の指示のもと，横浜正金銀行が日本の為替政策のいわば元締の役割を果していたのである。

　神戸市にも，横浜正金銀行の支店がその創立以来設けられていた。それは外国為替売買の市場として，神戸が重要な地位を占めていたことの現れであっ

た。ところが第二次世界大戦終結後の1946（昭和21）年，横浜正金銀行は閉鎖され，普通銀行としての東京銀行に改組されることとなったのである。

　そして1949（昭和24）年，新たに「外国為替管理および外国貿易管理法」（以後「外為法」）が制定された。この法律に基づいて認可を受けた銀行が，外国為替銀行として外国為替業務を取扱うこととなった。外国為替業務とは具体的にはどのような業務であったのか。それは「対外支払手段の売買，発行および本邦と外国との間における支払，または取立の依頼の引受，ならびにこれに付随する業務」を指していた[7]。この外為法により外国為替業務を行うことを認可された銀行が外国為替公認銀行であり，外国為替公認銀行には甲種と乙種の区別がつけられた。乙種外国為替公認銀行には，外国にある銀行とコルレス契約[8]を結び，直接外国為替を行うことができないという制限が加えられた。

　一方の甲種外国為替公認銀行は，東京銀行をはじめとして，日本および海外の大銀行が限定的にではあるが名を連ねていた。そして，その多くは神戸に支店を持っていた。たとえば，外国銀行ではバンク・オブ・アメリカ（Bank of America Corporation），香港上海銀行（The Hongkong and Shanghai Banking Corporation Limited），チャータード銀行（The Chartered Bank of India, Australia and China），オランダ銀行（De Nederlandsche Bank）の4行が神戸支店を持っていた。

　これに対して，乙種外国為替銀行には多くの地方銀行のほか，信託銀行なども名を連ねていた。甲種の認可を受けることはできなかったが，外国為替業務に魅力を感じ，またその対応ができるようになった銀行ということができるであろう。

　外国為替公認銀行が決定された後，1964（昭和39）年には新しく外国為替銀行法が制定された。その第4条に外国為替銀行は「主として外国為替取引および貿易金融の業務を営む」銀行と規定され，東京銀行が正式に認可を受け

---

(7)「外国為替及び外国貿易管理法（1949年法228）」による。
(8) 外国為替取引の際に相手の国にある為替銀行と業務上結ぶ必要のある取決のこと。1998（平成10）年に外為法が改定されて承認は不要となった。

た。したがって，厳密な意味における外国為替専門銀行は東京銀行1行のみと
なった。東京銀行は，戦前の正金銀行時代からの豊富な経験と実績を礎に，日
本における外国為替業務を支えていった[9]。

(5) 成長を実現した戦後金融政策

第二次世界大戦後の日本経済，なかでも金融環境は，敗戦国としてGHQの
指示命令に従い，それが国際金融市場において評価され，財政金融政策によっ
て成長を果たしてきたといえる。それは，やがて財政の拡大と銀行の貸出額の
急増によって特徴づけられることになった。都市銀行の力が強くなり，端的に
は日銀からの都市銀行に対する貸出が激増したのである。

ところが，国際収支が逆調となるたびに，その成長は引締政策によって抑制
されることとなる。「繰り返される緊張と弛緩の連鎖」というこの舵取の成否
が金融行政に問われ，その舵取りにより金融経済の成長を実現することにも
なった。

その過程では，1957（昭和32）年，銀行に対して「準備預金制度に関する
法律」[10] が公布された。定期預金で0.5％，その他1.5％の準備預金を強制する
方式で発動された法律は，とかく膨張を遂げる金融経済を牽制し，かつ下支え
する役割を果たしていた[11]。

そのなかで1960（昭和35）年，池田隼人内閣は「国民所得倍増計画」を掲
げ，日本は驚異的な高度経済成長期に入った。翌1961（昭和36）年の予算は
前年度比25％以上増大し，2兆円を越える額となった。同1961（昭和36）年
の政府の金・外貨保有高は，第二次世界大戦後はじめて20億ドルを越える額

---

(9) 神戸市（1967）pp.910-913による。
(10) 「準備預金制度に関する法律（1957年法135）」による。
(11) 金融機関に対して保有する預金の一定割合以上の金額を一定期間日銀の当座預金
　　に預け入れることを義務付ける制度であり，当座預金に預ける一定割合の比率を支払
　　準備率（準備預金率）と呼び，顧客引出に備え，いわゆる「取付騒ぎ」を防止すると
　　ともに，市場におけるマネーサプライ（資金供給量）を調整する役割を果たしており，
　　金融政策の1つの手段として活用されている。

に達した[12]。戦後の高度経済成長政策に支えられた日本の設備資本増強政策，その実現のための資金需要は，銀行に殺到することになった。旧財閥，新興コンツェルンに代わり，銀行が企業集団の中心的存在に躍り出てきたのである。日本の高度経済成長政策に実効力を発揮した産業政策の柱に傾斜金融政策がある。戦略産業と定めた産業に属する企業に対して政府系金融機関を通じて積極的な低利融資を行う政策である。高度経済成長期においては重化学工業が戦略産業となっていた。当初は石炭・鉄鋼・電力・造船といった素材型産業を主軸とする産業が戦略産業となっていたが，高度経済成長が進展していくにつれて機械・化学工業を主軸とする高付加価値型の加工組立型産業へと軸足を移すこととなる。政府による産業政策の基本は政府系金融機関により施行されたが，民間金融機関も「お墨付き」を得た産業や企業に対して積極的に融資を実行する傾向が強化され，いわゆる「呼び水効果」でさらに戦略産業たる重化学工業に資金が集中するとともに，加速度的に高度経済成長が達成されていくことになる[13]。

　都市銀行の預貸率は100％を超え，銀行は日銀からの借入を重ね，その不足を補うためのコール取引もますます活発化した。たしかに，第二次世界大戦後の金融政策はインフレを克服し，高度経済成長を実現した。金融機関はその力を従前にも増して盤石なものにした。

　しかし景気は循環する。1965（昭和40）年初頭には，不況の様相，いわゆる「なべ底不況」が金融経済のいくつかの場面で現れるようになってきた。何より，増強された設備資本が過剰となってきたのである。高度経済成長は終焉を迎え，やがて低経済成長の時代を迎えようとしていた。そこに，第1次石油危機が押し寄せてきた。これまでにないエネルギーリスクの影響は日本の金融も揺るがせ，兵庫県下，特に神戸の港（貿易金融）に押し寄せるに至り，兵庫県内の金融全体に大きな打撃を与えた。

（12）神戸市（1967）pp.881による。
（13）鶴田俊正（1982）pp.67-74による。

2-3　戦後の中小企業金融と中小企業専門金融機関の発足

(1) 大企業の特定の設備資金との分離

　以下では，大銀行と政府の動き，すなわち日本の金融界全体の動きを踏まえた上で，中小企業金融に目を転じてみる。大きな動きとしては，中小企業専門金融機関制度の創設があった。

　第二次世界大戦後，植民地経営を目的とした特殊銀行である台湾銀行や朝鮮銀行が廃止された。これら金庫とともに，戦時経済の資金供給源としての運営を目的とした金融機関も，軒並み閉鎖・廃止という憂き目を見たのである。長短金融の分離政策のもと，日本興業銀行，日本勧業銀行，北海道拓殖銀行も，短期金融が他の市中銀行に委ねられ，長期金融は株式による直接金融で証券市場に委ねられる面もあるなかで，普通銀行に移行するような動きが見られた。

　しかし，単純に考えてみても，普通銀行だけで大企業向けの金融の資本蓄積機能を賄うには限界がある。財閥を解体するといってもその存在感は厳然として残り，産業の再構築のためには大企業向けではない中小企業の資金需要に則した金融機関を再構築することも求められた。また，大企業に対しても，特定の，または小口の資金需要を補完し得る金融機関が必要であった。

　大企業の特定の設備資金に対しては，日本輸出銀行（後の日本輸出入銀行，現国際協力銀行），日本開発銀行（現日本政策投資銀行）などの政府系の金融機関が対応するようになった。小規模事業主向けの政府系の金融機関の必要性も認識され，第二次世界大戦前からの庶民金庫と恩給金庫が合併して生まれた国民金融公庫が担うようになった。

　さらに，個人の住宅需要を支援する政府系の金融機関としては，1950（昭和25）年に住宅金融公庫が設立された。1953（昭和28）年には，農林漁業金融公庫，中小企業金融公庫が設立された。

(2) 長短金融の分離政策

　長期金融と短期金融の分離政策として，短期金融は普通銀行が担うとしても長期金融を担う証券会社以外の銀行，金融機関が必要であるということが政府

でも議論の焦点となった。端的にいえば，大手都市銀行の長期貸出を専門機関によって肩代わりさせることができないかという議論である。そこで，1950（昭和25）年の「銀行等の債券発行等に関する法律」[14] によって，興銀をはじめ旧特殊銀行にも債券発行を認め，民間金融機関として育成する方向性が打ち出された。それととともに，1952（昭和27）年の長期信用銀行法と貸付信託の導入によって日本長期信用銀行（現新生銀行）が設立されるとともに，各信託銀行が長期金融の役割を担うものとして位置づけられた。

　このような金融の再編・育成のなかで，当然のことながら中小企業金融をどう組み込むかについても議論の的になった。第二次世界大戦後，ともすると大企業向け貸出に集中するなかでは，中小企業に振り向ける資金的余裕はほとんどなかった。そのため，大企業の中小企業に対する手形による支払が一般化していたが，はたしてそれで中小企業が成長し得るのか，という疑問が生じた。中小企業に対する資金供給ルートを確立することが社会政策的に重要な課題となり，まず，日銀による市街地信用組合や無尽会社からの国債買上などの措置がとられた。しかし，その措置は多分に限定的なものであった。

　そこで銀行以外の中小企業向け金融機関の中小企業金融専門の銀行への改組が図られた。それが1951（昭和26）年の相互銀行法と信用金庫法によって生まれた相互銀行と信用金庫である。信用創造機能を持たなかった無尽会社が相互銀行に改組された。また，組合員以外からの預金や手形割引が認められていた市街地信用組合と組合員の預金のみを取り扱っていた信用組合が混在していた信用協同組合を分け，市街地信用組合の多くが中小企業金融専門の信用金庫に改組されたのである。

　このような第二次世界大戦後の金融制度の構築は，専門的金融機関制度とも呼ばれている[15]。それは，大企業と中小企業という経済の二重構造に対応した金融の二重構造の存在を意味しているといえよう。

---

(14)「銀行等の債券発行等に関する法律」（1950年法40）による。
(15) 齊藤正（2000）による。

第3節　兵庫県における戦後金融界の動向

3-1　貿易金融の成長

(1) 絶対額の伸張と神戸の相対的低迷

　第二次世界大戦後の兵庫県下の金融界を語る際，押さえておきたいのが神戸港における貿易金融である。兵庫県の金融界の成長は日本を代表する貿易港・神戸の進展を抜きには語り得ない。

　1868（明治元）年，輸出入を合わせて約114万円，全国比率で4％にすぎなかった神戸港の対外貿易は，日露戦争後の1905（明治38）年には3億円を超え，第二次世界大戦前の1937（昭和12）年には22億円に達していた。第二次世界大戦中は落ち込み，終戦の1945（昭和20）年には4億円に縮小しているが，第二次世界大戦後，貿易の額としては上昇傾向を示している。1950（昭和25）年に2,500億円を超え，1955（昭和30）年には5,000億円を超えた。そして，1960（昭和35）年には8,000億円を，1965（昭和40）年には1兆3,000億円を超えるまでになった。

　ところが，神戸港における貿易の絶対額は増大するものの，対全国比率は低下傾向を示していた。明治・大正期の輸出の比率は30％前後，輸入は50％前後であったが，昭和に入ってから輸入が20％台へ，さらに1960（昭和35）年以後は10％台へと低下している。神戸港を経由する国際貿易は絶対額では増加しているものの，神戸港以外の港湾を通ずる輸出入が増加したのである。それは，第二次世界大戦前は金融の集積地ともいうべき存在でありながら，第二次世界大戦後は東京に集中し，金融の集積地とはいい難くなった兵庫県の金融界を象徴するような傾向であった[16]。

---

(16) 神戸市（1967）pp.907-908による。

(2) 貿易を扱う企業の本社が東京に集中

　輸出は外貨資金の受取が伴い，輸入には外貨資金の支払が伴う。輸出業者と輸入業者は，外国為替銀行との間でドルやポンドを主とする外国為替の売買を行った。輸出入が日本の商社と外国に駐在する支店との間で行われるような場合には，必ずしも個々の取引について為替決済がなされるわけではない。無為替輸出ですむ場合もある。

　第二次世界大戦後の高度経済成長期の輸出入為替の全国取引高と神戸地区で取扱われた額を対比してみると，神戸地区で取扱われた代金決済比率は低水準である。これには東京等への集中の加速化といった事情を背景に，神戸以外での代金決済が主流になってきたという要因もある。

　神戸港は，貿易業務自体を実施する場としての重要性は高い。船舶も集まり，倉庫も整い，港湾施設もすぐれている。しかし，輸出入を取扱う貿易業者の本社が神戸を離れて東京や大阪に移転したことの影響は大きかったようである。営業の本拠が東京や大阪に移転すると，経理も金融も併せて移り，外国為替の売買も東京や大阪に所在する外国為替銀行を通じて行われる。その傾向が影響したのは否定できないであろう。

　ちなみに，昭和30（1955）年代から昭和40（1965）年代，神戸を通じた商品別の為替取扱高の推移を見ると，輸出為替では織物・繊維製品が最大の割合を占め，重厚長大型の地場産業ともいえる造船，代表的重工業である金属・機械の伸びも大きい。そのほか油脂・蠟・化学製品や軽電通信機，さらに養殖真珠の輸出も伸びた。輸入為替では，穀類・食料の増加率が大きく，機械，書籍が飛躍的に増加したことが注目される[17]。

3-2　神戸における戦後の銀行・金融機関の動向

(1) 増加する銀行店舗

　昭和30年代から40年代を通じて，神戸港の貿易は著しく輸出超過であり，

---

(17) 神戸市（1967）pp.909-910による。

神戸の外貨獲得に大きな貢献を果たしてきた。

　では，神戸地区の銀行の動向はどのような状況にあったのだろうか。神戸市には第二次世界大戦前の早くから大銀行の支店があり，銀行の合併が行われても，神戸市所在の支店数が目立って減少することはなかった。大銀行の神戸支店は，神戸港が獲得した外貨の貯蔵庫だったのである。第二次世界大戦後に普通銀行に転換し，かつ地方銀行から都市銀行に発展した北海道拓殖銀行が，本店から最も離れた支店として神戸支店を開設した。兵庫県下および近隣県の地方銀行で，神戸に支店を開設・増設した銀行もある。そのため，神戸地区の銀行の店舗数は80行前後であり，以後永きにわたりほぼ変化がなかった。しかし，1951（昭和26）年以後に発足した相互銀行や信用金庫などの増加によって，神戸に所在する金融機関の総数は増加傾向となった。

　兵庫県全体で見ると，高度経済成長期半ばの1965（昭和40）年度末時点での支店・出張所などを含む金融機関の店舗数は，銀行約200，相互銀行約100，信用金庫約180，信用組合約70，そのほか商工組合中央金庫（以後「商工中金」）や労働金庫，農業協同組合，漁業協同組合，それに郵便局も加算すると，全体で1,600ほどとなっている。

　これを高度経済成長期初めの1959（昭和34）年末と比較すると，全店舗数では90ほど増加しているが，信用金庫・信用組合などのいわば中小金融機関の増加が目立っているのに対し，都市銀行の支店が10店近く減少し，農業協同組合の拠点数も70ほど減少している[18]。この時期は，大蔵省が政策として銀行の支店の増設をかなり強く制限していた時期である。新支店の増設は，旧支店を廃止することを条件として許可されたという事情もある。特に後述するように，県下に多くの支店・出張所を有していた神戸銀行が効率の低い県下の店舗を廃止し，東京や大阪の支店を増設したという背景もある。また，店舗数の増加は，第二次世界大戦後草創期のインフレの時期を経た高度経済成長期において，都市部へ急増する人口対策として農村部への住宅建設が相次ぎ神戸市

---

(18) 神戸市（1967）p.883による。

114

郊外，また県中部・北部などが市街地化また小都市化していくなかで，宍粟信用金庫（現西兵庫信用金庫）のように農業協同組合が金融業務に注力したことから信用金庫などに転換していった事情もあった。

(2) 第二次世界大戦後における神戸銀行の動向

　以下では，県下最大の普通銀行であり，全国でのトップクラスの地位にあった神戸銀行の動向を見ていく。

　第二次世界大戦後の1947（昭和22）年，神戸銀行は陣容を刷新した。ところが，すべての銀行・金融機関が封鎖預金を第1・第2封鎖に区分し資産負債を新旧勘定に区分する金融緊急措置令の改定と，金融機関経理応急措置法の制定もあり，波高いなかでの船出だった。

　金融緊急措置令の改定では，第2封鎖預金は原則として凍結され，旧勘定は整理の対象となり，新勘定によって事業を継続することとされた。神戸銀行は旧勘定の最終処理の完了後，1946（昭和21）年に実施された金融機関再建整備法に基づく新体制時には資本金を5,700万円から570万円へと10分の1に減資し，1946（昭和21）年9月に2億7,000万円に増資して新しくスタートを切ったのである。

　第二次世界大戦後の悪性インフレを抑制するために，政府は，1946（昭和21）年2月に金融緊急措置令・日銀券預入令・臨時財産調査令，3月には物価統制令等を公布し，8月には戦時補償打切が発表された。政府の主導で救国貯蓄運動が全国的に展開されるとともに，割増金付定期預金が復活した。また，無記名定期預金を新設し，定期預金金利を引上げるとともに，預金の秘密性の保持のほか，税制上非課税の処置等の預金優遇措置が実施された。

　1947（昭和22）年には石炭・電力等基礎産業部門（傾斜生産方式の実施）への積極的融資[19]と金融引締のための措置を採用した[20]。

（19）金子精次（1965）pp.65-78を参照のこと。
（20）神戸市（1967）p.900による。

政府のインフレ抑制措置に対応して，銀行も新種の預金を設け，新店舗の開設などにより預金を集めることに努めた。このため，神戸銀行全体の預金残高の合計は増加し，預金残高増加率は全国銀行の平均を上回っていた。その要因の一つに，悪性インフレにより都市の商工業の回復は遅れたものの，県下の農漁業地域に都市から流入した資金が増加したことがある。

　一方の貸出は，終戦直後の事業転換資金・生活安定資金・戦争保険支払資金等資金需要の増加，インフレの進展に伴う購買力の低下を反映して増加の一途をたどった。神戸銀行の貸出額の伸びは，全国銀行の平均額をはるかに凌ぐものであった。前述の共同融資方式の利用や新規取引先の開拓により，企業融資が増えたことも要因としてはあるだろう。また，兵庫県下の主要な地場産業の復興に伴う需要に応じたためでもあった。

(3) 神戸銀行の預金・貸金の地区（県）別の推移

　第二次世界大戦後のインフレによって歪められた企業経理の正常化を主眼とした資産再評価法が1950（昭和25）年に施行された。また，金融機関独自による自己資本の充実もあり，神戸銀行の資本金は1951（昭和26）年には2億7,000万円から8億円に増資された。さらに1956（昭和31）年4月には30億円に，1965（昭和41）年には135億円となった。

　神戸銀行の地区別の預金・貸金の推移を見ると，1945（昭和20）年は預金の約95％が県下からのものであったが，1953（昭和28）年には約70％に下がり，貸出額もほぼ預金に対応していた。県下からの預金は約90％から60％弱に減少した。これは神戸銀行が兵庫県内の不採算店を閉鎖し，都市銀行として全国的に事業展開したためである。特に大阪・東京など都市への伸長がめざましかった[21]。

　預金の額については，1948（昭和23）年の約65億円から，1953（昭和28）年には600億円強に増加した。このような預金増加の要因としては，インフレ

---

(21) 神戸市（1967）p.902による。

の収束に伴う預金に対する信用の回復，1950（昭和25）年に勃発した朝鮮戦争に伴う朝鮮特需による国民所得の増加と貸出増加の反動，税制面における預貯金の優遇措置などがあった。

　一方の貸出金は，1947（昭和22）年から1953（昭和28）年の同時期に約37億円から600億円ほどに増加し，全国にある銀行の平均増加率を上回った。神戸銀行の貸出が特に著しく増加したのは，共同融資・協調融資などを通じて大企業融資の開拓に努めたこと，朝鮮戦争終了後の反動期における地元産業の不振により資金負担を求められたことなどによる。

　朝鮮戦争勃発前の貸出増加は，市中金利の引下，オープン・マーケット・オペレーション（公開市場操作）による買いオペレーション（略称「買いオペ」）[22]の強化，融資規制の緩和などの信用拡大措置が講じられたことによる。

　しかし，朝鮮戦争勃発後の貸出増加は，特需および輸出産業による借入の増加，生産部門の活況を持続するための設備や運転資金，輸入物資の取引資金，さらに特需に伴う商社の資金需要の増加などによるものである。またドッジ・ライン[23]の修正に伴う財政支出の激増が関連する投資を誘発することにつながり，銀行貸出の増加を促したことによる。

　朝鮮戦争勃発以降の神戸銀行の預貸率は常に90％を超えた。旺盛な資金需要を受けて，日銀からの借入は1950（昭和25）年の約47億円から1953（昭和28）年には166億円強に激増した。ところが，1956（昭和31）年には，経済成長率の鈍化や金融の引締により預金および貸出金の増加率が鈍化し，日銀からの借入も激減している。

　もともと神戸銀行は，兵庫県下の中小銀行を母体として成立した経緯から，当初の支店網はほとんど県内に限られていた。その経緯から，県外に矢継ぎ早に拠点網を拡大したいところであったが，支店の新設は大蔵省から容易には認

---

(22) 市場が資金不足のときに，中央銀行が金融機関の保有する債券などを買い上げて市場に資金を供給し，マネーサプライ（貨幣供給量）を調整する金融政策の代表的施策。

(23) 金子精次（1965）pp.65-78を参照のこと。

められなかった。その場合の銀行の経営戦略としては，前出のように効率の低い県内の支店や出張所の廃止と経済成長の著しい都市周辺への展開，特に東京・大阪に重点を置いた店舗増設が効果的であった。

　神戸銀行の1949（昭和24）年の店舗総数は200強であったが，1965（昭和40）年には160強に減少している。このうち県外は，東京都内と大阪市および周辺に約50店，そのほか名古屋市に4店，横浜周辺・京都市・岡山県・広島県・福岡県・北海道に各1〜2店ずつ立地していた[24]。このような店舗の配置換えにより，全国的規模を持つ都市銀行としての性格を備えていったのである。

図表3-2　第2次大戦後の神戸市に所在した主な大銀行と支店

富士銀行	4支店＝神戸支店・三宮支店・兵庫支店・灘支店
三菱銀行	3支店＝神戸支店・神戸西支店・兵庫支店
住友銀行	4支店＝神戸支店・三宮支店・兵庫支店・湊川支店
三和銀行	5支店＝神戸支店・三宮支店・大石川支店・長田支店・住吉支店
東海銀行	1支店＝神戸支店
第一銀行	4支店＝神戸支店・三宮支店・長田支店・兵庫支店
三井銀行	3支店＝神戸支店・三宮支店・兵庫支店
日本勧業銀行	2支店＝神戸支店・山手支店
協和銀行	4支店＝神戸支店・三宮支店・兵庫支店・須磨支店
大和銀行	4支店＝神戸支店・三宮支店・兵庫支店・湊川支店
北海道拓殖銀行	1支店＝神戸支店
日本興業銀行	1支店＝神戸支店

（出所：神戸市（1967）pp.905-906を基に作成）

(4) 第二次世界大戦後の神戸銀行以外の神戸の大手金融機関

　昭和30年代から40年代にかけて，神戸市に拠点を置く銀行は，日銀をはじめ図表3-2に示すような大手金融機関があり，各支店が神戸の街に軒を連ねていた。ほかにも，三菱信託銀行・住友信託銀行・三井信託銀行・東洋信託銀行・安田信託銀行など各信託銀行の神戸支店があった。また，百十四銀行（香

---

(24) 神戸市（1967）p.904による。

118

川県）や北陸銀行（富山県）など有力地方銀行の各神戸支店もあった。なお，外国為替専門銀行である東京銀行も普通銀行業務を兼営し，神戸支店とトアロード支店の2店を有していた。これらの大銀行の支店のうち，たとえば後に大正相互銀行灘支店として利用された三和銀行大石川支店のように，近代の歴史的建造物として保存されたビルもいくつか存在している。

3-3　無尽会社の統一合同策から相互銀行への転換

(1) 無尽会社の相互銀行化

　兵庫県下における無尽会社による統一合同策によって，兵庫無尽は，1944（昭和19）年には全国第3位の無尽会社となっていた。

　第二次世界大戦後のインフレ期には，無尽会社のみならず正規の金融機関も，戦争による打撃と戦後処理に忙殺され，本来の機能をはたす上に困難が生じていた。

　その時期，実態としては，無尽会社はすでに普通預金と定期預金が条件つきで認められるようにはなっていたが，1946（昭和21）年に預金が封鎖され新円は不足し，さらにインフレ期に突入して，実態として無尽会社の預金業務は振るわなかった。

　無尽会社の資金源は1948（昭和23）年以降，銀行と同様の預金と貸付という新業務分野に活路を見いだし，制度上は無尽掛金から預金に変化した。1948（昭和23）年には資金量の10%足らずに過ぎなかった預金は，30%近くにまで増大しており，しかも定期預金がその大半を占めていた。従来の資金基盤であった掛金業務は，インフレの進行とともに，1口契約は5万円口・30万円口・50万円口と大口化し，期間は1年・3年・5年など，第二次世界大戦前に比べて短縮化した。

　こうしたなか，1950（昭和25）年以来，いわゆる「みなし無尽」という業態が出現した。特徴は，従来の典型的な無尽の給付順位決定方法と異なり，所定の回数まで払い込めば無制限に給付を受けられる資格が与えられ，希望者はいつでも無尽会社の資金事情に応じた額の給付を受けられた点であった。「み

なし無尽」の採用によって無尽業務は大きく変化し，従来型の無尽会社は衰退の道をたどった[25]。

「みなし無尽」は後に「相互掛金」と名称は変わったものの，掛金期間はさらに短期化し，無尽組織の中核となっていった。ただ1口の掛金高は年とともに大きくなり，100万円を超えるものも出てきたといわれる。しかし，資金量に占める掛金の割合は減少し，資金源は次第に預金にとって代わっていったのである。

1951（昭和26）年の相互銀行への転換が，この業態変化を決定的なものにした。預金の伸長とともに貸出業務も必然的に拡大していく。そして相互銀行への転換により，従来からの手形貸付，証書貸付のほかに手形割引，当座貸越も行うことが可能となった。相互銀行の貸付業務を概観すれば，普通銀行の貸付業務と何ら変わらぬものとなった。

元来，預金貸付業務を無尽会社が行うということは，その資金源を一層豊かにし，中小企業金融の役割を十分に果たすという考えに立脚するものである。しかし，大規模な相互銀行はその転換を足がかりに一気に普通銀行化への道を歩み始め，支店網を他府県にまで広げていったのである。

兵庫無尽も例外ではない。神戸市・兵庫県のみならず，名古屋や岡山県にも支店を設けるなど他府県で事業展開した。他府県に本店を有する無尽会社も，神戸市や兵庫県内に支店を設けて営業を拡大し，兵庫県内の無尽会社のみが県内の無尽会社ということではなくなった。こうした経緯で1地域1会社（無尽・相互銀行）の原則は事実上，崩れていった。

ちなみに昭和20年代後半，他府県に本店を持つ相互銀行で神戸支店を有する金融機関は，福徳相互・関西相互・近畿相互・幸福相互・大阪相互・大正相互・三和相互・昭和産業相互など，大阪をはじめ兵庫県の隣県に本社をおく相互銀行であった。

---

(25) 神戸市（1967）p.926による。

(2) 兵庫相互銀行の躍進

　兵庫相互銀行は，1944（昭和19）年に東亜無尽・神戸大同無尽・山陽無尽の3無尽会社が合併して設立された兵庫無尽が，1951（昭和26）年6月に公布された相互銀行法によって改組し，株式会社兵庫相互銀行と商号を改めて誕生した。

　相互銀行の業務としては，一定の期間を経て一定の金額の給付を行う当該期間内における掛金の受入，預金または定期積金の受入，資金の貸付または手形割引や内国為替取引のほか，有価証券や貴金属などの保護預かり，有価証券の払込金の受入と元利金や配当金の取扱などがある。銀行と異なる点は，掛金業務による比較的長期の小口融資に重点が置かれたことである。大口化することが制限され，企業融資においては中小企業のための金融機関であることが求められた。ところが，規模の大きい相互銀行は支店網を拡大し，資金量も地方銀行を凌ぐようになった。

　兵庫相互銀行は1952（昭和27）年に大阪市大和信用組合の営業権の一部を譲り受け，大阪市と名古屋市に支店を新設した。資金量においても契約高においても日本で第4位の相互銀行となった。契約高と資金量については，約4分の3が兵庫県内を対象としていた。1951（昭和26）年末では兵庫県が80％を超え，大阪府は9％，京都府・徳島県が3％強で，名古屋は皆無であった。これが約10年後の1962（昭和37）年には，兵庫県は53％に低下し，大阪府が30％近くに増加，次いで名古屋の5％といった割合に変化した。兵庫県との関係は約2分の1となり，地場の相互銀行というイメージは薄らいだ。

　相互銀行は銀行とは異なり，顧客に対する貸出が自行資本金および準備金合計額の100分の1を限度とする旨の法律の規定があった。そのため，銀行のような大口貸出はない。だが，兵庫相互銀行の営業は，他の大規模相互銀行と同様に，無尽業務としての掛金と給付金の割合が減少し，新規に加わった預金と貸付・割引の割合が増加していった。ちなみに，兵庫相互銀行では昭和30年代半ばを境にして，掛金・給付金の割合と預金・貸付・割引の割合が逆転している。

1966（昭和41）年の兵庫相互銀行の店舗数は，神戸市にある本店のほか60支店など合計65を数えた。そのうち大阪市に11支店，大阪府下に2支店，名古屋市に3支店のほか東京都にも1支店を持っていた。相互銀行においても1県を単位とする地域性が失われてきたのである[26]。また，兵庫相互銀行は，多くの相互銀行と同様に，他の金融機関の代理貸付業務も行っていた。1938（昭和13）年設立の庶民金庫の代理業務を前身の無尽会社時代から行っていて，庶民金庫が194昭和24）年に国民金融公庫に改組されてからも代理業務を行うこととなった。さらに，住宅金融公庫の受託業務も行うようになった。

　兵庫相互銀行になって以降は中小企業金融公庫の代理業務が加わり，日本不動産銀行の代理貸付事務，日本長期信用銀行の代理貸付事務なども取扱うようになった。また，本店・支店所在地の各公共団体等の収納事務も活発に行うようになった。神戸市を中心とした各地方公共団体の公金事務，兵庫県の公金事務を引き受け，中小企業向け融資制度の指定銀行となった。

　1960（昭和35）年には，相互銀行としては日本相互銀行・西日本相互銀行に続いて，日銀の大阪支店と兵庫相互銀行大阪支店の間に当座取引が開始された。さらに，日本銀行の歳入代理店に指定された。準備預金制度（支払準備金制度）は普通銀行には存在しなかった時代から相互銀行法によって定められていたが，兵庫相互銀行は1957（昭和32）年制定の日銀準備預金制度の適用を1964（昭和39）年12月から受けることとなった。

(3) 阪神相互銀行（七福相互銀行）の発展

　七福相互銀行は1949（昭和24）年，資本金1,500万円で，本店を神戸市に設けて営業を開始した。当初は七福無尽として，神戸市内はもとより阪神間・播州方面・但馬・丹波・摂津・大阪市・淡路の各方面にわたり，出張による頼母子講を中心とした会場政策を推進した。会場政策とは市町村を選んで会場を設け，そこに抽選器（くじ引き器など）を置くなどしてPRや資金の吸収に務

---

(26) 神戸市 (1967) pp.930-931による。

める営業展開のことである[27]。

　七福無尽は1951（昭和26）年に相互銀行に転換して七福相互銀行となり，1966（昭和41）年には阪神相互銀行と名称を変更した。資本金は1960（昭和35）年に2億円に，1966（昭和41）年には9億円に増資した。設立時の行員は約30名であったが，1966（昭和41）年には900名を超える規模となり，また店舗数も増大させた。ただし，相互銀行に転換後，営業手法が変わるとともに従来の営業手法である会場政策は減少し，1952（昭和27）年に25会場を超えていたものが，1957（昭和32）年にはゼロとなった。

　七福相互銀行は，1966（昭和41）年には阪神相互銀行となるが，その発展の足跡を概観しておこう。

　創業後しばらくして取扱高が増大したのは，それまでの頼母子講中心の会場政策を転換し，今日では一般的になっている預金・貸付方法を導入した結果である。それに伴って小店舗を支店に昇格し，営業の拡大を図った。

　中小企業金融機関としての活動は，中小企業経営相談所の開設等によっても推進されたが，中小企業金融公庫・国民金融公庫・住宅金融公庫・日本長期信用銀行・日本興業銀行・医療金融公庫などの代理貸付業務の取扱を相次いで進め，代理貸付業務を通じても業容を拡大していった。公金事務の取扱も川西市の金庫事務を始めた。兵庫県や神戸市の公金受入事務も進め，県内では伊丹市・南淡町・姫路市・西宮市・加古川市・明石市・三木市・北条町，さらに大阪府箕面市など神戸市近隣市町の公金受入業務を取り扱うようになった。歳入代理店業務や為替業務の取扱も開始した。為替業務は1953（昭和28）年に本支店間の取扱を開始し，1963（昭和38）年以降は神戸銀行・日本相互銀行・日本勧業銀行などとの為替取扱を開始した。

　日銀との取引は1962（昭和37）年より日銀神戸支店との当座取引を開始し，1963（昭和38）年からは大阪支店が日銀取引を開始して，手形交換に直接参加できるようになった。なお，1964（昭和39）年には預金準備金制度の適用

（27）神戸市（1967）p.933による。

を受け，日銀に法定支払準備金を預託することとなった[28]。

3-4　第二次世界大戦後の神戸における信金・信組等の変遷

(1) 信用金庫の誕生

　1951（昭和26）年，相互銀行法とともに信用金庫法が公布され，全国の640余りの信用組合のうちの約220組合が信用金庫の免許を受け新しいスタートを切った。信用金庫の業務範囲はそれまでの信用組合とは異なり，一般的な預金または定期積金の受入が許され，会員のための内国為替業務も行うことができるようになった。

図表3-3　前後，神戸市において組織変更した信用金庫

神戸信用金庫	1933（昭和8）年に信用組合神戸金庫として創立。1943（昭和18）年，市街地信用組合法による信用組合となり，1950（昭和25）年，中小企業等協同組合法による信用組合に改組され，1951（昭和26）年，信用金庫に転換
神港信用金庫	1919（大正8）年，神港信用購買組合として発足。1925（大正14）年に改組されて神港信用組合となり，1944（昭和19）年に市街地信用組合法，1950（昭和25）年に中小企業等協同組合法による信用組合に改組。1951（昭和26）年には灘，甲南両信用組合の事業を譲り受けて神港信用金庫に組織を改編
関西信用金庫	1949（昭和24）年，日本相互信用組合として設立。1952（昭和27）年，組織変更し，関西信用金庫と改称
神和信用金庫	1951（昭和26）年，中小企業等協同組合法による信用組合として設立。翌1952（昭和27）年に信用金庫に改組
華僑信用金庫	1947（昭和22）年，市街地信用組合法による信用組合として設立。1950（昭和25）年，中小企業等協同組法による信用組合に改組され，さらに1952（昭和27）年，信用金庫法による信用金庫として認可。神戸市に在住している華僑を対象とした金融機関
須磨信用金庫	1913（大正2）年の設立。1943（昭和18）年，市街地信用組合法による信用組合に，1949（昭和24）年には中小企業等協同組合法による信用組合に改組のうえ，1953（昭和28）年に信用金庫となる

（出所：神戸市（1967）pp.936-938を基に作成）

---

(28)　神戸市（1967）p.934による。

　信用金庫法の制定当時，神戸市に本社を置く信用金庫は，神戸信用金庫・神和信用金庫・関西信用金庫（信用金庫法制定の翌年に信金に組織変更）・華僑信用金庫・神港信用金庫・須磨信用金庫の6金庫があった。それら神戸市に本社を置く主な信用金庫の概略を図表3-3に示す。

　昭和40年代に入ると，兵庫県下には6金庫のほかに姫路・播州・播磨・尼崎・明石・西宮・淡路・但馬・三木・宍粟・多紀郡・但陽・八鹿・氷上の14信用金庫があった。兵庫県の特色として，県内各地の小都市において独自の金融機関が育ってきたことは述べてきたとおりだが，信用金庫の誕生においても同様の傾向が見られた。

　それらの信用金庫のうち最大の資金量を誇っていたのは尼崎信用金庫である。次いで姫路・播磨・播州の各信用金庫が，神戸市に所在する信用金庫よりも多くの資金量を有していた。神戸市外の信用金庫の規模が大きかったのは第2章にて述べたとおり，神戸市外の信用組合，さらにその元である中小の金融機関が神戸市外で重要な地位を占めていたという兵庫県特有の金融事情にある。

(2) 第二次世界大戦後の信用組合

　信用協同組合（信用組合）は第二次世界大戦後の法改定で多くが信用金庫に改組したが，信用組合として残ったところも多い。残った信用組合は組合員の預金や定期積金と，組合員に対する貸付，手形割引を業務とする中小企業金融機関である。一般の銀行は大蔵大臣の管轄に属するのに対して，信用組合は都道府県知事の設立認可制の下に存立していた。

　なお，任意的な事業として，国民金融公庫・住宅金融公庫・商工央金等の代理業務やそれらの貸付によって生ずる債務の保証等を行うことができた。

　会員になり得るのは，地区の中小規模の事業者，地区に居所を有する者，地区内で勤労に従事する者で，会員は出資（一組合の出資口数は総口数の10分の1以下，組合員の責任は出資額が限度）することが必要で，議決権は出資口数にかかわらず，それぞれ1個とされていた。出資総額の最低限度は，大都市

では500万円，その他地域では200万円とされた[29]。改定信用組合法の施行当時，神戸市には主に図表3-4のような信用組合があった。

図表3-4　改正信用組合法の施行当時の神戸市における信用組合

	当時の本店所在地
兵庫県商工信用組合	生田区
共和信用組合	長田区
神戸中央信用組合	兵庫区
神戸商業信用組合	生田区
兵庫県警察職員信用組合	生田区
大和信用組合	長田区
兵庫県民信用組合	兵庫区
神戸市職員信用組合	生田区
兵庫県たばこ信用組合	生田区
青果信用組合	兵庫区
大平信用組合	生田区
六甲信用組合	灘区

（出所：神戸市（1967）pp.940-941を基に作成）

(3) 兵庫県内の公的中小企業金融機関と労働金庫

神戸には，政府の出資による中小企業金融機関としての中小企業金融公庫と国民金融公庫の支所があった。さらに商工中金の神戸支店，農林関係の金融機関である農林中央金庫の神戸事務所が市内にあった。

中小企業金融公庫の神戸支店は，1962（昭和37）年に開設された。神戸支店の貸出の半分が神戸市内への貸出である。中小企業金融公庫では，直接貸付以外にも他の銀行・金融機関を通して行われる代理貸付があった。その代理貸付業務において県内の他の金融機関とのつながりがあった。代理貸付分は直接貸付より件数は多いものの，1件当たりの貸付金額は低かった。中小企業金融公庫の神戸支店の場合，代理貸付分の約半分が神戸市内向けであったといわれる。また，国民金融公庫神戸支所では，貸付の約6割が神戸市内向けだったと

---

(29) 神戸市（1967）p.940による。

いわれている。

　次に，労働金庫についても触れておく。

　労働者のための金融機関である労働金庫は，1921（大正10）年に東京に信用組合東京労働金庫が設立されたことに始まる。しかし，当初の労働金庫は数年して閉鎖され，第二次世界大戦後に至るまで据え置かれたままだった経緯がある。その後，1950（昭和25）年に岡山県と兵庫県に中小企業等協同組合法に基づく労働金庫が設立されたのを皮切りに，各地に労働金庫が増加してきた。

　そこで1953（昭和28）年に労働金庫法が制定され，1県1金庫の労働金庫体制が構築され，各地の労働金庫を会員とする労働金庫連合会の結成につながっていった。兵庫労働金庫は設立当時，本店を神戸市生田区に置き，ほかに神戸市に東神戸支店，長田支店の2店舗を持っていた。

(4) 兵庫県信用保証協会の誕生

　中小企業に対する金融の成立難を救済するために，その信用を保証することが目的の専門機関として信用保証協会が設立された。その設立は，第二次世界大戦前には東京・京都など一部に見られるだけであったが1948（昭和23）年以来，政府の中小企業金融対策として議論が重ねられ，1953（昭和28）年に信用保証協会法が制定されると，主として都道府県を1区域として信用保証協会が各地に設定されることとなった。

　兵庫県においては1948（昭和23）年に兵庫県信用保証協会が設立され，神戸市に本部が置かれた。さらに国は政府出資の中小企業信用保険公庫を設立し，信用保証協会の信用保証はこの保険公庫の信用保険によって自動的に再保険され，補完されることとなった。保険という仕組を金融に組み込むことにより，信用保証協会の存在はさらに大きな意味を持つことになる。

　兵庫県信用保証協会では，設立以来の時代の情勢を適切に捉え，タイムリーな信用保証業務を展開することで，県下経済における中小企業金融の円滑化を進めてきた。その沿革について図表3-5に示す。

図表3-5　兵庫県信用保証協会の沿革

1948 (昭和23) 年	社団法人として神戸市に設立
1951 (昭和26) 年	中小企業信用保険法に基づく保険契約を締結
1954 (昭和29) 年	信用保証協会法に基づく法人に組織変更
1957 (昭和32) 年	姫路支所・尼崎支所を開設
1958 (昭和33) 年	信用補完制度が確立，但馬支所・淡路支所を開設
1964 (昭和39) 年	手形貸付根保証，手形割引根保証を創設
1965 (昭和40) 年	特別小口保証，追認保証を創設
1973 (昭和48) 年	保証債務残高1,000億円を突破

（出所：兵庫県信用保証協会（2009）を基に作成）

第4節　山陽特殊製鋼の破綻と再生

4-1　特殊製鋼業トップメーカーからの凋落

(1) 大型倒産が与えた波紋

　戦後の復興期，兵庫県内の各企業も躍進を果たしてきた。その代表例として山陽特殊製鋼を挙げることができる。だが，山陽特殊製鋼は1965（昭和40）年3月に倒産した。その倒産は高度経済成長のまっただ中だっただけに，国内でも大きなニュースになり，県経済全体にも大きな打撃を与えた。

　本節では，戦後の復興期・高度経済成長期の象徴的なトピックの一つとして山陽特殊製鋼の破綻，さらに再出発の過程を概観し，地域経済・金融に与えた影響を考えてみたい。

(2) 軸受鋼専門メーカーとしての躍進

　山陽特殊製鋼が会社更生法を申請した当時，日本では東京オリンピックの直後で高度経済成長期にあった。しかし，オリンピック景気が一段落すると，不況の波が押し寄せてきたとまではいえないものの，徐々に減速する気配を漂わせていた時期である。少なくとも，第二次世界大戦後の神武景気に始まり，岩戸景気へと続く経済成長は終焉を迎え，いざなぎ景気を迎えるまでの過渡期で

あった。そのようななかでの山陽特殊製鋼の倒産の報には日本中が震撼した。日本有数の製鋼大手，姫路に本拠を置き，兵庫県を代表する重工業企業の倒産であったからである。

　まず，山陽特殊製鋼の歴史をたどっておきたい。

　山陽特殊製鋼は1933（昭和8）年，姫路市飾磨区で3トン電気炉1基を擁する小さな町工場としてスタートした。当時の社名は山陽製鋼所であった。1935（昭和10）年には現在の会社の前身である山陽製鋼株式会社に改組し，この頃より「軸受鋼」の製造を開始した。軸受鋼とは，転がり軸受けの球，内輪や外輪に使用される合金鋼のことである。高速で変動する繰り返し荷重に耐えるため，高い耐久性，耐摩耗性が要求された。軸受鋼は鋼の清浄度や組織の均一性を重視して製造される。一般に，高炭素低クロム鋼が代表的な鋼種である。山陽製鋼の軸受鋼はその性能が認められ，1939（昭和14）年には政府より軸受鋼専門メーカーとしての指定を受け，高い技術力を武器に業績を順調に伸ばしていた。

　第二次世界大戦後の経済復興期には積極的な設備投資などで急成長を果たした。1954（昭和29）年には東京証券取引所に上場を果たし，1957（昭和32）年には，地元ともいえる神戸証券取引所に株式の上場を果たした。

　1959（昭和34）年には，社名を山陽特殊製鋼株式会社に変更する。その頃には特殊製鋼業のトップメーカーと称されるまでになっていた。しかし，トップの座を堅持し続けるのは並大抵のことではない。特に高度経済成長期には大手の普通鋼メーカー，いわゆる鉄鋼メーカーが特殊鋼への事業展開を計画し，実際に事業展開を始めていた。独占的ともいえた市場に老舗の鉄鋼メーカーが乗り込んできたのである。

　山陽特殊製鋼は大手鉄鋼メーカーとしのぎを削り，生き残りへの策が迫られてきた。その打開策が，大規模な鋼管製造設備を導入し，鋼管製造から特殊鋼製造までの一貫生産体制を構築することであった。しのぎを削る相手である鉄鋼メーカーの事業領域を，思い切って呑み込んでしまおうという大胆な施策であった。

その第一弾として，山陽特殊製鋼と社名を変更した1959（昭和34）年に大規模な鋼管製造の設備投資を断行した。その後も数度にわたり大規模な設備投資を行い，設備の大型化と近代化を進めることで大手資本に対抗したのである。

(3) 東京オリンピック後の需要低迷と倒産

　たしかに，その経営施策は1964（昭和39）年の東京オリンピックまでは功を奏した。国内の設備増強の機運が同社に多大な業績向上をもたらした。しかし，オリンピックをピークに鉄鋼需要が低迷し，業績は急激に悪化した。業績の悪化は資金繰の悪化に直結する。山陽特殊製鋼に，大規模投資による資金負担・資金繰の悪化という負担が重くのしかかってきた。最終的には主力取引銀行であった神戸銀行をはじめ取引金融機関からの借入金が返済不能となり，自力再建を断念した。

　社名を変更し鉄鋼大手業界を呑み込む勢いの対抗策を打ち出してから約5年の間に急成長し，特殊鋼業界の寵児ともいわれた山陽特殊製鋼は，1965（昭和40）年3月6日に神戸地方裁判所姫路支部へ会社更生法の適用を申請した。その報はまたたく間に全国に流れた。約500億円の債務という当時としてはケタ外れの大型倒産で，日銀も連鎖倒産の防止に動き出した[30]。

　では，日本経済は山陽特殊製鋼の倒産に何を学んだのであろうか。その一つは連鎖倒産を防ぐ，中小企業に向けたセーフティネットの重要性である。大手の倒産は傘下・関連・下請の中小企業にも波及する。企業城下町を形成していれば，市町村の財政にも大きな影響を与える。山陽特殊製鋼の場合も，姫路・播磨地区に多数の下請企業が集積していた。

　その状況下で，連鎖倒産をどう防止するか。一企業にとどまることなく，市や県においては雇用確保，金融機関の資金対応，商工会議所等の経営相談なども急を要した。このとき兵庫県は，「山特（山陽特殊製鋼）関係企業安定対策要綱」と「中小企業下請企業等経営安定融資緊急特別保証損失補償制度」を制

---

(30) 兵庫県信用保証協会（2009）pp.148-149による。

定した。兵庫県信用保証協会も，姫路支所内に「山特（山陽特殊製鋼）関係特別保証相談室」を開設している。倒産からわずか9日後の迅速さである。それほど事態は差し迫っていた。

　なお，山陽特殊製鋼の倒産は監査制度の充実にもつながった。証券取引法や公認会計士法等が改定され，連結決算制度が導入される遠因となったのである。

4-2　更生計画の概要

(1) 更生手続の開始決定から更生計画立案まで

　1冊の冊子がある。神戸地方裁判所姫路支部が年の瀬の迫った1967（昭和42）年12月26日に認可した『山陽特殊製鋼株式会社更生計画』である。会社更生法の申請から3年足らず，山陽特殊製鋼は更生の具体的な対策に着手した。その資料を基に，どのようなかたちで更生が進んだのかを探っていく。

　更生手続の開始決定から更生計画立案まで山陽特殊製鋼はどのような経過をたどったのか。更生手続の開始決定当時，山陽特殊製鋼は，生産・販売活動をほとんど停止し，しかも給料支払の遅延等も引き起こしていた。そこで，社内外の混乱を鎮めることが急務として，債権者の協力を得て電炉の一部の作業を再開，引き続いて他の生産設備も順次稼動に移して工場の生産を再開した。

　山陽特殊製鋼の財務内容を見ると，倒産当時，膨大で額のはっきりしない負債があった。また，その負債を糊塗するためであろう，長期にわたる粉飾決算も行われていた。当時の経営陣が約70億円の粉飾決算を行っていた事件として明るみに出ると，当時の社長・荻野一ら役員7人が違法配当・ヤミ賞与を支払ったとして，商法・証券取引法違反，詐欺罪，業務上横領罪で大阪地方検察庁特別捜査部（大阪地検特捜部）によって起訴された。さらに役員14名に対し計16億円を会社に賠償するよう裁判所から命令が出された。こうした状況もあったため，会社の財務状況が正確に把握できず，債権債務の確定には特に苦慮したようだ。

　同時に経営管理の合理化を図るため，職制の簡素化と予算制度を確立してただちに実施した。さらに全従業員に対して品質の向上と納期の確保を強く要望

し，社内の体制を整えつつ順次正常な生産販売を開始していった。

　当時の特殊鋼業界は極端な不況下にあった，と再生計画では指摘している。その上，山陽特殊製鋼は信用失墜により受注が激減し，倒産前の大量の在庫を抱えていた。そこで，工場の操業度を大幅に低下させることとし，販売も抑えた。資金繰は金利を棚上げしてもらった状態でも，月次で欠損の計上が続く状態で，細々と操業してはみたものの業績好転の気配すらまったく見ることができない状態であった。1965（昭和40）年の秋以降はカルテル行為により業界全体が減産のやむなきに至った。命令休業を実施し，希望退職を募集せざるを得ない状態まで情勢が悪化した。絶望的な前途に従業員の士気は極度に低下した状態であった。

　ところが，1966（昭和41）年に思いがけない転機が訪れる。景気回復に伴い特殊鋼の需要が復調を見せ始めたのである。山陽特殊製鋼の受注量も月を追って増加し，休止中の電炉を順次再稼動して増産が図られた。この時期，倒産前に設置した設備を活かした技術的進歩によって，原価の引下や品質向上がもたらされた。また，生産性の向上に対する労働組合の理解ある協力によって，予想以上のベースで円滑に生産販売を増大できた。

　山陽特殊製鋼のこのような動きは，受注量に直接反映した。なかでも軸受鋼については品質や納期にあつい信頼があったため，受注は急激に増加していった。このように環境が好転し，1966（昭和41）年5月以降の月次決算が黒字に転じ，業績改善の糸口をつかんだのである。1966（昭和41）年末には，軸受鋼の生産能力不足が予想されるまでになった。そこで，翌1967（昭和42）年早々に，軸受鋼の増産設備計画を作成し，製造過程で生ずる微細なガスを排出する脱ガスに関する技術援助契約を取引先と締結すると同時に設備その他の工事に着手した。

　こうした各生産部門の生産性向上への努力が実り，1967（昭和42）年には「好成績を収める見込」と計画に記すことができるまでになった。また，環境改善や安全管理の強化，社内教育の充実等の諸対策により従業員の士気も大いに高揚し，「労使の関係は相互の信頼と理解の上に立って正常かつ健全な状態

132

を確立した」という。

　一言でいうと，第二次世界大戦後の高度経済成長期を象徴する大型倒産だっ
たとはいえ，その更生の基盤づくりは大方の予想以上に急速に進んだのであ
る。その要因には特殊鋼のトップメーカーであった山陽特殊製鋼の矜持があ
り，また，不況が長期化せず回復基調を早期にみせた景気を反映したもので
あった。

(2) 再生の筋道

　更生計画では，その後どのような事業計画で再生を図ることを志向していた
のだろうか。山陽特殊製鋼は，同業他社に比べて比較的新しい設備を多く所有
していたが，その設備による生産能力や稼働率＝設備能力にアンバランスがあ
ると考えた。そこで，設備能力の改善に努めるとともに，生産性の低い設備，
休止中の設備については，売却などによる固定資産の改善を急ぐこととなった。

　具体的には，現有設備を有効活用し，将来の能率向上やコストダウンを図る
ため，原料半成品の荷役や輸送の合理化などを実施し，公害対策や環境改善を
含めて工場全体の強化・改善を実施することとした。また，生産活動に有利と
なる見込の乏しい設備や遊休資産はできる限り売却などにより処分し，過重な
固定資産の負担の軽減を図っていった。

　一方で，軸受鋼生産設備については増強を図ることとした。本来の事業，最
も注力すべき事業にヒト・モノ・カネを集中し突破口を見いだそうとしたので
ある。山陽特殊製鋼の軸受鋼は品質や数量に関して国内トップであり，諸外国
においても軸受鋼メーカーとして広く認識されていた。今後も伸びることが予
想される国内外の軸受鋼の需要に応じて，順次，適切に設備を設置することに
より，軸受鋼を生産販売の主体とする基本方針を強化して，企業体質の改善を
さらに図ることとした。

　また，山陽特殊製鋼では鋼管製造設備の新設も計画していた。山陽特殊製鋼
の生産品種のうち最も特色のあるものが軸受鋼鋼管である。今後も軸受鋼の需
要は著しい増加傾向を示し，それに伴い鋼管の使用量も増加することが見込ま

れていた。一方，長期的に見れば設備能力の不足は避けられない状況であった。山陽特殊製鋼では，現状のままで放置することは考えらなかった事業であったのである。

　大手高炉メーカーの特殊鋼への事業展開のなかで，特殊鋼専業メーカーはおしなべて体質改善を迫られる。そこで山陽特殊製鋼は，競合の激しい鋼材部門の強化を行うよりもむしろ，鋼管部門の重点的強化が有効かつ必要であると考えたのである。

　こうした状況下，会社の数字はどのような状況にあり，どのような状況にすべきであると考えたのであろうか。1965（昭和40）年は約154億円の赤字であったが，その後，全社的に収益力の向上を図り，合理化と管理の徹底を期した。1966（昭和41）年からの経済情勢の好転により収益状況は著しく改善した。更生手続の開始後である1967（昭和42）年8月には，早くも約11億円の経常利益を計上するまでになっていた。一方，旧債権債務の整理や業務管理の徹底があったものの，購入・工事契約の解除による損失，不良債権・不良棚卸資産の整理，劣化固定資産の除却等が発生し，1967（昭和42）年8月時点の累積損失は約200億円に達していた。

　そこで，従来の資本金を20分の1に減資し，一般の更生債権は大幅な債務免除を受け，残額は7年以内の割賦弁済とした。更生担保権は一部株式に振り替え，残額は15年半の長期割賦弁済とした。また，新たに払込による新株式を発行し，その払込金を債務の弁済に充て，劣後的更生債権はすべて免除を受けることを提案した。

　営業収益については，収益金から事業経営に必要な資金を差し引いた残額を債務弁済の資金とし，経営上必要としない固定資産の売却益を債務の弁済に充て，会社の信用回復に伴って生ずる安定的余裕資金も債務の弁済資金とするとした。

　さらに，営業による収益が予想を超え余裕資金が生じたときのほか，固定資産の売却につき予定を超える売却益を得たときは，緊急を要する設備の補修等に充て，なお余裕があれば債務の繰上弁済に充てるとした。

　山陽特殊製鋼の倒産では，多くの少額債権者，債権を有する金融機関が存在
し，また関連下請中小企業も多数存在していた。それらに対する弁済について
は，更生手続の開始日以降の利息損害金の全額免除を受けることを想定した債
権者もあった。一方，主力取引銀行や取引中小企業については，複数回の均等
分割による弁済を想定したところもあった。

　債権とは異なるが，担保・抵当権のある物件を持つ債権者もいる。その場合
は売却益により弁済し，残余債権のある場合は按分した額を弁済することとし
た。もちろん，一定の弁済後，抵当権を引き継いでもらうこととした債権者も
あった。

　そのほか更生計画では，保険契約や質権，留置権および特別の先取特権への
対応，優先的更生債権者への個別の権利の変更や納付方法なども盛り込まれ
た。そのなかには地域中小企業も多数あったが，当時の日本を代表する大手銀
行・商社，電力会社なども名を連ねていた。山陽特殊製鋼の倒産は，兵庫県下
のみならず全国の企業に影響を与え，更生はそれら企業の協力なしには実現し
得なかったことがうかがえる。

　山陽特殊製鋼にとっては株主への対応も大きな課題であった。減少する資本
の額は約71億円であったが，すでに発行済の株式20株を併合して額面普通株
式1株とする案が提示された。あわせて新株式の発行では，更生担保権者に対
して新たな払込や現物出資をさせずに新株式を発行する計画のほか，払込によ
る新株式の発行計画が出された。

　1967（昭和42）年，新体制の代表取締役に田中四郎が就き，資本参加した富
士製鐵（後の新日本製鐵，新日鐵住金を経て現日本製鐵），神戸銀行からも数
人が取締役として送り込まれた[31]。一般には会社更生は厳しい再スタートを強
いられると思われがちである。たしかに，粉飾決算事件があり，逮捕者の処罰
もあった。とはいえ高度経済成長の余韻が続く右肩上がりの経済下では，今日

---

(31)「山陽特殊製鋼株式会社更生計画」（山陽特殊製鋼株式会社管財人原田鹿太郎，神
　戸地方裁判所姫路支部1965年（ミ）第1号，1967年12月26日認可）による。

に比べるとまだ更生の余地，前途に道筋が見える再スタートであったといえる。

4-3　山陽特殊製鋼のいま

　山陽特殊製鋼は1974（昭和49）年には会社更生に成功し，1980（昭和55）年には大証2部に，1985（昭和60）年には東証1部に再上場を果たした。そして，いま「信頼の経営」をグループの理念として事業を安定的な成長軌道に乗せている。特殊鋼メーカーとして軸受鋼をはじめ，機械構造用鋼，ステンレス鋼，工具鋼など幅広い製品を供給し，高信頼性鋼として自動車や鉄道，建設機械やエレクトロニクス製品，情報通信機器など，さまざまな産業分野における製品の素材として活かされている。第3節の最後に，この点について触れておきたい。

　山陽特殊製鋼はいま，各種の鋼材を主に電気炉製鋼法によって生産している。工場などから出る鉄スクラップを主な原料とし，製品は再び自動車などの素材として使用される。電気炉製鋼法は，環境に優しく資源循環型社会に適合した製鋼法として評価されている。今日では日本国内だけでなく，アメリカ・中国・インド・タイ・インドネシア・メキシコに現地法人・拠点を設立し，世界に拠点網を確立してきた。現在は社員約2,600名（連結），資本金は200億円を超え，連結売上は1,500億円規模にまでに成長した。

　山陽特殊製鋼は今日も姫路市およびその周辺に多くの関連企業を擁し，一大工業地帯を形成している。2017（平成29）年度から2019（平成31）年度を実行期間とする第10次中期経営計画のもと，生産構造改革の実行や鋼材事業・非鋼材事業による安定的な収益の確保等を通じて盤石な企業体質の確立を実現している。

　軸受鋼をコアとする品質競争力の強化や研究開発の推進により，技術先進性をさらに追求し，ブランドの源泉であるQCDD（品質・コスト・納期・研究開発）力の強化や認知度のさらなる向上に向けた取組を進めてきた。「高信頼性鋼の山陽」のグローバルブランド化を推進することで，人財・技術・利益の

持続的成長を追求していくことを目指している⁽³²⁾。

第5節　むすび

　第二次世界大戦後の経済復興期から高度経済成長期における金融機関は，戦時金融公庫・南方開発金庫・外資金庫，共同融資銀行・資金統合銀行などの戦時金融行政の解体に伴って再編されていった。軍需金融機関としての目的は，解体によって消滅した。しかしながら，それぞれの戦時金融機関がすべて軍需金融機関という目的のもとに対応していたわけではない。産業の育成や市民の生活に必要な資金需要などに関しては，戦渦を乗り越えた金融機関が引き続いて対応することになった。

　主に大企業の資金需要に対応したのは日本興業銀行のほか，第二次世界大戦前からあった大手行・都市銀行である。大手行は，戦後インフレ経済下のなかで，旺盛な資金需要に対応した。ただ，その過程では預金封鎖や新円への切替など政府・日銀が進める金融緊急措置令に対応せざるを得ない状況もあった。その後，大手行は金融機関の再建整備に直面することになる。債権の放棄や補償の打切などに対して大手行は猛反発したが，結局は認めざるを得ない状況もあり，新旧勘定の切り分けなどにより乗り切った。いわば，金融機関として「リセットを余儀なくされた」といってよいだろう。新しい仕組のもと再スタートを切った大手行は銀証分離，長短金融の分離などの政策を進めることになる。

　外国為替銀行も再編の波に揉まれていくことになる。外国為替業務が厳格化され，横浜正金銀行から東京銀行に主要な外国為替業務を移行させていった。

　1960年代に入ると，第二次世界大戦後の極度のインフレを乗り越え，経済復興期を経て高度経済成長期と呼ばれる時代になった。産業の再興が各界で実体のあるものとなり，日本全体に設備資本の増強が求められた。その資金需要

---

(32) 山陽特殊製鋼（2017）による。

に大手行をはじめ各地の金融機関も対応し，銀行が企業集団の中心的存在になっていく様相も見られた。

　戦後日本の中小企業金融も大手行の動向と軌を一にする面が多かった。大手行が大企業の資金需要に対応するとともに，地方銀行をはじめ中小金融機関は，大企業の小口の資金需要，中小企業の資金需要に対応したのである。その代表が全国各地の地方銀行であり，政府系の金融機関としては国民金融公庫・中小企業金融公庫があった。また，第二次世界大戦後の市民の住宅需要が旺盛になると，住宅金融公庫が設立された。

　中小企業金融も全国において法整備を伴う再編を求められる。その例が相互銀行法・信用金庫法の制定である。相互銀行法では，第二次世界大戦前からの無尽会社が相互銀行に改組され，信用金庫法では同様に信用組合から改組された。全国において中小企業専門の金融機関が誕生したことになるが，それは，大企業向けと中小企業向けという金融機関の区分を明確にするものでもあった。

　兵庫県の金融に目を転じてみよう。

　まず，日本を代表する貿易港である神戸港と金融機関の関わりについてである。第二次世界大戦後，貿易を扱う企業の本社が東京や大阪などの大都市に集中するなかで，貿易港としての神戸港の相対的地位は下がっていく。それに呼応して，貿易・為替業務も東京や大阪などに移っていき，神戸では大手行が微減し，中小金融機関の店舗が増加することになった。

　神戸，そして兵庫県における金融の支柱であり，全国的に見ても大手行の一角をなしたのが神戸銀行であった。神戸銀行は，神戸・兵庫のインフレ抑制に協力し，さらに高度経済成長を支えた。その対応によって，より巨大化し，重要な地位を占めるようになった。

　神戸の外に目を向けると，県内金融の象徴の一つであった多くの無尽会社が集約され，大規模化していった。そして大規模無尽は相互銀行に改組された。その代表が兵庫無尽から相互銀行に改組された兵庫相互銀行である。兵庫相互銀行は，営業地域を県外にも拡大し，取扱業務を多様化させ大規模化していった。一方，信用金庫の代表の一つとして尼崎信用金庫を挙げることができる。

138

　そして高度経済成長期にあって，中小企業や市民の旺盛な資金需要を受けて，信用を保証する機関の必要性も高まっていった。その役割を担ったのが信用保証法のもとに生まれた信用保証協会である。兵庫県においてはすでに他府県に先んじて，兵庫県信用保証協会が1948（昭和23）年に設立された。

　もとより，兵庫県内の金融は，神戸の郊外・地方において中小の金融機関が市中の資金需要に対応してきたのが特色である。それらの中小金融機関はやがて力のある金融機関に集約され，大規模化していった。それが，第二次世界大戦後の復興期から高度経済成長期に至る兵庫県の金融史の大きな特色である。

【参考文献】

金子精次（1965）『日本経済の成長と構造』東洋経済新報社.

神戸市（1967）『神戸市史　第3集　産業経済編』神戸市.

国立公文書館アジア歴史資料センター「アジ歴グロッサリー」<https://www.jacar.go.jp/glossary/>.

齊藤正（2000）「戦後日本における中小企業金融のあり方について」中小企業家同友会全国協議会『企業環境研究年報』No.5,Nov.2000，pp.15-26.

山陽特殊製鋼（2017）『山陽特殊製鋼CSR報告書2017』.

鶴田俊正（1982）『戦後日本の産業政策』日本経済新聞社.

飛田紀男（2004）「終戦直後の金融・銀行」『豊橋創造大学紀要』（第8号）pp.71-84.

兵庫県信用保証協会（2009）『兵庫県信用保証協会60年史』第3編<http://hosyo-kyokai-hyogo.or.jp/cgc/history.html>.

第4章
金融自由化の進展と
兵庫県の金融機関

第1節　1974年から1995年までの期間をどうとらえるか

　本章では，高度成長期が終焉を迎え安定成長に移行する時期から金融自由化の進展が一段落する時期までの約20年間（1974年〜1995年）に焦点を当て，この期間における金融を中心としたわが国の経済社会の変化をまとめるとともに，この時期，兵庫県の金融機関をめぐってどのような出来事があったかについて描き出すことを目的としている[1]。

　まず最初に，1974（昭和49）年から1995（平成7）年までの約20年間とはどのような時代であったのか，この時期をいかに把握すべきかについて検討しておこう。寺西（2003）は，18世紀以降のわが国の経済システムを，①政府と市場の役割分担，②民間部門内の経済システム，③政府と民間のインターフェイスの3側面からとらえたうえで，「明治大正経済システム」と「高度成長期経済システム」に区分している。このうち，高度成長期経済システムは1950年代半ばに成立し，1980年代半ばまで順調に機能していたとされるが，それは，（ⅰ）規制を中心とする政府介入，（ⅱ）日本型企業システムと銀行中心の金融システム，（ⅲ）産業利害の調整システムの3点によって特徴づけられる。その意味でいえば，本章で取り上げる20年間の前半（1974年〜1985年頃）は，寺西が言うところの「高度成長期経済システム」が成立していた時期にあたり，日本経済の成長率が徐々に低下しつつも，高度成長期における諸特徴が維持されてきた期間だといえる。加えて，この時期の後半（1985年〜1995年頃）は，「高度成長期経済システム」のさまざまな点において変質が始まり，さらには，その終焉に向かおうとする時期に該当すると考えられる。

　また，この時期は，金融制度という観点からみるならば，わが国の金融構造の変化に対応して金融当局が金融の自由化を推し進めようとした時期でもある。金融分野は，当時最も規制の厳しい産業のひとつであり，その点は今もって変わりはないが，金融制度改革，金融システム改革といった名称の下に，こ

---

(1) 本章の内容は，吉田康志（2019）を基にしている。

の時期，相当程度の規制緩和が金融面で進展したことも事実である。

　さらに，わが国において，この期間の中盤から後半を特徴づける事象とし
て，バブルの発生とその崩壊があったことを忘れることはできない。バブルの
規模の大きさもさることながら，その生成と崩壊がその後のわが国経済にもた
らした影響は甚大で，そのリパーカッションは今なお，我々の経済・社会のな
かに残り続けている。

　以上のことから，1974（昭和49）年から1995（平成7）年までの約20年間
とは，①高度成長から低成長への移行，②金融自由化の進展，③バブルの発生
と崩壊，といった3つの事象が異なるレイヤーで，時間的には相前後し，また
は重なりつつ進行した時期であったと捉えることができる。しかも，これら3
つの事象は，それぞれ相互に関連性があった。そこで本稿では，これらの相互
関係を念頭に置きながら，以下，同時期の兵庫県における金融の動きについて
見てゆく。

第2節　諸環境の変化

2-1　第一次石油危機とその影響

　わが国の経済を時系列的にみたときに，第二次世界大戦からの復興およびそ
れに続く高度成長期と，それ以降の時期を分ける契機のひとつは，第一次石油
危機（石油ショック）である。これは，1973（昭和48）年10月に発生した第
四次中東戦争をきっかけとし，その後1974（昭和49）年1月にかけ，中東の
石油輸出国が原油価格を相次いで引き上げることで発生した一連の動きを指す
が，石油危機は，石油の入手を主に輸入に頼ってきた先進諸国の経済に大きな
影響を及ぼすこととなった。特に，当時，一次エネルギーに占める石油の比率
が約8割と高く[2]，加えて，石油のほとんどを輸入に依存してきたわが国にとっ

---

(2)　資源エネルギー庁「総合エネルギー統計」によれば，1971年の一次エネルギー総

て，石油危機は驚天動地の出来事であったといえる。

　石油危機の発生は，ニクソン・ショック（1971（昭和46）年）によって既
に国内に蒔かれていたインフレーションの種を大きく成長させることとなっ
た。原油価格の引き上げは，当然に石油および石油関連製品の価格高騰につな
がったが，そればかりではなく，石油とは直接関係のない製品の価格急上昇も
もたらした。特に関西地方を中心として，トイレット・ペーパーが買えなくな
るという噂が広まり，これをきっかけとして消費者が店頭に殺到し，トイレッ
ト・ペーパーの価格が高騰するという現象が起こった。こうした状況は，消費
財のみならず，生産財に対しても波及し，全国的に「狂乱物価」と呼ばれるイ
ンフレーションの状態が現出した。

図表4-1　兵庫県の卸売業・小売業の生産性の変化

	県別順位の推移： （昭和43年→49年）	変化率：$\left(\dfrac{\text{S49生産性}}{\text{S43生産性}}\right)$	変化率の県別順位
卸売業	13位→14位	2.2157	32
小売業	6位→7位	2.0911	39

（出所：鈴木（1977）を基に筆者作成）

　石油危機に起因するインフレーションや社会問題等は，全国規模で発生して
いたわけであるが，特に兵庫県の経済に対してはどのような影響があったであ
ろうか。石油危機が都道府県単位でどのような影響を及ぼしたかについて分析
した鈴木（1977）は，兵庫県の卸売業および小売業の生産性に関して，石油
危機前後の状況の変化を示している（図表4-1）。まず，卸売業の生産性の全
国都道府県における順位が，石油危機前の1968（昭和43）年と石油危機後の
1974（昭和49）年でどのように変化したかをみると，兵庫県については13位
から14位になっている。また同様に，兵庫県の小売業に関する順位は，6位

供給（16,133）における原油（11,259），NGL（8），石油製品（1,218），天然ガス
（118），LNG（129）の割合は78.9％であった（供給エネルギーの単位は，PJ（ペタ
ジュール））。

から7位に変化している。ここから何が言えるだろうか。生産性の順位は，飽くまで日本国内における都道府県単位での相対的な位置を表すものでしかないため，順位の変化は石油危機の影響の度合いを直接示すものではない。だが，兵庫県の順位の変動がほとんどないことから，少なくとも，石油危機によって日本経済における兵庫県の相対的な位置が大きく影響を受けたわけではないということは指摘できるであろう。この点は，1968（昭和43）年と1974（昭和49）年の兵庫県の生産性の変化率（卸売業については2.2157倍，小売業については2.0911倍に変化）を都道府県別の順位でみても，それぞれ32位および39位と全国中下位（つまり生産性の変化が少ない）であったことによっても示されている。

　石油危機によってもたらされたインフレーションに対処すべく，政府はそれを抑制する政策に全力を注ぐことになる。金融政策における引締めの強化として，日本銀行の政策金利の引き上げ[3]や準備預金制度における準備率の引き上げ[4]などが行われたが，最も効果が大きかったのが日本銀行の窓口指導の強化であり，これによって民間金融機関からの貸出が大幅に絞られ，産業資金の供給量が削減された[5]。こうした厳しい引締め政策は，1973（昭和48）年から1975（昭和50）年にかけての2年間にも及んだ。財政関連では，1973（昭和48）年の公共事業等や財政投融資，地方財政の繰延べが実施されるとともに，公共投資の新規着工の差控えなどが行われた。これにより，一般会計に占める公共事業関係費は1973年度に20％前後であったものが，1975年度には14％程度にまで低下した[6]。

---

(3) 1973年4月から同年末までに5回にわたり公定歩合が引き上げられ，これまでの最高水準である9％に達した（経済企画庁（1976）p.264）。
(4) 準備率は，1973年1月から翌年1月までの間に5回引き上げられ，定期性預金以外の預金で預金残高1兆円超の場合の準備率は1.5％から4.25％に上昇した（同）。
(5) 全国銀行の貸出増加額は対前年度比で，1973年度が26.4％減，74年度が18.1％減となった（同）。
(6) 経済企画庁（1976）p.267による。

2-2　不景気と国債の大量発行

　石油危機を契機とするインフレーションは，政府による厳しい総需要抑制策が奏功し，1975（昭和50）年には急速に鎮静化に向かうことになったが，同時に大きな副作用をもたらした。不況の到来である。1973（昭和48）年から1975（昭和50）年にかけて国内経済が経験した落ち込みは顕著なもので，鉱工業生産指数[7]をみると，1973（昭和48）年の57.3から1975（昭和50）年の48.9へと15％近くの減少となっている。この時期，同様に，製造業稼働率指数等が急激な低下を示す一方で，鉱工業在庫率指数は上昇を示した。また，企業経営における利益率も，需要の減少とコスト上昇を反映して急激に低下した。とりわけ製造業の売上高経常利益率は，1973（昭和48）年には5％台半ばだったものが1975（昭和50）年には1％近くまで下がっている。企業側は，急激な利益の減少に対応するため経営の合理化に力を注ぐようになり，「雇用調整」という形がとられた。有効求人倍率は低下して製造業における労働者数は減少し，完全失業者数が急上昇した。これらの帰結として，20年以上にわたって続いたわが国経済の高度成長期がとうとうその終焉を迎えることとなった。

　景気の低迷は，国の財政にもマイナスの影響を及ぼした。当時，わが国の税収の過半は個人所得税と法人税など直接税が占めていたが，不況の影響から法人税が減少したことで税収不足となった。これを埋めるために国債が増発される。1973年度からは借換国債の発行が開始され，1975年度からは特例国債（いわゆる赤字国債）の発行が再開された。こうした状況を反映して，1973（昭和48）年には12％であった財政の国債依存度が，2年後の1975年度にはその2倍以上である25.3％に急上昇している[8]。そして，この時期の国債の大量発行は，その後の金融自由化のための下地のひとつとなっていく。

---

(7)　経済産業省調べ（2000年＝100）。
(8)　財務省調べ（「戦後の国債管理政策の推移」（https://www.mof.go.jp/jgbs/reference/appendix/）。

2-3　金融自由化の進展

(1) 国債大量発行と金融自由化

　当時の国債管理政策の下では，発行された国債の全額は，シンジケート団を形成した市中銀行が引き受ける形となっており，また，引き受けた国債を市中銀行が売却することは禁じられていた。つまり国債に関しては，流通市場がなく発行市場のみが存在する状態だったことになる。その一方で，この時期，国債の大量発行が続いたため，市中銀行における国債保有比率が上昇して，1978年度末には10％を超えるまでになった[9]。低利回りの国債をバランスシート上で保有し続けることによる銀行の資金繰り悪化が懸念されるようになったなか，引受国債の売却制限が順次緩和され，1977（昭和52）年には発行後1年を経過した特例国債，建設国債の売却が認められるようになった。この結果，市中銀行が引き受けた国債を機関投資家や個人投資家などが運用手段として購入することが可能となり，ここに国債の流通市場が誕生した。

　1975（昭和50）年以降，大量発行されていたのは10年満期の国債が中心であったため，1983（昭和58）年には償還日までの残存期間が2年の期近物国債が市場で流通することとなる。この満期2年の期近物国債の利回りが流通市場で決定される一方で，これと競合する銀行の2年物定期預金の金利は預金金利規制の下で固定されたままであったことから，銀行の立場からすると，定期預金から国債への資金シフトが懸念されるところとなった。こうした状況を踏まえて，1979（昭和54）年には預入単位が5億円以上となる譲渡性預金（NCD）が，銀行における新たな商品として認可され，これが1980年代以降順次進展していく預金金利自由化の出発点となった。

(2) 国際化と金融自由化

　国債大量発行は，わが国の金融自由化を「内側」から進展させるモメンタムとして働いたことは間違いないが，自由化は同時に「外側」からの働きかけに

---

(9)　三菱東京UFJ銀行円貨資金証券部（2012）p.77による。

よって促進されたという側面もある。その背景のひとつとして、外為管理の自由化がある。

　高度経済成長期を経て日本経済は戦後から脱却し、その国際的地位が徐々に高まっていくなかで、1952（昭和27）年に日本は国際通貨基金（IMF）に加盟する。また、日本経済に対する海外からの評価は、円の国際的な地位の向上に見られるようになった[10]。1973（昭和48）年に、日本が変動相場制に完全移行すると、国際的な資本取引の自由化に向けた制度改正を求める声が高まってくる。その帰結が1980（昭和55）年の外国為替及び外国貿易管理法（いわゆる旧外為法）の改定であった。

　1949年に制定された旧外為法は、当時の状況を反映して、対外取引に関しては「原則禁止」とする方針が取られていたが、1980（昭和55）年の法改正により生まれた新外為法では対外的な金融取引は「原則自由」とされた。これによって、大手企業や機関投資家は、厳しい規制の存在する国内市場を回避し、海外市場で資金を調達・運用するという選択肢を持つに至った。

　その後、外為取引に関する規制緩和が進んだが、事前の許可・届出制度を原則として廃止するとともに、外国為替公認銀行制度、両替商制度を廃止するなど、より自由で迅速な内外取引が行えるよう対外取引環境の整備が図られたのは、1998（平成10）年のこと（外為法の改定）であった。それまでの経緯をまとめると、図表4-2のとおりとなる。

　さらに、わが国経済の国際化は、石油危機がもたらした不景気により低迷した国内需要を埋め合わせるように、企業が海外市場に販路を求め、その結果、経済が輸出に依存する構造に変化していったことと深く関連している。1974（昭和49）年には赤字だったわが国の貿易収支は、1976（昭和51）年に黒字に転じ、それ以降黒字幅は拡大していくが、それによりわが国と海外との間では激しい経済摩擦が発生することとなった。

---

(10) 佐竹隆幸（2014）pp.15-25を参照のこと。

図表4-2　外国為替及び外国貿易管理法をめぐる動き

1973年	変動相場制へ移行	対内直接投資につき，例外業種を除き原則自由化が進展
1980年	外為取引を原則自由とする法体系に改定	外国資本の導入を促進するため，利潤，元本の送金の確保などの外資の保護・優遇を目的に制定された「外資に関する法律」（外資法）を廃止
1984年	外為法の一部改定	先物外国為替取引に関する実需原則を撤廃
1986年	外為法の一部改定	オフショア勘定の創設
1987年	外為法の一部改定	ココム規制違反行為に係る罰則・制裁を強化
1992年	外為法の一部改定	対内直接投資等について事前届出制から原則事後報告制に移行
1998年	外国為替及び外国貿易法に改称	内外資本取引等の自由化，外国為替業務の完全自由化に伴い，法令名称から「管理」の表記を削除

　こうした状況を背景として，日米間の貿易収支不均衡やその原因とされた「ドル高・円安」を是正するという趣旨で設置されたのが「日米円ドル委員会」である。同委員会は，1984（昭和59）年5月に報告書を公表し，その中で，

・金融・資本市場の自由化
・外国金融機関による日本の金融・資本市場への参入等
・ユーロ円投資・銀行市場への発展
・直接投資

といった4項目に関して，米国側からの具体的な提案が示された。これらについては，一部を除き，その多くが日本側によって受け入れられた。その内容は，同報告書の公表後に大蔵省が発表した「金融自由化および円の国際化についての現状と展望」において，金融自由化のスケジュールとして具体的に示されているが，そのポイントは，①預金金利の自由化，②金融市場の整備・充実による金利自由化，③内外市場の一体化，④外国金融機関の対日アクセス，⑤

ユーロ円の自由化などである[11]。

(3) 預金金利等の自由化

　上記の「現状と展望」で大蔵省が示したスケジュールに沿って（また，1979（昭和54）年の譲渡性預金の導入からは若干の期間を置く形で），大口の定期預金に関する金利自由化が開始された。1985（昭和60）年に大口定期預金（自由金利型定期預金，最低預入金額：10億円）およびMMC（市場金利連動型預金，同：5,000万円）が新たな金融商品として創設され，その後，段階的に最低預入金額の引下げ等の自由化措置がとられた。1989（平成元）年10月には大口定期預金の最低預入金額が1,000万円まで引き下げられたことによって，大口の定期性預金金利の自由化は完了することとなった。

　他方，1,000万円未満の小口の預金金利の自由化は，1986（昭和61）年の金融問題研究会（大蔵省）報告での提言を受けて1989（平成元）年6月に最低預入金額が300万円である小口MMC（市場金利連動型定期預金）が導入されたことから始まった。1991（平成2）年11月には300万円以上の定期性預金金利が自由化され（スーパー定期の導入），続いて1992（平成3）年6月には小口MMCの，1993（平成4）年6月にはスーパー定期の最低預入金額制限が撤廃された。これと同時に，期日指定定期預金および定額郵便貯金の金利も自由化されたことから，小口の定期預金に関する預金金利の自由化もこの時点で完了となった。

　流動性預金の金利自由化については，定期預金に比べ，遅れて開始された。1991（平成2）年の金融問題研究会報告で示された方向性に基づいて，1992（平成3）年に新型の預金商品である貯蓄預金が導入された。これは，基準残高以上の残高を維持することで普通預金よりも高い金利が付利される流動性預金であるが，これに当初設定されていた商品性に関する制限は1992（平成3）年には撤廃された。そして1994（平成5）年10月には，当座預金を除く全て

---

(11) 日米円ドル委員会については，内閣府経済社会総合研究所（2010）による。

の流動性預金に関して金利が自由化される⁽¹²⁾。これをもって、わが国の預金金
利の完全自由化が完了したことになる。

　金融自由化の過程では、多種多様な金融商品の取扱いが開始されている。中
期国債を中心として主に国内の公社債を投資対象とする投資信託である中期国
債ファンドが発行されたのは1980（昭和55）年のことである。翌1981（昭和
56）年には期日指定定期預金、ビッグ（収益満期一括受取型貸付信託）、ワイ
ド（利子一括払型利付金融債）が発行された。そのほかにも、銀行に対して満
期最長3年の定期預金の取扱が認可され、中長期の新発国債の窓販も始まった。

　変動金利型の住宅ローンがスタートしたのは1983（昭和58）年のことであ
る。そして1984（昭和59）年には、資金総合口座（普通預金と中期国債ファ
ンドの振替サービスがある口座）の開設が認可され、海外CP（Commercial
Paper）が発行される。1985（昭和60）年には円建BA（Banker's accep-
tance）手形（貿易用の円建資金調達のために貿易業者が振出し、外国為替公
認銀行が引き受けた円建の期限付き為替手形）の取扱いが始まった。また、長
期国債ファンド（トップ）をはじめ、変額保険、短期国債が発行されたのが
1986（昭和61）年のことであった。さらに、翌1987（昭和62）年には国内
CPが発行され、1988（昭和63）年には住宅ローン債権信託がスタートしてい
る⁽¹³⁾。

(4) 業務の自由化

　この時期における金融関連の業務の自由化は、「金融制度及び証券取引制度
の改革のための関係法律の整備等に関する法律」（以下、「金融制度改革法」と
いう）に関連する制度変更が中心となる。上述の金利自由化の進展は、兵庫県
内の金融機関の業務にも当然に影響を及ぼす変化であったが、金融制度改革法

---

(12) 臨時金利調整法の下では、金融機関の金利に関しては、その最高限度を日本銀行
　　政策委員会が定めることができるとしているが（同法第2条）、実際に預金関連の金
　　利で最高限度が設定されているのは、当座預金の利率（無利息）のみである。
(13) 杉田浩治（2013）による。

に基づく制度変更は，銀行業界内部での相互参入および銀行業界と証券業界との間の相互参入の実現を図るものであったため，結果としては，兵庫県内の地域金融機関にとって，直接影響が及ぶような改革ではなかったともいえる。しかし，当時の大蔵大臣の諮問機関である金融機関制度調査会の下に設置された金融制度第一委員会が1990（平成2）年に公表した中間報告「地域金融のあり方について」では，地域金融機関における他業務への参入を想定したうえでの検討が行われたこともあり，ここでは簡単に業務自由化の進展についても触れておこう。

　1992（平成3）年6月に成立し，1993（平成4）年4月から施行された金融制度改革法は，銀行，信託銀行，証券会社などが，原則として，それぞれ出資比率50％超の子会社を通じて相互の業務に参入する道を開いた（業態別子会社方式）。これにより，銀行は出資比率50％超の証券子会社を保有することができるようになったが，当初の証券子会社については，既存証券会社の経営の健全性等を考慮するとの趣旨から，株式関連の流通業務が取扱い業務の範囲から除外され，社債等の発行などを業務の中心とせざるをえなかった。また，銀行が設立した信託銀行子会社については，同様の趣旨で，業務範囲から貸付信託，年金信託，合同金銭信託，特定金銭信託，指定単独金銭信託等が除外された(14)。

　業態別子会社方式の導入に伴い，銀行と子会社との間におけるリスクの遮断および利益相反の防止等の観点から，弊害防止措置としていわゆる「ファイアーウォール規制」が新たに定められた。具体的には，①証券子会社の役員が親銀行の役職員を兼任することを禁止する，②通常の取引条件と異なる条件で親銀行等と有価証券等の売買その他の取引を行うことを禁止する（アームズ・レングス・ルール），③抱合せ販売を禁止する，などの措置が設けられた(15)。

---

(14) その後，金融システム改革法の施行（1999年10月）により，証券子会社，信託銀行子会社における業務範囲制限は完全に撤廃された。
(15) 信託銀行子会社に関しては，アームズ・レングス・ルール規定に加えて，信託財産の受益者保護の観点から親子間取引に係る規定（子信託銀行の信託勘定から親銀行

　この他，金融制度改革法では地域金融機関に関連する制度変更も行われた。協同組織金融機関の業務範囲が拡大され，信用金庫等による社債等の募集の受託業務や，信用組合・労働金庫・農協等による国債等の募集の取扱い・ディーリングおよび外国為替業務が新たに認められることとなった。これによって中小企業，農林水産業者，個人等に対して多様な金融商品やサービスを提供する余地が拡大した。また同時に，自己資本比率規制の導入や監事機能の強化（業務監査義務，理事会への出席・意見陳述）といった，規制面での強化も行われている。

　こうした制度面での動きは，その後，間接的ではあるが，体力のある地域銀行にも影響を与えることになる。一部の有力地方銀行では，他県を拠点とする地方銀行との提携やM&Aも行われるようになり，後の地方銀行における持株会社を用いた金融再編・グループ化へとつながっていく。

(5) 協同組織金融機関関連の自由化

　金融制度改革とは別に，それに先立って協同組織金融機関関連の規制緩和も行われている。1980（昭和55）年の金融制度調査会答申「中小企業金融専門機関等のあり方と制度の改正について」は，中小企業金融機関（相互銀行，信用金庫，信用組合）と銀行との競争を是認したうえで，その業務内容の拡充整備を図ることが必要だと指摘した。これを受けて，翌1981（昭和56）年に「中小企業金融制度の整備改善のための相互銀行法，信用金庫法等の一部を改正する法律」が制定され，信用金庫については，法人会員資格の資本金等基準の拡大（2億円以下→4億円以下），業務範囲の拡大（外国為替業務等）が行われ，信用組合については，内国為替等の員外利用，員外貸出といった点で業務範囲が拡大された。また，1989（平成元）年には，「信用金庫法の一部を改正する法律」の施行によって，全国信用金庫連合会による債券の発行も可能とされている。

　等への贈与の禁止など）が設けられた。

また，協同組織金融機関をめぐるその後の議論として，1989（平成元）年には金融制度調査会金融制度第一委員会が，中間報告「協同組織形態の金融機関のあり方について」を公表している。この中間報告では，自由化・国際化などの金融制度関連の諸環境が大きく変化するなかにおける協同組織金融機関の業務，組織，連合組織の機能のあり方などに関して検討を行い，中小企業，農林漁業者，個人等の分野における協同組織金融機関の存在意義が引き続き存在していることを指摘するともに，利用者ニーズに的確かつきめ細かく対応していくためにも協同組織形態を継続する意義があることを確認する内容となっている。加えて，協同組織金融機関の業務に関しては，一般金融機関との同質化を避け独自のあり方を模索すべきだとの議論や，組織のあり方については，地域経済の発展に伴い地域経済の圏域が拡大していく場合には地区の範囲を弾力的に扱うことが適当であるとの議論などもなされた。

(6) オンライン化の進展

　厳密にいえば金融自由化の範囲には含まれないが，この時期に金融業界で見られた動きで無視しえないものとして，金融機関におけるオンライン化の進展がある。これは，制度面における環境変化である金融自由化に対応するためのインフラ的・技術的基盤を金融機関が備えたことを意味する。

　金融機関業務の合理化は，1950年代に業務処理に機械が導入されたことに始まるが，その後，1960年代前半にオフラインシステムが，そして1960年代後半にオンラインシステムが導入されることによって急速に進展したといえる。この際のオンライン化が，いわゆる「第一次オンライン」であり，同一金融機関内における営業店とコンピュータを通信回線で結び，預金・為替業務を集中的に即時処理することが可能となった。その後，本章が扱う時期に関連して，70年代後半からは「第二次オンライン」として，対外的な，つまり金融機関間を結んだ即時処理のネットワークの拡大が進んだ。まず，銀行間の資金移動（振込等）のための共同システムとしては，1973（昭和48）年に全国銀行データ通信システム（全国銀行内国為替制度）が設立されていたが，1979

（昭和54）年には相互銀行，信用金庫，農林中央金庫などがこれに加盟し，1984（昭和59）年には信用組合，労働金庫，農協が加盟することにより，国内のほぼすべての業態の間において即時の為替処理が可能となった[16]。

　また，この時期には，銀行間の預金支払いのためのネットワークとして，業態毎の現金自動支払機（CD）のオンライン提携も進んだ（各業態におけるCDオンライン提携のネットワークとその稼働開始時期は図表4-3のとおりである）。CDオンライン提携の実施によって，同一のネットワークに加盟している金融機関のCDであれば，キャッシュカードによる預金の引出しが自由にできるようになった。さらに，こうした業態毎のCDオンライン提携は，全国のどこの金融機関のCD・ATMからでも自分の預金口座の預金払出しが可能となるという，後の「全国キャッシュサービス」[17]実現のための素地となっていく。

　この時期，このように金融業務のオンライン化が進展した結果，兵庫県内の金融機関も例外なく全国規模の金融ネットワークに取り込まれ，それ以降，個別金融機関は日常の金融業務を遂行するうえでスタンドアローンでは存続しえない環境となったといえる。

---

(16) 銀行のエレクトロニックバンキングの進展については，横倉節夫（1986）に基づく。

(17) MICS（Multi Integrated Cash Service）は，1980年に都市銀行と地方銀行のCDネットワーク接続から開始し，その後，順次他業態ネットワークとの統合を実現していった。

図表4-3　金融機関各業態におけるCDオンライン提携

金融機関業態	CDオンライン提携のネットワーク	稼働開始時期
都市銀行	TOCS[18]	1980年4月
都市銀行	SICS[19]	1980年3月
地方銀行	ACS	1980年10月
相互銀行	SCS	1980年10月
信用金庫	SNCS（信金ネット・キャッシュ・サービス）	1980年11月
労働金庫	ROCS	1984年4月
信用組合	SANCS（しんくみネットキャッシュサービス）	1985年8月
農業協同組合	全国農協貯金ネットサービス	1984年3月

（出所：金融情報システムセンター（1996）を基に筆者作成）

(7) 金融自由化の地域金融機関に対する影響

　わが国の第二次世界大戦後の金融制度は，「専門主義」または「分業主義」を基礎とするものであり，証券業，信託業，長期金融，外国為替，地域金融といった各分野にそれぞれ専門の金融機関を配置して，限られた資金を効率的に配分することを企図していた。しかし，1970年代後半以降に日本経済が資金不足から資金余剰へと転換し，市場の国際化等の環境変化を受けて実施された金融自由化によって，従来存在していた業態間の境界が曖昧となり，金融機関の同質化が進むことになった。とりわけ，大企業の「銀行離れ」現象を契機として，普通銀行（特に都市銀行）が中小企業・個人向けの貸出に注力するようになったことは，地域の中小企業や個人等に対する資金供給を担ってきた地域金融機関が，直接に大手銀行との競争に直面せざるをえなくなったことを意味し，その経営環境の一層の厳格化につながったといえる。

---

(18) 当時の都市銀行のうち，第一勧業銀行，三井銀行，富士銀行，三菱銀行，三和銀行，住友銀行，東京銀行の7行の提携によるキャッシュサービスである「Togin Online Cash Service」の略称。

(19) 当時の都市銀行のうち，協和銀行，大和銀行，東海銀行，北海道拓殖銀行，太陽神戸銀行，埼玉銀行の6行の提携によるキャッシュサービスである「Six Inter-bank Cash Service」の略称。このSICSと注（18）のTOCSは，後に統合されて都市銀行全13行によるBANCS（Banks Cash Servies）として1984年4月に業務を開始する。

　協同組織金融機関という位置づけも，金融自由化によって新たに問い直されることとなった。協同組織金融機関における取扱業務範囲の拡大は，かねてより信用金庫や信用組合の業界が要望してきたものであったが，それが法律改正によって実現したことによって，店舗の広域分散化，貸出の大口化，員外貸出の増大などが実際に進むこととなった。だが，こうした変化は，これまで会員（組合員）の相互扶助を基本理念とする非営利法人として機能してきた協同組織金融機関の独自性を曖昧なものとし，地域に密着した金融機関としての社会的な存在理由が希薄化してしまうという影響をもたらした。

2-4　バブルの生成と崩壊

　日本経済が経験したバブル期の熱狂や，その原因と帰結などについては，これまでさまざまな検討が行われているが[20]，ここでは主要な論点のみに絞って振り返っておく。

(1) バブルの生成

　バブル発生の下地となった要因のなかで主要なものとしては，①低金利環境と②資産価格の上昇期待が挙げられる[21]。収益還元法による資産価格の決定は，地代や配当などの収益を，リスクプレミアムを考慮した割引率で除することによって行われる。この方式に基づくと，金利の低下は（他の条件が一定であれば），地価や株価などの資産価格の上昇を意味することになる。また，こ

---

(20)　特に，バブル期前後の日本経済の状況については，内閣府経済社会総合研究所がとりまとめた「バブル/デフレ期の日本経済と経済政策」の「歴史編」（小峰隆夫（2011））に詳述されている。また，ここでの記述は，岡部光明（1999），池尾和人（2006）も参考とした。

(21)　岡部光明（1999）pp.141-143は，バブル発生の基本的要因として①資産価格情報に関する予想の自己増殖的な膨張と②それに対する金融面からの加担（低金利，間接金融優位など）を挙げている。また，池尾和人（2006）p.104は，バブルが「収益面での強気の期待やリスク・プレミアムの低下につながったユーフォリア，または「国民の自信」の強まりという要因と，長期間継続した金融緩和政策による低金利状況」の組み合わせによるものと指摘している。

の時期には，国民の中で広く醸成されていた景気拡大期待が，将来的な資産価格に関する上昇予想をもたらし，それによって資産への需要増大から実際の資産価格上昇に帰結するといった自己成就的サイクルが形成され，バブルの発生と拡大を支えていったものと考えられる。

　1980年代後半に低金利環境が用意された経緯としては，まず1985（昭和60）年のプラザ合意に触れておく必要がある。1980年代前半，レーガン政権下の米国では，高インフレ抑制政策として，厳しい金融引締策が実施されていた。世界中の投機マネーが米国に集中するなかでドル相場が高めに推移すれば，米国の輸出は減少，輸入は拡大することになる。その影響を受け，米国は大幅な貿易赤字に見舞われていた。一方，高金利によって米国内の民間投資が抑制されたため，資金の需給バランスは改善されつつあった。結果として，米国経済は極度のインフレからの脱出には成功したものの，国際収支において大幅な赤字が続き，財政赤字が累積することとなった。インフレが沈静化した後に今度は金融緩和が進行し，景気の回復に伴い貿易赤字の増大に拍車がかかることとなる。また，金利低下によって貿易赤字国の通貨であるドルの魅力は薄れ，ドル相場は次第に不安定化していった。

　こうした状況の下で1985（昭和60）年9月に日・米・英・仏・西独五カ国の蔵相・中央銀行総裁会議が開催された。会議では「主要非ドル通貨の対ドルレートのある程度の一層の秩序ある上昇が望ましい」との方向で，為替相場への国際的な政策協調に関する合意（いわゆる「プラザ合意」）がなされ，この結果，同年末には対ドルでの円レートは1ドル＝200円程度となるまで円高ドル安が進むことになる。為替レートの急速な変動は，わが国の輸出産業にマイナスの影響を及ぼし，1986（昭和61）年から1987（昭和62）年にかけて，いわゆる「円高不況」をもたらした。景気後退を懸念した日本銀行は，1986（昭和61）〜1987（昭和62）年の2年間で政策金利を数回に分けて引き下げ，公定歩合は当時としては最低水準である2.5％という状態が，（1989（平成元）年に引上げに転じるまで）2年以上にわたり続いた。

　1987（昭和62）年になると，低迷していた製造業の景況にも明るさが見え

だした。これは，不採算部門の縮小や新規事業の開拓といった企業の経営合理化努力が実を結んだことによるものであり，この頃から，日本経済はそれまでの外需主導型成長から内需主導型成長へと転換し始める。

　低金利環境は，業績を回復しつつあった企業部門における本格的な設備投資の拡大を後押しした。これに伴う景気の拡大は雇用を増大させ，個人所得も上昇したが，同様に拡大しつつあった銀行融資は過剰流動性の供給源となり，それが株式市場や不動産市場に向かうことによって資産価格の高騰，いわゆる「バブル」をもたらすこととなった。

　バブルの状況としては，まず，好調な企業業績を反映して株価が1986（昭和61）年から急激な上昇を開始し，1989（平成元）年末には，日経平均株価のピークである38,915円を記録する。不動産価格の方でも，同じく1986（昭和61）年頃から急騰が始まり，株価よりも一年遅れて1990（平成2）年にピークを迎える。特に1988（昭和63）年から1989（平成元）年にかけて，株価と地価をあわせた資産価格の上昇幅は，当時の名目GDPに匹敵する規模に達しており，いかにバブルの程度が大きかったかを示している。

　こうした状況を反映して，ドル換算した日本の金融機関の資産規模は膨大なものとなり，資産規模ベースでみた金融機関の世界ランキングにおいて日本の銀行が上位を独占するようにもなった。金融機関の業務面でいえば，地価の暴騰を背景とする不動産関連融資が膨らんだ結果，銀行の貸出残高は対GDP比でみると110％近くまで上昇した[22]。

　結果としてみれば，バブルによる景気拡大は，1986（昭和61）年12月から1991（平成3）年2月までの，実に51ヶ月間にわたって継続したことになる。

(2) バブルの崩壊

　わが国の資産価格は，ピークに達した1989（平成元），1990（平成2）年以降，今度は下落に転じ始める。株価は，1990（平成2）年4月初旬にはピーク

---

(22) 池尾和人（2006）p.109による。

時価格に比して1万円以上もの下落を記録し，28,002円となった。さらに同年
10月には2万円台を割り込む水準にまで低下する。地価は，1991（平成3）年
以降になって本格的な下落に転じ，公示地価ベースでみると1992（平成4）年
1月には前年比で4.6%の低下，1992（平成4）年1月では同8.4%の低下となっ
た[23]。

　資産価格下落は，バブル発生とは正反対の要因によるものであった。つまり，
低金利環境の喪失である。1989（平成元）年5月，日本銀行は，それまで継続
的に引き下げてきた公定歩合を，景気加熱を抑制する目的で引き上げている
（2.50%→3.25%）。その後，1990（平成2）年8月までの間に4回の引上げを
経て公定歩合は6.00%にまで達した。また，同年8月にはイラクがクウェート
に侵攻し，「湾岸危機」が発生するが，これによる原油価格上昇も金融引締環
境を強化することとなった。こうしたなかで，国民の間に存在していた資産価
格上昇期待は急速に萎み，資産価格は下落に転じる。さらに不動産に関して言
えば，1990（平成2）年4月に施行された大蔵省銀行局通達による措置（いわ
ゆる「総量規制」）によって，金融機関の不動産向け融資の伸び率が総貸出の
伸び率以下に抑制されたことも地価下落の要因のひとつだったとされている。

(3) 金融機関への影響

　資産価格の低下は，資産を保有している家計における消費の減少という形
で，まず現れる。土地や株式などの価格が下がると，家計は，所得水準に変化
がなくとも，消費を抑制しようとする（逆資産効果）。また，企業部門におい
て資産価格の低下は，バランスシート上の問題を惹起した。企業の保有する不
動産や株式の価格の低下は，企業のバランスシート上で資産として計上されて
いる土地や有価証券の額の低下をもたらすが，その一方で，企業の銀行借入な
どの負債の額は固定されたまま残る。結局，資産の価値減少分は自己資本（純
資産）部分の減少という形で調整せざるをえなくなるが，資産の減少の度合い

---

(23) 内閣府経済社会総合研究所（2010）p.379による。

が大きい場合には，その企業は債務超過に陥ることもありうる。企業のバラン
スシートの悪化は，当該企業に融資をしている銀行に対する元本の返済や利息
の支払いの延滞または不払いにつながりうる。つまり，金融機関における不良
債権の発生である。

　金融機関における不良債権の処理は，主に償却や貸倒引当金の計上といった
形で行われるが，これを行うことは金融機関の自己資本を削り取り，バランス
シートを悪化させる。他方，金融機関は，バーゼル1[24]に基づく自己資本比
率規制（いわゆる「BIS規制」）により最低所要自己資本を維持することが求
められていたことから[25]，不良債権処理に伴う自己資本の減少に対応するた
めには，（短期間での増資が難しい場合には）貸出債権を縮小させるという方
法を取らざるをえなくなった。これは，具体的には企業に対する「貸し渋り」，
「貸しはがし」という現象として現れた[26]。こうした金融機関の融資姿勢の消
極化は，企業のさらなる経営悪化をもたらし，その後の景気低迷が長引く原因
ともなった。

　深刻化する金融機関の不良債権問題は，1994（平成6）年に戦後初の個別金
融機関の破綻という形をとることになる。それが同年12月の東京共和信用組
合と安全信用組合のケースである。さらに翌1995（平成7）年には，コスモ信
用組合，木津信用組合の破綻が発生し，そして兵庫県内の金融機関としては，
後述するように第二地方銀行である兵庫銀行が経営破綻に至る。

---

(24)　バーゼル銀行監督委員会によって1988年に合意された国際的な金融規制のため
　　の指針（バーゼルアコード）。
(25)　わが国では1993年3月末から導入が開始され，リスクアセットに応じて，国際
　　統一基準行（大手行）では8％，国内基準行（大手行以外）では4％の維持が義務付
　　けられた。
(26)　さらに，場合によっては，金融機関における不良債権化を回避する目的で，結果
　　としては問題企業を延命させてしまうことになる「追い貸し」も行われた。

2-5 阪神・淡路大震災と金融関連支援

(1) 地震による被災の概要

1995（平成7）年1月17日，兵庫県南部を震源とする直下型地震が発生した。これによって兵庫県内では，人的被害としては死者6,402名，負傷者約40,092名，住家被害としては全壊が104,004棟，半壊が136,952棟，一部破損が297,811棟という甚大な被害がもたらされた[(27)]。住宅以外にも事業所や，道路，鉄道，港湾，上下水道，電力，ガス，通信などの社会インフラにおいて大きな被害が発生し，人びとの生活全般に対して影響が及んだ。

兵庫県では，従来より地域社会と密接した小規模な企業の集積である地場産業が多数存在していることから，中小企業の存在は兵庫県の経済において重要な位置を占めてきた。この地震によって中小企業が直接被った被害額は，約1兆9,200億円程度と推計されているが[(28)]，このうち兵庫県内の中小企業の被害が占める割合も相当に大きいものだったであろう。さらに，物流の途絶や輸出入への影響，サービス業への需要減少，消費マインドの萎縮といった間接的な被害も考慮すれば，県内中小企業が受けたマイナスの影響はより大きな規模であったと考えられる。

地震による県内の金融機関への影響も大きく，地震発生当日には本支店や事務センター等の損壊や各種システム障害などによって都市銀行，地方銀行，第二地方銀行で約450店舗が休業したことが大蔵省により確認されている[(29)]。震災発生直後の週末には，300以上の金融機関店舗が臨時に営業し，休日に預金の払い出しを行った。また，店舗が倒壊するという被害にあった金融機関（14行庫）については，日本銀行神戸支店が臨時窓口を提供し，1月20日から2月3日までの間，日本銀行内において当該金融機関の業務が行われた（この間，約3千名の来店があり，そのうち約半分が預金を引き出し，その額は計15億

---

(27) 兵庫県企画管理部災害対策局（2006）。
(28) 中小企業庁（1995）の推計による。
(29) 銀行局金融年報編集委員会編（1995）による。この計数は，県内の民間金融機関の607店舗の実に75%にあたる。

円に達した)⁽³⁰⁾。

(2) 震災直後の金融措置

　阪神・淡路大震災の発生を受け，大蔵省（近畿財務局，神戸財務事務所）は，災害状況，応急資金の需要を勘案し，日本銀行神戸支店と連携しつつ被災者への便宜を考慮した適時適切な措置を講ずるよう，金融機関に対して要請を行った（1995年1月17日付）。

　これを受けて，各民間金融機関では，緊急時の措置として預金，貸出等に関する各種の対応（図表4-4）を実施している。

図表4-4　民間金融機関における震災対応

①預金関連	・預金通帳，印鑑，キャッシュカードを失った場合でも，本人確認のうえ払い戻す
②貸出関係	・低利融資制度により，被災者に対する生活資金，住宅資金事業資金の円滑な供給に努める ・既応貸出の返済条件の緩和等の相談に積極的に応ずる
③相談窓口	・業界団体（銀行協会）において共同の相談窓口を設けるほか，個別金融機関でも対応する
④その他	・不渡手形の取扱いについては，支払銀行が震災原因と認めた場合，手形交換所は不渡報告，取引停止処分を猶予し，関係銀行において話し合いのうえ善処する特別措置を講ずる ・支払呈示期間を経過した手形であっても，手形交換に持ち込むことができる特別措置を講ずる

（出所：銀行局金融年報編集委員会編（1995）を基に筆者作成）

(3) 復旧・復興関連の金融関連措置

　震災発生直後の混乱が時間の経過とともに沈静化していくなかで，県内の各主体等による復旧・復興関連のさまざまな取組が進められていった。その概要は，図表4-5のとおりである。

　このほか，日本銀行は，1995（平成7）年7月11日に被災地金融機関を対象

---

(30) 日本銀行神戸支店（n.d.）による。

として最大5,000億円の「阪神・淡路大震災復興支援貸出」を実施することを発表した。

図表4-5　各主体における金融関連措置

主体	支援の内容
兵庫県	・緊急災害復興資金の融資 ・緊急特別資金の融資
市 （神戸市，芦屋市，西宮市，宝塚市，伊丹市，尼崎市，川西市，姫路市，加古川市）	・災害復旧のための資金の融資 ・上記融資に関する利子補給，保証料の一部負担 ・既借入金返済猶予・償還期間延長
国，県，市 （兵庫県信用保証協会関連の支援）	・保証債務引受のベースとなる基本財産の造成（県，市，町，金融機関からの拠出） ・信用保証促進のための預託金の貸付（国，県，神戸市） ・信用保証協会の代位弁済のうち信用保険制度でカバーされない部分の損失補填（県，市）
政府系金融機関 （国民金融公庫，中小企業金融公庫，環境衛生金融公庫，商工中金）	・中小企業災害復旧資金貸付制度の拡充（利率引下げ，限度額引上げ，貸付期間延長） ・既往債務の負担軽減
兵庫県信用保証協会	・返済猶予 ・保証料率の軽減
中小企業信用保険公庫	・信用保証協会の債務保証の充実・保険限度額拡大

（出所：古田永夫, 地主敏樹（2011）を基に筆者作成）

第3節　兵庫県内の金融機関の動向

3-1　兵庫県内の金融機関の合併・転換

　この時期に行われた兵庫県関連の金融機関の再編状況は，図表4-6のとおりである。再編の多くは信用金庫・信用組合の合併であるが，1989（平成元）年2月には相互銀行が一斉に普銀転換したことから，県内の相互銀行であった兵庫相互銀行は兵庫銀行に，阪神相互銀行は阪神銀行となっている。また大手

銀行関連では，1990（平成2）年に太陽神戸銀行が三井銀行と合併し，太陽神戸三井銀行となっている。以下では，この時期，再編を経た県内の金融機関の具体的例として，太陽神戸銀行と尼崎信用金庫を取り上げ，やや詳しく見ていくこととする。

図表4-6　兵庫県関連の金融機関の再編（1974年～1995年）

年　月	再編前金融機関	再編後金融機関
1974年4月	尼崎信用金庫・浪速信用金庫（合併）	尼崎浪速信用金庫 （1989年，尼崎信用金庫に改称）
同	はりま信用金庫・神和信用金庫（合併）	兵庫信用金庫
1975年4月	明石信用金庫・神港信用金庫・三木信用金庫（合併）	日新信用金庫
1982年4月	神戸中央信用組合・青果信用組合（合併）	みなと信用組合
1986年10月	但馬信用金庫・八鹿信用金庫（合併）	但馬信用金庫
1989年2月	兵庫相互銀行（普銀転換）	兵庫銀行
同	阪神相互銀行（普銀転換）	阪神銀行
1990年4月	太陽神戸銀行・三井銀行（合併）	太陽神戸三井銀行 （1992年，さくら銀行に改称）
1991年10月	富士信用組合・みなと信用組合（合併）	富士信用組合
1994年7月	関西信用金庫・西宮信用金庫（合併）	関西西宮信用金庫

（出所：木下純男編（2010）を基に筆者作成）

（1）太陽神戸銀行

　現時点（2021（令和3）年）では，神戸地域を本拠地とする都市銀行は存在しないが，1970年代には神戸市中央区に本店を置く都市銀行として太陽神戸銀行があったことを忘れるわけにはいかない。太陽神戸銀行は，もともと兵庫県内の七銀行の合併[31]によって1936（昭和11）年に設立された神戸銀行（本

---

(31)　当時の監督官庁である大蔵省の一県一行主義に基づく指導の下，県下の神戸岡崎銀行，五十六銀行，三十八銀行，高砂銀行，灘商業銀行，西宮銀行および姫路銀行が合併した。

店：神戸市）と，東京都内の日本相互銀行が1968（昭和43）年に普通銀行に
転換し改称のうえ誕生した太陽銀行（本店：東京都）が合併し，1973（昭和
48）年10月1日に本店を神戸市に置いて誕生した都市銀行である。

　二行の合併を報じた新聞記事[32]によれば，記者会見において神戸銀行の石
野信一頭取（当時）および太陽銀行の河野一之頭取（同）は，この合併の目的
として，①資金量増大により銀行経営の効率化を図る，②関西（神戸銀行）と
関東（太陽銀行）での店舗・取引先の重複が少なく補完が可能，③コンピュー
タの二重投資が避けられる，等を挙げている。合併当時，太陽神戸銀行は，資
本金490億円，預金量3兆4,092億円，店舗数305店（うち海外3店）であり，
当時の都市銀行の中での預金額の順位は東海銀行に次ぐ第7位と，都銀中位行
という位置づけであった[33]。

　当時，太陽神戸銀行は，大企業から個人まで幅広い取引先を持ち，特に中小
企業に強い銀行だとみなされていた。しかし，1989（平成元）年8月29日に
同行は，同じく都銀中位行であった三井銀行（本店：東京都）との合併を発表
する。当日の記者会見において，太陽神戸銀行の松下康雄頭取と三井銀行の末
松謙一社長は，合併の利点として，①東西でバランスのとれた日本最大の店舗
網，②証券，国際など新分野に向けた人材配置，③店舗・コンピュータなどの
重複投資を避けた経営体質強化，を挙げている。また，この合併は，当時導入
されつつあったBISの自己資本比率規制に対応するためでもあったとも指摘さ
れている[34]。

　両行の合併は，1990（平成2）年4月1日に実施され，新たに太陽神戸三井
銀行が発足した。合併前（1989（平成元）年3月末）の両行の業容を単純に合
算したベースでみると，太陽神戸三井銀行の預金量は約37兆円と，当時の都
銀トップの第一勧業銀行に次ぐ第2位であったが，貸出金では約31兆円，店
舗数では591店（第一勧業銀行は約370店）と，いずれも都市銀行で最大の規

---

(32) 朝日新聞1973年2月14日，9面による。
(33) 朝日新聞1973年10月2日，8面による。
(34) 朝日新聞1989年8月29日夕刊，1面による。

模となっている（図表4-7）。太陽神戸三井銀行では，本店や本部機能の大半が東京都内に移転され，神戸は全国の営業拠点の中のひとつという扱いとなった。1989（平成元）年3月末時点での太陽神戸銀行の兵庫県内の拠点数は，本店営業部のほか114店舗であり，実に同行の営業店全体の約三分の一を占めていたが，合併後は，その割合が四分の一以下にまで減少し，太陽神戸三井銀行と兵庫県との関わりは希薄化したかのようにも見える。しかしその一方で，同行は兵庫県内に本店を置いていないにもかかわらず，兵庫県に加えて，神戸市をはじめとする兵庫県内の23市町の指定金融機関としての業務を継続しており[35]，兵庫県地域と強いつながりを維持した稀有な都市銀行だともいえる[36]。

図表4-7　三井銀行，太陽神戸銀行および合併行の規模（1989年3月末ベース）

	三井銀行	太陽神戸銀行	太陽神戸三井銀行
預金	197,052億円（7位）	171,863億円（8位）	（2位）
貸出金	162,692億円（6位）	150,976億円（8位）	（1位）
国内店舗数	228店（9位）	363店（3位）	（1位）
従業員数	10,256人（8位）	12,931人（6位）	（1位）

※括弧内は都市銀行13行中の順位。
（出所：朝日新聞1989年8月29日夕刊を基に筆者作成）

（2）尼崎信用金庫

　1970年代，県内の主要な信用金庫としては，尼崎信用金庫・播州信用金庫・神戸信用金庫・淡路信用金庫・兵庫信用金庫・但馬信用金庫・姫路信用金庫などがあったが，その中でも県内最大の信用金庫であり，関西地域においても有力な地位にあった尼崎信用金庫に触れておこう[37]。

　尼崎信用金庫は1921（大正10）年6月，有限責任尼崎信用組合として創業

（35）地方金融史研究会（2003）p.283による。
（36）太陽神戸三井銀行（さくら銀行）は，さらにその後の1990年に都市銀行である住友銀行と合併して三井住友銀行となるが，現時点（2021年）では，この三井住友銀行が兵庫県および神戸市の指定金融機関となっている。
（37）以下は，尼崎信用金庫ウェブサイト「沿革・歩み」による。

し，1951（昭和26）年，信用金庫法の制定に伴い信用金庫に転換し，尼崎信用金庫に改称する。同金庫は1965（昭和40）年に第一貯蓄信用金庫を吸収合併し，1974（昭和49）年には浪速信用金庫と合併して尼崎浪速信用金庫と名称を変えた。これにより，その営業地区を大阪府下の南部地域に拡大することが可能となった。

尼崎浪速信用金庫は，業際規制の自由化にも積極的に対応していく。1977（昭和52）年10月には外貨両替商業務の取扱を開始し，1982（昭和57）年には信用金庫初の外国為替公認銀行として外国為替業務を開始した。さらに1983（昭和58）年には国債の窓口販売業務を，1988（昭和63）年には公共債のフルディーリング業務を開始している。1984（昭和59）年には，信金業界で初めて外国為替業務の総合オンラインシステムを稼働させ，1987（昭和62）年には神戸地域の関連中小企業で行われる為替決済を扱うべく外国為替コルレス業務の取扱を開始した。

1989（平成元）年には，商号をかつての尼崎信用金庫に戻し，近隣諸市への営業網拡大によりその資金量を拡大させていく。1960（昭和35）年には100億円程度，1970（昭和45）年には1,000億円程度であった預金量は，1991（平成3）年には1.5兆円を超える規模にまで拡大した。

その後，1993（平成5）年には信託代理業務を開始し，翌1994（平成6）年には私募債の受託業務も開始している。また，阪神・淡路大震災に際しては，同金庫の取引先も大きな痛手を被ったが，阪神淡路大震災義援金として総額1億円を寄贈し，被災者を対象とする特別融資を実施している。

3-2 業態ごとの預金・貸出のシェアの変化

兵庫県内の金融機関の1974（昭和49）年から1995（平成7）年の間の業態ごとの預金および貸出のシェアの推移を表したものが図表4-8および図表4-9のグラフである。一部業態でデータがない部分もあるが，全体の推移はある程度ここから把握できる。これを見ると，この期間において，各業態における預金および貸出のシェアに大きな変化は見られない。銀行（1987（昭和62）年

図表4-8　兵庫県内の金融機関の預金シェアの推移

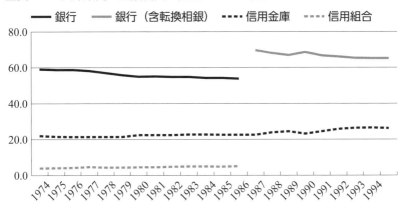

（出所：兵庫県統計協会「兵庫県の統計」に基づき筆者作成）

図表4-9　兵庫県内の金融機関の貸出シェアの推移

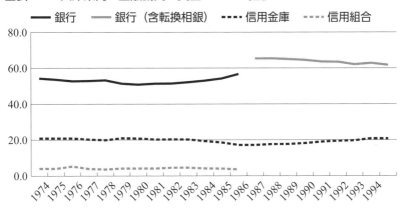

（出所：兵庫県統計協会「兵庫県の統計」に基づき筆者作成）

以降の計数は，普通銀行に転換した相互銀行が含まれるため，それ以前とは連続していない）についていえば，預金，貸出ともに概ね60％前後の水準を保ち，同様に信用金庫は20％程度，信用組合（個別業態の計数としては1986（昭和62）年まで）は5％程度の水準となっている。もう少し細かくみると，

図表4-10　兵庫県内の金融機関の預貸率の推移

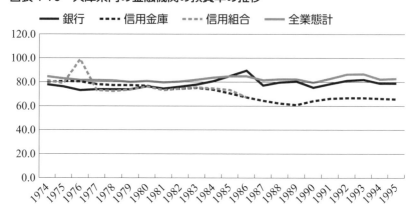

（出所：兵庫県統計協会「兵庫県の統計」に基づき筆者作成）

預金についていえば，銀行のシェアがこの期間全体に渡って徐々に低下しているのに対して，信用金庫のシェアが増加傾向にあることがわかる。

　また，同じベースで県内の金融機関の預貸率の推移を示したグラフが図表4-10である。これをみると，兵庫県内の金融機関の預貸率は，業態に関わらず1970年代から1980年代初頭くらいまでは，ほぼ80％くらいで，ほとんど大きな差はなかったものの，1980年代中盤あたりから少しずつ差が出始め，銀行が80％前後の預貸率を維持する一方で，信用金庫の預貸率は70％を割り込むようになったことがわかる。

3-3　兵庫銀行の破綻とみどり銀行

（1）兵庫銀行の経営破綻

　この時期の兵庫県の金融機関関連の動向のなかでも特記すべき事項としては，戦後初の普通銀行の経営破綻（1995（平成7）年8月）となった兵庫銀行（本店：神戸市中央区）を挙げるべきであろう。

　兵庫銀行は，1989（平成元）年2月に兵庫相互銀行が普通銀行に転換・改称して誕生した，兵庫県神戸市中央区に本店を置く第二地方銀行協会加盟銀行で

あった。さらに遡れば，兵庫相互銀行は，神戸大同無尽株式会社，山陽無尽株式会社，東亜無尽株式会社が1944（昭和19）年6月に三者合併して設立された兵庫無尽株式会社を前身としており，兵庫無尽は，1951（昭和26）年10月に相互銀行に転換して兵庫相互銀行となったという経緯がある[38]。

　兵庫相互銀行は，1970年代には既に業務拡大路線をとっており，1974（昭和49）年に外国為替公認銀行として外国為替業務を開始すると，貿易取引や輸入信用状開設といった分野では地域金融機関でトップクラスに位置づけられるようになった[39]。また，1986（昭和61）年9月末の同行の資金量は約2兆円だったが，翌1987（昭和62）年12月末には資金量が約3兆円にまで拡大し，相互銀行としては最大の規模を誇るに至った。資金運用面でも，同行の1987（昭和62）年3月期の特定金外信託・ファンドトラストの保有額は2,341億円であり，地方銀行および相互銀行のなかでも最高水準となっている[40]。しかし，普通銀行（兵庫銀行）への転換の直後にバブルが崩壊すると，関連するノンバンク各社における不良債権問題が発生・拡大し，兵庫銀行はそれへの対応のために実施した債権償却等によって1992年度決算で大幅な赤字を計上した。その後，同行は，リストラ計画の策定や経営体制の刷新（1992（平成4）年6月，元大蔵省銀行局長の吉田正輝氏が同行頭取に就任）など経営の建て直しに取組んだものの，長引く景気低迷，地価の下落，阪神・淡路大震災の発生[41]等，諸環境の悪化から，主にバブル期の貸出に起因する不良債権の発生や資産内容のさらなる悪化をきたす状態となり，加えて同行の資金繰りも急速に逼迫してきた。このため，同行は1995（平成7）年8月30日，これ以上の営業継続は困難であると判断し，自主再建を断念して大蔵省の指導下で破綻処理を行う旨の

---

(38)　これらの経緯は，全国銀行協会・銀行図書館の「銀行変遷史データベース」に拠る。なお，これとは別に，1895年から1905年にかけて営業していた「兵庫銀行」という同一の商号を持つ金融機関があるが，本文で言及する兵庫銀行とは何ら関係がない。
(39)　地方金融史研究会（2003）p.284による。
(40)　滝川好夫（2000）による。
(41)　大震災により神戸市中央区の兵庫銀行本店建物が倒壊し，同行の店舗網やオンライン網に大規模な被害が発生した。

発表を行った。

　その際に，兵庫銀行が公表した経営破綻処理策の骨子は以下のとおりである。

①関連ノンバンクの法的整理

・兵銀ファクターをはじめとする16社については特別清算とする。

・兵庫クレジットサービスをはじめとする4社については会社整理とする。

②兵庫銀行の清算

・関連ノンバンクの法的整理による損失および銀行の不良債権の処理能力には限界があることから，兵庫銀行の自主再建を断念して清算し，同行の金融機能については，新たに設立される銀行に営業譲渡する。

・営業譲渡までの間は，従来どおり営業を継続するとともに，必要に応じて日本銀行からの資金供給を受ける。

・現経営陣については役員報酬の大幅カットを行うとともに，営業譲渡完了後，速やかに退陣し，退職金の支給も行わない。

・自己資本の全額を取り崩し，不良債権から生じる損失額の処理に充当する。

　兵庫銀行の経営破綻が公表された後，1995（平成7）年12月には同行の臨時株主総会が開催され，営業の譲渡や同行の解散に関する決議が行われている（参考資料として，図表4-11に兵庫銀行の臨時株主総会の招集通知，図表4-12に同行の株券を示す）。同行は，1996（平成8）年1月29日に後述のみどり銀行に営業の全部を譲渡し，同年3月29日に解散した。

図表4-11　兵庫銀行臨時株主総会（平成7年12月）の招集通知

平成7年12月7日

株主各位

神戸市中央区三宮町1丁目1番2号
（本店仮事務所）
神戸市中央区生田町1丁目4番3号

株式会社　兵　庫　銀　行
代表取締役
頭　取　吉　田　正　輝

臨時株主総会招集ご通知

拝啓　平素は格別のご高配を賜り厚くお礼申しあげます。

　さて、当銀行臨時株主総会を下記のとおり開催いたしますから、ご出席くださいますようご通知申しあげます。

　なお、当日おさしつかえの場合は、書面によって議決権を行使することができますので、お手数ながら後記の参考書類をご検討くださいまして、同封の議決権行使書用紙に各議案に対する賛否をご表示いただき、ご押印のうえ、ご返送くださいますようお願い申しあげます。

敬　具

記

1．日　時　平成7年12月22日（金曜日）午前10時
2．場　所　神戸市中央区港島中町6丁目11番地の1
　　　　　　神戸国際展示場2号館1階コンベンションホール
　　　　　　（今回は会場を変更しておりますので、末尾の「株主総会会場ご案内」をご参照のうえ、お間違えのないようご注意願います。）

3．会議の目的事項
　　決議事項
　　　第1号議案　　営業の全部譲渡の件
　　　　　　　　　　議案の要領は、後記の「議決権の行使についての参考書類」に記載のとおりであります。
　　　第2号議案　　当行解散の件
　　　第3号議案　　清算人3名選任の件
　　　第4号議案　　清算人報酬額決定の件

以　上

当日ご出席の際は、お手数ながら同封の議決権行使書用紙を
会場受付にご提出くださいますようお願い申しあげます。

－1－

173

図表4-12　兵庫銀行の株券

(2) みどり銀行

　破綻した兵庫銀行の受け皿銀行として，関係金融機関，地元経済界などの出資により1995（平成7）年10月27日に設立されたのが，みどり銀行（本店：神戸市中央区，第二地方銀行協会加盟銀行）である。みどり銀行は，兵庫銀行の営業を譲り受けて1996（平成8）年1月29日に営業を開始した。

　この営業譲渡に際して，兵庫銀行の回収不能分とされた不良債権8,100億円および決算損失等160億円を埋めるために，自己資本1,525億円の取り崩し，劣後ローン220億円の債権放棄，営業権1,785億円の設定が行われ，さらに預金保険機構が4,730億円の金銭贈与（1996年1月29日付）を実施した。加えて，みどり銀行に対しては，地元企業と関連金融機関が710億円の出資を行うとともに，日本銀行が1,100億円の信用補完（劣後ローン）を実施することで資本金等の下支えを行った（図表4-13）。

　以後，みどり銀行では，震災復興需要に支障が生じないよう，その使命を果たしてきたものの，震災後の地元経済の落ち込みによって債権の劣化が進むなど経営状況の悪化が進行していた。そして大蔵省は1998（平成10）年5月16日に，同行の経営が破綻したことから，阪神銀行（本店：神戸市中央区，第二

図表4-13　兵庫銀行からみどり銀行への営業譲渡時の貸借対照表

（出所：古田永夫・地主敏樹（2011））

地方銀行協会加盟銀行，当時の筆頭株主はさくら銀行（現，三井住友銀行））がみどり銀行を救済合併することで合意に至った旨発表した。1999（平成11）年4月，阪神銀行はみどり銀行を吸収合併し，「みなと銀行」と商号変更することで，その業務を引き継いだ[42]。

第4節　むすび

　本章では，1974（昭和49）年から1995（平成7）年の間の兵庫県における金融の動きを概観してきた。それは，既に触れたように，①高度成長から低成長への移行，②金融自由化の進展，③バブルの発生と崩壊，という3つの事象が相互に関連しつつ進展していく過程でもあり，そのなかで，兵庫県の地域経済や地域金融機関は否応なく影響を受けることになった。簡単にまとめると，まず金融自由化の進展は，金融機関業態間の業務の均質化を推し進めた結果，

（42）このとき，みどり銀行の不良債権（簿価7,575億円）については，整理回収銀行が買い取り，正常債権のみが阪神銀行に引き継がれた。また，阪神銀行に対しては預金保険機構から7,901億円の金銭贈与が行われている（預金保険機構記者発表資料，1999年3月9日付）。

県内の地域金融機関が大手銀行との競争に直面するなど競争環境を厳格化させた。また，バブルの崩壊は阪神・淡路大震災の発生とともに一部の金融機関の経営を直撃し，結果として，バブル期においては第二地方銀行としては最大手だった兵庫銀行の経営破綻をもたらした。これらの影響は，全国的には，その後の「失われた10年」あるいは「失われた20年」とも呼ばれる長期に渡る景気低迷期にも繋がってゆき，また，金融制度に関する規制緩和の流れは，その後の「金融ビッグバン」を目指した金融システム改革へと受け継がれていくことになる。

　一般に，人は自身が経験した事象を特権化して捉える傾向があるが，そうした点を割り引いても，この時期は兵庫県の金融にとって大きな動きのあった時期とみることは可能であろう。本章で対象とした時期は，比較的現在と近く，未だ評価の定まっていない事象が残されていたり，明らかとなっていない事実が埋もれている可能性もあるが，今後は，そうした新しいファクト等に基づいて，より正確かつ詳細な兵庫県の金融の姿が描き出されていくことを期待する。

【参考文献】
池尾和人（2006）『開発主義の暴走と保身：金融システムと平成経済』NTT出版.
岡部光明（1999）『環境変化と日本の金融』日本評論社.
木下純男編（2010）『ニッキン資料年報 2011年版』日本金融通信社.
銀行局金融年報編集委員会編（1995）『銀行局金融年報』金融財政事情研究会.
金融情報システムセンター編（1996）『金融情報システム白書』財経詳報社.
金融制度調査会（1980）「金融制度調査会答申 中小企業金融専門機関等のあり方と制度の改正について」.
金融制度調査会金融制度第一委員会（1989）「金融制度調査会金融制度第一委員会中間報告 協同組織形態の金融機関のあり方について」.
金融制度調査会金融制度第一委員会（1990）「金融制度調査会金融制度第一委員会中間報告 地域金融のあり方について」.
小峰隆夫編（2011）『日本経済の記録―第2次石油危機への対応からバブル崩壊まで（1970年代～1996年）』佐伯印刷.

佐竹隆幸（2014）「戦後日本の産業構造の変遷と経済のグローバル化」『現代中小企業の海外事業展開―グローバル戦略と地域経済の活性化』ミネルヴァ書房，pp.11-34.

杉田浩治（2013）「日本の公社債投信の歴史と現状」日本証券経済研究所『証券経済研究』81，pp.37-47.

鈴木諒一（1977）「オイル・ショックがわが国商業に与えた影響」『三田商学研究』20（5），pp.1-13.

滝川好夫（2000）「兵庫銀行，みどり銀行の経営破綻とみなと銀行の誕生」神戸大学経済経営学会『國民經濟雜誌』181（1），pp.105-120.

地方金融史研究会（2003）『日本地方金融史』日本経済新聞社.

中小企業庁（1995）『1995年（平成7年）版中小企業白書』.

寺西重郎（2003）『日本の経済システム』岩波書店.

内閣府経済社会総合研究所（2010）『日本経済の記録―第2次石油危機への対応からバブル崩壊まで』（「バブル/デフレ期の日本経済と経済政策」第1巻）.

日本銀行神戸支店（n.d.）「阪神・淡路大震災の記録」（2018-8-17検索）<http://www3.boj.or.jp/kobe/shinsai/sinsai.html>.

兵庫県企画管理部災害対策局（2006）「阪神・淡路大震災の被害確定について」（2020-12-25検索）<https://web.pref.hyogo.lg.jp/kk42/pa20_000000015.html>.

古田永夫・地主敏樹（2011）「阪神・淡路大震災の中小企業金融支援策」アジア太平洋研究所地域金融研究会『地域金融研究会報告書―関西地域金融の現状と課題』第7章.

三菱東京UFJ銀行円貨資金証券部（2012）『国債のすべて　その実像と最新ALMによるリスクマネジメント』きんざい.

横倉節夫（1986）『銀行のレクチャー―エレクトロニック・バンキング』中央法規出版.

吉田康志（2019）「安定成長期から金融自由化期の兵庫県の金融―兵庫県金融史の一断片：1974～1995年―」『商大論集』70（2・3），pp.1-20.

第5章

震災復興，
「失われた20年」を越えて

第1節　兵庫県経済を取り巻く環境変化

　1990年代初頭のバブル崩壊以降，日本経済は長期にわたって停滞した。1991（平成3）年から2010（平成22）年までの20年間における日本の名目経済成長率は年率0.5％と，欧米諸国を大きく下回った。また，20年間で有効求人倍率（年平均）が1倍を上回った年は4度にとどまり，若年雇用の喪失や非正規雇用者の増加が続くこととなった。日経平均株価は1989（平成元）年末に3万8,915円87銭の最高値をつけた以降は低迷を続けた。経済的に見れば，まさに「失われた20年」であったといえよう。

　兵庫県ではこの期間に，阪神・淡路大震災という未曾有の災害にも見舞われた。第5章では阪神・淡路大震災を含めて，バブル崩壊以降の「失われた20年」という長期不況下における兵庫県金融と地域経済の動向，この時期の地域企業の資金繰り支援に大きな役割を果たした中小企業信用保証制度の実情について，見ていくこととする。

1-1　「失われた20年」における兵庫県経済

(1) 産業構造の変化と兵庫県経済

　兵庫県経済は，全国有数の重厚長大産業を擁して第二次世界大戦後の日本の経済成長を支えてきた。しかし，1990（平成2）年度～2010（平成22）年度の総生産額（名目ベース）の推移を見ると，兵庫県経済の長期低迷と国内における相対的地位の低下傾向は明らかである（図表5-1）。

　兵庫県経済が長期低迷を余儀なくされてきた一因に，第2節で見る阪神・淡路大震災の影響があったことは否定できない。しかしながら，取り巻く社会経済環境の構造的な変化を背景として，中長期的にも競争環境が厳しさを増すなかで，兵庫県経済の産業構造の転換が遅れてきたことも大きな要因となっている。

　兵庫県の総生産に占める業種別構成比を表したものが図表5-2である。1990（平成2）年度～1994（平成6）年度は製造業の構成比が30.2％と最も大きく，兵庫県経済が重厚長大産業を中心に製造業に大きく依存してきたことがわか

図表5-1　総生産額の推移（1990年度＝100）

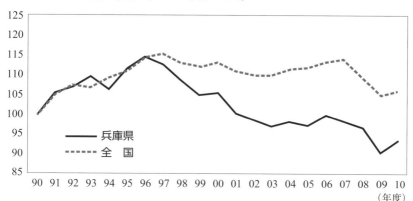

（出所：日本銀行神戸支店（2013）p.1）

図表5-2　兵庫県の総生産に占める業種別構成比（％）

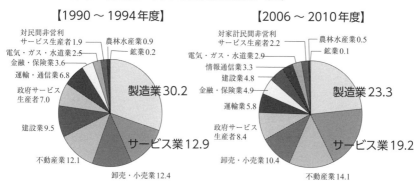

（出所：日本銀行神戸支店（2013）p.8）

る。それが2006（平成18）年度〜2010（平成22）年度においては，23.3％へと低下している。一方，サービス業の構成比を比較して見ると，12.9％から19.2％へと増加しており，兵庫県経済においても少なからずサービス経済化が進展してきたことがうかがえる。

　実際，1990年代に入り，兵庫県を代表する大手製造業では，県内生産活動

の縮小が進み，県内製造業分野の空洞化が進行した。県内製造業の県外への工場移転件数の推移を見ると，1991（平成3）年は44件，1992（平成4）年は30件，1993（平成5）年は20件，1994（平成6）年は16件となっている。阪神・淡路大震災が発生した1995（平成7）年は15件であったが，翌1996（平成8）年は28件，1997（平成9）年は32件と増加に転じた。図表5-3は1990年代半ばにおける主な大手企業の生産拠点の移転の事例である。2000年代に入ると，グローバル規模での競争が熾烈化するなかで，こうした県内製造業の生産移転は国境を越えて加速していくことになった。

図表5-3　大手企業の生産拠点の県外への移転事例（1990年代）

企業名	内容
川崎製鉄 （現：JFEスチール）	水島製鉄所神戸地区（中央区）のカラー鋼板部門を水島製鉄所（岡山県倉敷市）へ生産移管
住友ゴム工業	神戸工場（中央区）からゴルフボール部門を福島県白河市，オートバイ用タイヤを愛知県名古屋市へ生産移管
川崎重工業	神戸工場（中央区）第四船台を坂出工場へ生産移管
日本製粉	神戸工場（兵庫区）を廃止し，全国他工場へ生産移管
東洋ゴム	伊丹工場（伊丹市）を閉鎖し，桑名工場へ生産移管

（出所：各種報道などを参考に作成）

　さらに，大手製造業の工場移転あるいは撤退に伴って，県内では製造ラインの休止や人員の削減などのいわゆる「リストラ」，下請中小企業群との取引関係の見直しなども進められてきた。
　もっとも総生産に占める製造業の業種別構成比を見ると，2006（平成18）年度～2010（平成22）年度の全国平均値19％と比較しても，依然として製造業が兵庫県経済を牽引している存在であることに変わりはない。しかしながら日本の製造業全体の国際競争力が低下していくなかで，こうした製造業への依存度の高さは，かつてのような付加価値の高さに直結しなくなっている。兵庫県の工業統計調査を見ても，付加価値率は，1995年以降，長期低下傾向を示している。構造的な事業環境の変化を受けて，製造業においても，高付加価値

分野への質的転換がより求められるようになっており，県内企業の経営面での困難性が従来にもまして高まってきたことが，兵庫県経済の低迷が長期化してきた大きな要因となっている。

(2) 購買力の低下と域外への消費流出

　「失われた20年」のもう1つの側面として，消費者の購買行動の変化と県内卸売・小売業の不振も指摘できる。経済産業省「商業統計」によって，県内における年間商品販売額の推移を1991（平成3）年〜2012（平成24）年について見ると，1991（平成3）年の18.1兆円をピークに減少に転じ，2012（平成24）年には13.1兆円にまで落ち込んでいる（図表5-4）。図表5-2を見ても，1990（平成2）年度〜1994（平成6）年度には12.4％であった卸売・小売業の総生産に占める構成比は，2006（平成18）年度〜2010（平成22）年度には10.4％へと低下しており，販売金額だけでなく事業所数も減少している。

図表5-4　兵庫県内における年間商品販売額の推移

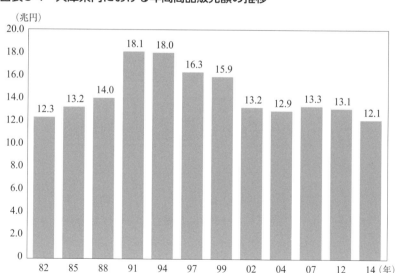

（出所：日本政策投資銀行関西支店・東北支店（2011）p.7）

183

この要因として，阪神・淡路大震災による二重ローン問題や可処分所得の落ち込みなどによる購買力の低下，あるいはネット販売の爆発的な拡大などが考えられる。これに加えて，阪神間を中心として，県内の消費者が大阪などの域外で買い物をする傾向が強くなっていることも大きな要因となっている。

1-2　「失われた20年」における兵庫県金融の動向

　兵庫県の金融機関における1992（平成4）年度から2012（平成24）年度の貸出額推移を見たものが図表5-5である。阪神・淡路大震災から2年後の1997（平成9）年度末の18.9兆円をピークとして，長期低下傾向を続けている。また，業態別では，全国平均と比較しても，貸出金シェアをはじめとする信用金庫の高い存在感が，兵庫県金融の大きな特徴となっている。

　こうした県内における信用金庫の存在感の大きさの背景には，南は瀬戸内海，北は日本海に面し，多様な特性を持つ地域が群立することから「日本の縮図」とも言われる兵庫県の特性を指摘することができる。もともと歴史的にも，兵庫県は，但馬・丹波・摂津・播磨・淡路の五国（地域）から構成され，各々が特色ある地域社会文化圏，経済圏を形成してきたことから，金融面でも地域を存立基盤とする独自の地域金融機関が育ってきた。こうした動きについては第3章でも見たとおりである。

　兵庫県内の金融機関の店舗数の推移を見ると，ピークであった1993（平成5）年度末1,190店から，2012（平成24）年度末には939店となり，20年余りの間に251店もの店舗が閉鎖されている。県内金融機関の経営破綻も相次いだ。まず，阪神・淡路大震災直後の1995（平成7）年3月に兵庫銀行が経営破綻した。兵庫銀行に関しては第4章で詳述したとおりである。ここでは兵庫銀行以外の主な県内金融機関の破綻事例について見ておこう。1999（平成11）年10月には，香住町（現　香美町）に本店を置く北兵庫信用組合が経営破綻した。北兵庫信用組合は，地域経済の疲弊によって余資運用に力を入れていたが，いわゆる「プリンストン債」投資に失敗して，破綻に至った。プリンストン債事件は，1999（平成11）年に発覚した巨額金融詐欺事件で，日本企業に莫大な

図表5-5　兵庫県の金融機関別貸出金額の推移

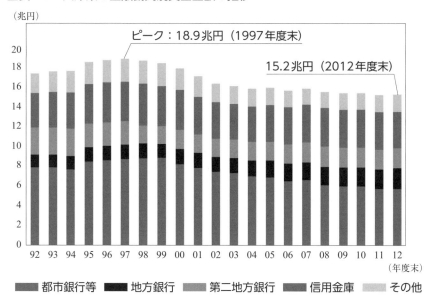

（出所：日本銀行神戸支店（2013）p.10）

損失を発生させた。北兵庫信用組合はその後，2000（平成12）年末に，みなと銀行に事業譲渡されることになった。

　2001（平成13）年11月には，神戸市に本店を置く関西西宮信用金庫が経営破綻した。関西西宮信用金庫は，1994（平成6）年に関西信用金庫が西宮信用金庫を救済合併する形で発足した。阪神・淡路大震災で被害を受けた融資先の業績が景気低迷の長期化で回復せず，融資先の倒産が相次いだため，多額の焦げ付きが発生し，経営が悪化した。神戸・西宮の両市を中心に32店舗を擁し，2001（平成13）年3月末時点での預金額は3,059億7,400万円，貸出金は2,179億8,700万円を有していた。破綻後も営業を継続し，不良債権を整理回収機構に移したうえで，尼崎・神戸・兵庫・姫路の県内の4つの信用金庫が事業を受け継ぐことになった。

　2002（平成14）年1月には，同じく神戸市に本店を置く神栄信用金庫が経

営破綻した。神栄信用金庫は，神戸の南京町でビジネスを営む台湾出身の中国人を主な営業基盤とする金融機関であった。店舗は2店で，破綻前年の2001（平成13）年3月期の預金量は328億円であった。破綻後も営業は継続し，明石市に本店を置く日新信用金庫に事業が譲渡されることになった。

　こうした金融機関の経営破綻などを受けて，兵庫県内に本店を置く金融機関は，1992（平成4）年度末時点の，地方銀行1行，第二地方銀行2行，信用金庫14金庫，信用組合15組合から，2012（平成24）年度末時点には，地方銀行1行，第二地方銀行1行，信用金庫11金庫，信用組合6組合となった。バブル崩壊に伴う不良債権の増加に伴い，県内トップ地方銀行であった兵庫銀行が経営破綻，職域等の経営体力の乏しい小規模な信用組合の整理淘汰も進んだ。一方で，県内において存在感の大きい信用金庫について見れば，3信金（関西，西宮，神栄）の破綻が見られたものの，それ以外では合併などの動きは見られず，各金庫では単独での生き残りを目指して，営業エリアの拡大や新規取引先への営業強化等によって，経営体力の強化を図る動きが強まった。

第2節　阪神・淡路大震災と地域金融

2-1　阪神・淡路大震災の発生

　1995（平成7）年1月17日午前5時46分，淡路島北端部の海底16キロを震源とするマグニチュード7.3の巨大地震が発生した。淡路島の西部を走る野島断層が大きな破断を起こしたことが，この巨大地震の引き金となった。震源からの衝撃波は，明石海峡を渡って神戸市の西部から東部へ，さらに大阪府との県境まで達した。これによって神戸市街地直下をほぼ東西に貫く断層が一気に破壊され，最大震度7を記録した。阪神・淡路大震災の発生である。

　兵庫県の調べによれば（2006年5月確定），兵庫県内の死者数は6,402人（阪神・淡路大震災での死者の総数は6,434人），負傷者数は40,092人に上った。被害を受けた住宅は約53.8万棟，うち全壊・半壊が約24万棟である。地震の発

図表5-6　震度7を記録した地域

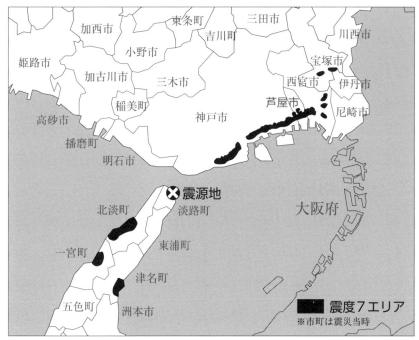

※地震発生直後に気象庁地震観測班が現地の被害を調査した結果，震度7だったことが判明
　した地域（神戸市須磨区鷹取・長田区大橋・兵庫区大開・中央区三宮・灘区六甲道・東灘
　区住吉，芦屋市芦屋駅付近，西宮市夙川など，宝塚市の一部，淡路島北部の北淡町・一宮
　町・津名町の一部）
（出所：神戸新聞NEXT「データで見る阪神・淡路大震災」より作成）

生とともに火災も同時多発的に発生し，焼損失棟数も7,534棟に上った。なか
でも，神戸市長田区における焼失面積が最も大きく，ほかに兵庫区・灘区・東
灘区・中央区・須磨区などで多くの建物が焼失した。
　阪神・淡路大震災の被災地は県内最大の産業集積地と重なり，多くのインフ
ラ施設や事業所が壊滅的な被害を被った。兵庫県の推計によれば，被害総額は
約9.9兆円にも達した（1995年4月推計）。
　神戸港は，全国港湾のなかで輸出入シェアのほぼ1割を占めていたが，被災

187

によりコンテナバースや岸壁の大半が使用できなくなり，海上物流機能が一時完全にマヒした。神戸製鋼所では，神戸製鉄所の高炉が破損し，一時は事業存続さえ危ぶまれる事態となった[1] ほか，川崎製鉄（当時）神戸工場も生産設備に大きな被害を受けた。住友ゴム工業神戸工場は半倒壊し，川崎重工業神戸工場も大きな被害を受けた。こうした設備被害のほか，一般機械や電気機械分野の製造業では，神戸港の機能停止で輸出がストップした。小売店舗の被害も大きく，神戸市・芦屋市・西宮市などの多くの商店街・小売市場で店舗の倒壊・損壊が相次ぎ，甚大な被害を被った。

2-2　阪神・淡路大震災の地域経済への影響

　阪神・淡路大震災による甚大な被害は，兵庫県経済にかつてない試練を与えるものとなった。阪神・淡路大震災が地域経済に与えた影響については，これまで多くの調査研究が行われており，詳細はそれに譲ること[2] として，ここではマクロ経済・地場産業・被災によって大きな影響を受けた港湾・金融動向について，簡単に見ておこう。

(1)　国内総生産に占める兵庫県経済の位置づけへの影響

　国内総生産（実質GDP）に占める兵庫県経済（実質GRP）のウェイトを，阪神・淡路大震災前年（1994年）と阪神・淡路大震災から5年後（2000年）で，産業別に比較したものが図表5-7である。建設業のみ復興需要のためにウェイトが上昇したが，他の産業においてはすべて大震災後にウェイトを下げており，総じて阪神・淡路大震災を契機として兵庫県経済が低迷し，国内経済にお

---

(1)　高炉は鉄鉱石を熱処理して，鉄を取り出すための炉であり，製鉄所のシンボル的な存在である。火が消えて内部にある原料が冷え固まってしまうと，高炉は二度と鉄を産み出すことはできない。被災した神鋼神戸製鉄所では，不眠不休の作業によって被災から2カ月半後の4月初め，高炉にふたたび火が入り，操業が再開された。なお，神戸製鉄所の高炉は，国際競争力の低下や老朽化などを理由に，2017年に休止を余儀なくされることになった。
(2)　詳細は兵庫県復興10年委員会（2005）等を参照のこと。

図表5-7 全国の実質GDPに占める兵庫県の実質GRPのウェイト

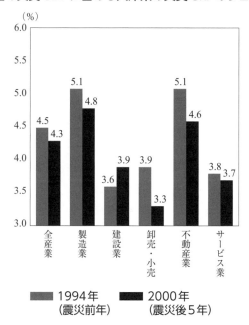

凡例:
■ 1994年（震災前年）　■ 2000年（震災後5年）

（出所：日本政策投資銀行関西支店・東北支店（2011）p.3）

ける存在感が低下したことを裏づけている。とくに卸売・小売のウェイトの低下は顕著であり，阪神・淡路大震災後の人口減少に加え，消費者の可処分所得の減少や消費の域外流出などがその要因になったと考えられる。

(2) 地場産業への影響

　阪神・淡路大震災が県内の地場産業に与えた影響も甚大であった。神戸を代表する地場産業の1つが，主に長田区で生産されるケミカルシューズである。阪神・淡路大震災では，ケミカルシューズ関連企業の約9割が全半壊あるいは火災による焼失といった壊滅的な打撃を被った。ケミカルシューズの生産金額と企業数の推移を示したものが図表5-8である。阪神・淡路大震災後，徐々に生産金額が回復するも，2000（平成12）年を境に減少に転じ，現在では阪神・

淡路大震災直後並みになっている。また，日本ケミカルシューズ工業組合の組合員数も阪神・淡路大震災以降は減少を続けている。

「灘五郷」として知られ日本有数の酒どころである神戸市灘区から西宮市に至る地域も，甚大な被害を被った。清酒の全国出荷量の3割を誇っており，阪神・淡路大震災前は，古い木造の蔵が建ち並んで独特の歴史的・文化的景観を形成していた。しかし阪神・淡路大震災によって大手・中小とも木造の工場や蔵がほぼ全壊し，このような景観は一瞬にして消滅してしまった。とりわけ中小メーカーの被害は甚大であった。

図表5-8　ケミカルシューズ生産金額と企業数推移

年次	生産数量（万足）	生産金額（百万円）	組合員数	従業員数
1982	4,563	73,986	250	6,815
1984	4,749	76,987	248	6,876
1986	4,402	72,767	240	6,769
1988	4,382	74,813	239	6,739
1990	4,475	86,588	241	6,739
1992	3,435	71,495	236	6,709
1994	3,131	65,987	226	6,444
1996	1,626	36,535	204	3,621
1998	1,851	45,878	192	3,778
2000	2,096	52,232	177	3,689
2002	2,020	51,263	155	3,431
2004	1,932	50,042	137	3,200
2006	1,906	50,010	126	3,210
2008	1,786	46,980	112	3,020
2010	1,586	40,586	95	2,831
2012	1,535	39,579	91	2,640
2014	1,499	39,197	89	2,639
2016	1,419	36,712	89	2,625

注：数字は工業組合加盟企業の生産金額，企業数であり，神戸地区以外も含む。
（出所：日本ケミカルシューズ工業組合ホームページより作成）

(3) 港湾への影響

　神戸港は明治維新の激動期に開港し，阪神工業地帯の輸出入を担う港とし
て，あるいは中継貿易のハブ港としての役割を担いながら発展してきた。阪
神・淡路大震災前の1990（平成2）年時点では，コンテナ取扱量で世界の港湾
の第5位にランキングされていた。

　神戸港は阪神・淡路大震災によって甚大な被害を受けたが，迅速な応急工事
により2カ月後の1995（平成7）年3月にはコンテナ荷役を再開した。しかし，
図表5-9からもわかるように，中継貿易の指標であるトランシップ貨物量は減
少の一途をたどることになった。トランシップとは，積荷港から輸出された貨
物を途中の港で別の船に積み替えることを指し，この量が多いほどハブ港とし
ての機能を発揮していることになる。図中のトランシップ比率は，国際海上コ

図5-9　神戸港のトランシップ貨物数量とトランシップ比率の推移

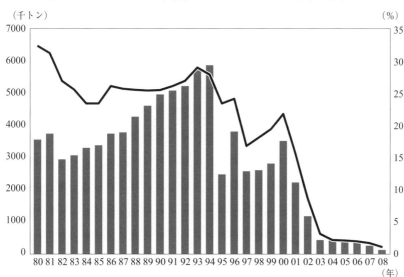

（出所：関西社会経済研究所（2011）p.42）

ンテナ全取扱量に占める海外発着海上コンテナの比率を表しており，神戸港の
国際競争力の低下を象徴的に示すものとなっている。

(4) 県内金融機関の預金・貸出金残高の推移

　兵庫県内の金融機関における預金・貸出金残高の推移を示したのが図表
5-10である。預金残高は阪神・淡路大震災によって生じた保険金や各種手当の
受入等もあったことから堅調に増加した。一方，貸出金残高は1995（平成7）
年から1998（平成10）年までは，復旧・復興資金に関する各種融資制度の拡
充などにより増加したものの，それ以降は減少に転じている。1990年代末に
は金融危機の下での金融引締の影響があったこともうかがえるが，金融緩和に
転じた後の推移は，全国同様に企業側の資金需要の低迷が続いているところが

図5-10　兵庫県内金融機関の預金・貸出金残高の推移

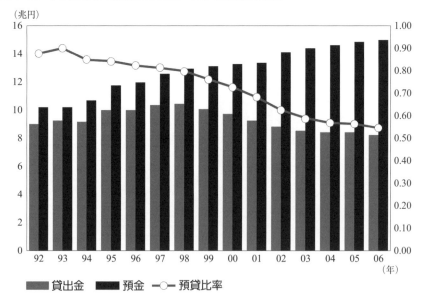

注：1999年の数値は非公表となっているため，線形補完した数値。
（出所：日本政策投資銀行関西支店・東北支店（2011）p.13）

192

大きいと考えられる。

2-3 阪神・淡路大震災発生時の日本銀行と民間金融機関の対応

大災害が発生したあとには，電気・ガス・水道などの社会インフラのすみやかな復旧が急務となるが，加えて金融システムの復旧も欠かすことができない。復興に向けた資金供給も不可欠である。ここでは，阪神・淡路大震災からの復興を支えた金融面の取組について見ていく。

現金供給や決済システムの維持・復旧は，中央銀行である日本銀行（日銀）の重要な責務であるが，阪神・淡路大震災の発生当日も，日銀神戸支店は通常営業を行った。日銀が余震の続くなかで対応したのが，「現金供給体制の確立」，「決済システムの機能維持」，「被災地金融の円滑化」の3点であった。まず，金融機関に対しては，「金融特例措置」として，証書や通帳をなくした場合でも預金の払戻に応じ，印鑑は母印でも可，期限前の定期預金も払戻に応じることなどを要請した。

損傷した銀行券・貨幣の引換も重要な仕事であった。銀行券の引換基準は法令によって決められている。要約すれば，「表裏があって券面の3分の2以上の面積があれば全額」，「同様に5分の2以上の面積があれば半額」などとなっている。焼損したものには，蒸し焼き状態で炭化したものや火が入って灰化したものが含まれ，金種や枚数を調べて金額を確定する作業の過程でも，原形が壊れやすく復元も難しい。日銀神戸支店ではこうした取組が粛々と進められた。

また，兵庫県内の金融機関の店舗で翌18日に開店できたのは半数程度しかなかった。地元金融機関であれば支店間の相互援助も可能であるが，支店数の少ない都市銀行や長期信用銀行などでは難しい。そこで日銀が，神戸支店を開放し，2階の営業カウンターなどを24の金融機関に割り振ることで，20日から各金融機関の業務再開が可能となった。緊急避難措置だったためこれは2月3日で終了したが，約2週間で3,000人近くが来店し，15億円の預金を引き出した。日銀の支店開放は，原子爆弾で壊滅的な被害を受けた広島支店以来だっ

たという[3]。

　一方，地元金融機関は阪神・淡路大震災にどう対応したのだろうか。たとえ日銀が機能していても，市中の民間金融機関が稼働していなければ，資金が地域に循環しない。阪神・淡路大震災当日の朝，神戸市中央区にあるさくら銀行（現 三井住友銀行）関西本部では，天井が落ち，スプリンクラーが作動したため，水浸しの状態であった。そこに，「三宮・三宮南口・甲南などの5つの店舗が全壊した」という報告が入った。しかし，窓口に預金者が殺到してパニックになることだけは避けなければならない。関西本部の責任者は「お客さまに安心していただくために，できるだけ店を開けよう」と檄を飛ばし，1月23日には仮営業所での対応を含めて，県内にあるさくら銀行の全店が営業再開にこぎつけたという。

　同じく神戸市中央区にある兵庫銀行（現みなと銀行）本店では，ビルが損壊したため，およそ400メートル離れた場所にある事務センターに対策本部を設けた。被災した店舗は45を数えたが，非常時であることから，頭取は50万円を上限に支店長権限で払戻に応じるように命じたという。ホストコンピュータの回線も被害を受け，全店舗のCD（現金自動支払機）やATMが使用不能になってしまった。オンラインシステムは3日間にわたって停止し，行員の手作業によるオフライン対応を余儀なくされたという[4]。

　なお，阪神・淡路大震災によって神戸手形交換所が機能不全に陥ったが，1月24日にさくら銀行栄町支店で手形交換を再開し，地震関連不渡手形については猶予措置がとられ，8月2日まで続けられた。

---

(3)　日銀神戸支店の取組に関する記述は，日銀神戸支店HP「阪神・淡路大震災随想録」による。（http://www3.boj.or.jp/kobe/shinsai/zuisouroku/zuisouroku.html）
(4)　さくら銀行，兵庫銀行に関する記述は，『神戸新聞』2003年1月17日（朝刊）による。（https://www.kobe-np.co.jp/rentoku/sinsai/08/rensai/200301/0005588600.sht-ml）

2-4　震災特別保証による被災中小企業支援

　阪神・淡路大震災の発生後，被災した中小企業向けに創設されたのが自治体などによる「災害復旧融資」と信用保証協会による「災害復旧融資関係保証（震災特別保証）」であった。被災中小企業の支援と地域復興を最優先に掲げ，阪神・淡路大震災直後の限られた時間のなかで早期実施を目指し，議論を重ねて生み出された異例の融資と保証制度であった。被災企業の負担を軽減するために，元金返済据置期間3年を含めて最長で10年の長期融資と保証を行うもので，利子補給や保証料の負担軽減なども実施された。

　兵庫県信用保証協会（2009）によると，阪神・淡路大震災の被害規模が甚大であり，当初は兵庫県信用保証協会（以下「県保証協会」）の内部でも，十分に対応できるかという懸念があったという[5]。まず，急増が予想される被災中小企業の資金調達を支えるための保証需要に応えんとする県保証協会の前に立ち塞がったのが「基本財産の壁」であった。さらに，保証後に大量に発生することが見込まれた代位弁済の負担にどのように取組んでいくのかも課題であった。

　信用保証協会の基本財産は企業の資本金に当たるものである。県保証協会の場合は，兵庫県や神戸市などの地方自治体，さらに各種金融機関からの出資によって基本財産が形成されており，保証の裏付となる担保機能を持っている。保証債務残高最高限度は，定款では基本財産の60倍（基本財産倍率）と規定されているが，健全性の観点から，一般的に42倍程度が適正水準だとされてきた。

　ところが，県保証協会は1994（平成6）年12月末現在の基本財産243億円に対して，すでに1兆円を超える保証債務残高を抱えていた。阪神・淡路大震災によって保証債務残高の急増が見込まれるなかで，このままでは基本財産倍率が60倍を超える事態が避けられない状況であり，基本財産の増強が急務となった[6]。このため，県保証協会では基本財産の増強をはじめとする財政支援

---

(5)　兵庫県信用保証協会（2009）p.154による。
(6)　県保証協会では，兵庫県だけの特例として55倍の基本財産倍率になることも当面やむを得ないとして，「基本財産造成計画」を策定した。総額60億円の基金を拠出し

緊急要望書

兵庫県南部地震に係る緊急要望

　平成7年1月17日の兵庫県南部地震は，多数の死傷者はじめ，多くの家屋やビルの倒壊，鉄道・高速道路等損壊のほか，電気，都市ガス，上下水道等の寸断など，県下に甚大な被害をもたらしました。

　中小企業の多くも，また，多大の打撃を受けることとなりましたが，その中で国をはじめ兵庫県および各市の災害復旧・復興資金制度の実施に伴い事業再開に向けて，資金調達への動きがこのところ漸次出てきつつあります。

　当協会といたしましては，本所事務所が使用不能となるなどの悪条件の中ではありますが，被災中小企業の復旧・復興資金調達の円滑化を図るため積極的に保証を行うなど，懸命の努力をいたしていく所存であります。

　しかし，そのためには，特に，下記の課題に緊急に配慮しなければならないと考えますので，何卒特段のご高配を賜りますようお願い申し上げます。

　平成7年2月

兵庫県信用保証協会

理事長　吉田　久

1. 既保証分にかかる特例措置

　このたびの兵庫県南部地震は県内の中小企業にも店舗，工場の損壊等，多大の被害をもたらした。特に激甚災害地（災害救助法適用地区のうち特に被害が大きかった地域）の保証債務残高は3,214億円あり，総保証残高の30%を占め，その他の被災地（災害救助法適用地区のうち被害が比較的少なかった地域）を含めると，総保証残高の55%を占めている。現在，激甚災害地で約50%の企業が事業再開が困難との情報もあり，今後倒産が多発し，比較的早期に多額の代位弁済の発生が予想されるため，下記の事項について特段のご措置を講じられたい。

記

　計画代位弁済に対する金融機関への指導をされたい。
　支払利息の一部免除に対する金融機関への指導をされたい。
　被災企業の代位弁済に対する保険公庫填補率90%に引き上げられたい。
　回収納付金の納付期限を延長されたい。
　回収納付率の引き下げをされたい。

2. 災害復旧・復興緊急融資にかかる特例措置

　既に兵庫県をはじめ各市において，災害復旧緊急融資制度（目標額4,200億円）が実施され，借入条件も有利に設定されており，また，政府系金融機関及び民間金

融機関においても復旧・復興資金融資についての取扱がなされており，目標総額1兆300億円が見込まれていることから保証利用は急増するものと考えている。

　しかしながら，当協会における平成6年12月末日現在，基本財産は243億円であり，また，保証債務残高は約1兆750億円に達している現状から，この状態で推移すると定款で定められている基本財産倍率60倍を超える事態を招きかねず，早急に基本財産を大幅に増強する必要に迫られている。

　また，保証を利用する中小企業者の中には震災により以前に比し営業状態が脆弱化しており信用力，担保力も低下していることを考えると代位弁済に至る率が高くなることが懸念されている。従って，将来，協会の負担を増加せしめる要因となることからこれを軽減する必要があるため下記の事項について特段のご措置を講じられたい。

記

　基金補助金を大幅に増強されたい。

　信用保険料をすべて災害関係特例保証保険の特別小口保険の保険料率とされたい。

　信用保険填補率をすべて90％に引き上げられたい。

　信用保険料の納付期限の延長をされたい。

3. 収支差額の悪化に対する対応策

　今次震災を起因として国をはじめ兵庫県および各市において中小企業向け金融の円滑化のため災害復旧緊急融資制度の創設，あるいは中小企業信用保険法改正（予定）による特例措置等，保証需要が急増することが考えられる。他方，体力的に弱まっている中小企業者の保証利用が多く見込まれることから代位弁済の多発も考えられる。

　もとより，協会経営の健全性，安定性については協会自身が最大限努力することは勿論であるが，今回は当協会の能力の範囲を超える事態であり，収支状態の悪化を招くおそれが強く，これを軽減するために，下記の事項について特段のご措置を講じられたい。

記

　公庫融資金を大幅に増額されたい。

　災害関連交付金制度を臨時措置として検討されたい。

　損失補償で全額補填される保証債務残高は，責任準備金への繰入を控除されたい。

　求償権償却準備金の繰入期間の延長をされたい。

（出所：兵庫県信用保証協会（2009）pp.155-156）

などの緊急要望を取りまとめ，大蔵省（当時）・中小企業庁・中小企業信用保険公庫（当時）・兵庫県・全国信用保証協会連合会などに協力依頼を行い，最終的には1996（平成8）年5月までの間に合計73億6,900万円の基金拠出を受けた。内訳は，兵庫県33億5,200万円，県下市町20億1,700万円，金融機関20億円であった[7]。

2-5 震災特別保証の概要

阪神・淡路大震災における金融支援としては，県下被災企業の復旧支援のため，兵庫県をはじめ9市において災害復旧資金融資制度が創設され，県保証協会がその保証を担った。ここでは，兵庫県信用保証協会（2009）を参考に，被災企業の復興資金ニーズを支えた県保証協会の震災特別保証の概要について見ていく。

県保証協会では震災特別保証の目標額を当初4,200億円と見込んでいたが，実際には被災企業から予想をはるかに上回る申込と利用があった。被災企業からの保証申込件数は50,493件，申込金額6,226億円に上り，これに対する保証承諾件数は47,011件，保証承諾額5,421億円に達した。保証承諾の内訳を項目別に見ると，以下のとおりである[8]。

①資金使途別保証承諾

設備資金が件数比61.2％，金額比63.4％（設備・運転資金併用分も含む）となっている。通常時の件数・金額比は15％程度であり，ハード面での被災の大きさがうかがえる。

てもらえるよう兵庫県や県下市町などの地方自治体，各種金融機関に要望を出し，被災中小企業支援のためのスキームを構築していくことを決めた。60億円の根拠とされたのは，以下のとおりであった。1994年度末基本財産保有額が243億円で，阪神・淡路大震災当年の1995年度末の保証債務残高見込額を1兆6,700億円として，その55分の1にするために，およそ60億円が必要と試算された。

(7) 兵庫県信用保証協会（2009）pp.154-157による。
(8) 兵庫県信用保証協会（2009）pp.159-160による。

②業種別保証承諾

金額構成比の高い順に並べると，製造業（構成比18.5％），小売業（同17.0％），不動産業（同16.4％），サービス業（同14.0％），建設業（同11.6％），卸売業（同11.5％），飲食店（同8.5％）などとなっている。通常時の保証構成比と比較しても，不動産業と飲食店の2業種の利用が目立った。阪神・淡路大震災に伴う建替，改築・改装・修繕などの資金需要が旺盛だったためとされている。

③金融機関群別保証承諾

震災特別保証の保証承諾を金融機関群別に見たのが図表5-11である。金額比では都市銀行の39.6％（件数比32.6％）が最多であるが，件数比では信用金庫が33.1％（金額比28.6％）と，最も多くの案件を取り扱っている。第二地方銀行は件数比22.4％・金額比19.3％となっている。経営破綻した後も営業を継続した兵庫銀行に加えて，県内に本店を置いていた阪神銀行や大阪に本店を置く第二地方銀行なども県内で積極的に取扱を進めたためと見られる。

④地域別保証承諾

兵庫県の中心部である神戸市内および阪神地区の2つの地区で，件数・金額とも震災特別保証の9割近くを占めた。阪神・淡路大震災時点での被災地の保証債務残高は6,064億円（構成比56.4％）であったが，震災特別保証により被災地区の保証債務残高は1兆1,000億円に膨れ上がり，被災地の保証債務残高は一挙に1.8倍強に激増する結果となった。

図表5-11　金融機関群別保証承諾

（単位：百万円・％）

	件数	構成比	金額	構成比
都市銀行	15,326	32.6	214,668	39.6
地方銀行	3,376	7.2	40,211	7.4
第二地方銀行	10,545	22.4	104,384	19.3
信用金庫	15,559	33.1	155,109	28.6
信用組合	1,939	4.1	22,602	4.2
政府系金融機関	266	0.6	5,205	0.9
合計	47,011	100.0	542,179	100.0

（出所：兵庫県信用保証協会（2009）p.160）

2-6　予想は下回ったものの高水準の代位弁済率

　信用保証協会が保証を承諾し，中小企業が金融機関から融資を受けた借入金は，通常であれば金融機関との約定どおり返済されることになるが，経営環境の悪化などにより返済不能に陥ることもある。この場合は，返済不能になった元金および利息などの全額を，保証契約に基づき信用保証協会が金融機関に支払うことになる。これが代位弁済である。代位弁済が行われると，信用保証協会が金融機関に代わって債権者となり，以後，債務者である中小企業から弁済を受けることになる。

　とりわけ阪神・淡路大震災が発生した1990年代半ばは，バブル経済崩壊後の長期にわたる景気低迷や地価などの資産価値の大幅な下落が，多くの企業の経営を圧迫していた。兵庫県ではこれに阪神・淡路大震災による損失が加わったことから，倒産の多発が危惧された。さらには経営者の高齢化や後継者難問題なども重なり，阪神・淡路大震災を契機に事業継続を断念する企業が増えることも懸念された。

　兵庫県信用保証協会（2009）によると，このような状況を背景に，県保証協会の代位弁済が増加することは避けられないが，それがどのくらいの水準になるのかについては協会内部でもさまざまな見方があったという。最終的には，国の激甚災害の指定を受けた酒田大火の事例が参考にされた。酒田大火

は，1976（昭和51）年に山形県酒田市で発生した大規模火災であるが，このときの代位弁済率[9]が18％であったことから，予想代位弁済率を20％とする業務計画が策定されることになったのである。

　震災特別保証の代位弁済状況を見ると，阪神・淡路大震災から13年以上が経過した2008（平成20）年時点で，震災特別保証総額約5,400億円に対し，償還累計4,700億円強，代位弁済累計500億円強で，保証債務残高は200億円強に減少した。代位弁済率は当初予想した20％を大幅に下回り，10％程度に収まった。しかしながら，他の保証と比べて代位弁済率が高いことも事実であり，多額の財政負担を伴う保証であったといえる。代位弁済の内訳を項目別に見ると，以下のとおりとなっている[10]。

①業種別代位弁済率

　代位弁済率の高い順に見ると，飲食店（14.1％）・建設業（11.7％）・製造業（11.5％）・卸売業（11.2％）・小売業（8.8％）・サービス業（6.7％）・運送倉庫業（6.6％）・不動産業（4.6％）などとなっている。

②金融機関群別代位弁済率

　代位弁済率を金融機関群別に見たのが図表5-12である。

　都市銀行・地方銀行の代位弁済率は，全体の平均代位弁済率9.3％に比べて下回った。一方，信用金庫と信用組合では，この平均代位弁済率より2～3ポイント程度高くなっている。

---

(9)　代位弁済率は，代位弁済元利金÷保証承諾額×100で算出される。
(10)　兵庫県信用保証協会（2009）pp.160-163による。

図表5-12　金融機関群別代位弁済

(単位：百万円・%)

	件数	構成比	代位弁済元利金	構成比	代位弁済率
都市銀行	893	16.0	15,995	31.6	7.5
地方銀行	368	6.6	2,733	5.4	6.8
第二地方銀行	1,427	25.4	10,129	20.0	9.7
信用金庫	2,445	43.7	18,124	35.9	11.7
信用組合	326	5.8	2,956	5.9	13.1
政府系金融機関	140	2.5	607	1.2	11.7
合計	5,599	100.0	50,544	100.0	9.3

注：代位弁済率＝代位弁済元利金÷保証承諾額×100　2007年度末現在
（出所：兵庫県信用保証協会（2009）p.163）

③地区別代位弁済率

　被災地区ごとに代位弁済率を見ると，神戸市内は件数比で63.3％と最も高く，代位弁済率も10.8％と高くなっている。阪神地区は件数比で30.0％・代位弁済率は8.1％，淡路地区は件数比で1.7％・代位弁済率3.3％，その他地区は件比で5.0％・代位弁済率は5.2％である。神戸市内は，西区と北区を除くすべての区が激甚災害の指定地域となっており，それだけ被害が大きく，被災中小企業にとって新たな借入が経営上の重荷になったものと考えられている。

第3節　金融危機と中小企業金融安定化特別保証制度

3-1　金融危機と貸し渋り

　バブル期において不動産を中心に巨額の融資を行ってきた金融機関では，バブル崩壊とともに多額の融資が不良債権化していった。北海道拓殖銀行や山一證券，日本長期信用銀行や日本債券信用銀行などが破綻や自主廃業に追い込まれた。こうしたなかで，当時の大蔵省は，金融機関の破綻を早期に防ぎ，金融機関の健全性を確保するため，1998（平成10）年4月から早期是正措置を導

入することになった。早期是正措置とは，自己資本比率の基準を下回った金融機関に対して，業務改善命令を発動することを可能とする措置である。このため，金融機関にとっては，自己資本比率の維持・向上を図ることが経営上の至上命題となった。

金融機関が自己資本比率を向上させるためには，究極的には自己資本を増加させるか，貸出額を圧縮するしかない。資本市場が収縮するなかで，増資などを行うことは困難であったため，金融機関の多くが貸出の抑制に動くこととなった。これがいわゆる「貸し渋り」や「貸し剥がし」の動きである。金融機関の破綻を防ぎ，日本経済を安定化させようとしたのが早期是正措置であった。ところが，金融機関が審査基準の厳格化を極端に進めたため，特に中小企業は新規の融資を断られたり，融資の継続を断られたりして，金融機関からの資金供給を受けられなくなってしまった。企業が連鎖的に倒産するリスクを引き起こす可能性が高まり，デフレをさらに深刻化させる副作用が懸念されるようになったのである。

そこで政府は，1998（平成10）年8月28日，「中小企業等貸し渋り対策大綱」を閣議決定した。この大綱では，「信用補完制度の拡充」が打ち出され，「今後，民間金融機関の不良債権処理が進む過程で発生する可能性のある中小企業などへの信用収縮に備え，信用保証協会及び中小企業信用保険公庫による信用保証について特に20兆円の保証規模を確保する」ことがうたわれた。具体的には，①民間金融機関から貸し渋りを受けた中小企業者に対し積極的な保証を実行すべく，保証要件を緩和し，かつ，保証料率を引き下げた特別の保証制度を創設すること，②無担保保険・特別小口保険の保険限度額をそれぞれ，3,500万円から5,000万円・750万円から1,000万円に引き上げること，③保険限度額が倍額となる特定業種を追加すること，の3項目が示された。

3-2　中小企業金融安定化特別保証制度の実施

中小企業等貸し渋り対策大綱を受けて，中小企業金融安定化特別保証制度（以下「安定化保証」）が，1998（平成10）年10月1日から2000（平成12）

年3月31日までの期限付きで実施されることとなった。

当初，安定化保証として，金融環境の変化により資金の円滑な調達に支障をきたしている中小企業者のみを対象としていたが，1999（平成11）年9月には，新たに創業する企業ならびにベンチャーを対象とするための制度要綱に改められた。この改定により安定化保証は，「金融環境変化対応資金保証」に加え，創業者を対象とする「創業関連保証」，ベンチャー型企業を対象とする「経営資源活用関連保証」の3種の保証が実施されることになった。また，取扱期間も1年間延長され2001（平成13）年3月31日までとなった。

前述のとおり安定化保証は，「金融環境変化対応資金保証」・「創業関連保証」・「経営資源活用関連保証」の3種からなるが，その中核はやはり「金融環境変化対応資金保証」であり，一般的にも「安定化保証」という場合には「金融環境変化対応資金保証」を指すことが多い。その概要を図表5-13に示す。

安定化保証制度において，最も特徴的であったのは，保証審査にあたってネガティブリスト方式を採用したことである。破産・和議（民事再生）・会社更生法などの法的手続の申立を行っていること，信用保証協会に求償権債務が残っていること，など10項目からなるネガティブリストに該当しない場合は原則として保証を承諾する施策である。さらに第三者保証人も原則として求められなかった。これまでの信用保証制度から見ても，安定化保証は審査基準が大幅に緩和された制度であったといえる。

3-3　兵庫県信用保証協会の取組

安定化保証制度は，1990年代末の金融危機時における中小企業金融の基盤を支える中核を担うことになった。以下に，兵庫県信用保証協会（2009）に基づき，兵庫県内における安定化保証の取組について見ていく[11]。

兵庫県においては，阪神・淡路大震災によって神戸市を中心に甚大な被害を受け，その後の復興需要も剥落するなかで，金融環境が厳しさを増し，当時の

---

(11) 兵庫県信用保証協会（2009）pp.160-163による。

図表5-13　中小企業金融安定化特別保証制度の概要

項目	概要
制度目的	金融環境の変化により必要事業資金の円滑な調達に支障を来している中小企業者に対し，信用保証協会保証付融資によりその事業資金を供給し，もって中小企業者の事業展開に資することを目的とする。
市町村長の認定要件	1. 第6号の認定を受けた者（金融環境，貸し渋りの影響：当初2号） 2. 第7号の認定を受けたもの（破綻金融機関との取引関係）
限度額	2億5千万円以内（無担保保証5千万円を含む）（無担保無保証人は1千万円以内） ※保険枠と本制度の無担保枠（無担保無保証人枠）は異なる。
返済方法	元金均等分割弁済
保証期間	運転5年以内，設備7年以内
保証料率	普通保証0.75％（300万円超） 無担保保証0.65％（100万円超） 無担保無保証人保証0.40％ ※保険種別とは非連動
保険種類	倒産関連特例→現在の経営安定関連特例
担保	本制度合計5千万円以下は無担保で取扱う。
保証人	原則として，第三者保証人非徴求
審査方式	ネガティブリスト方式（ネガティブリストに抵触していなければ原則として保証）
その他	・同時期に無担保保険枠の拡充がなされた。 　（3,500万円→5,000万円） ・地方公共団体の制度融資との併用は不可 ・2000年4月より建設的努力要件が加わった。（事業規模の拡大又は収益性の向上） ・事業規模は当初20兆円（1999年度30兆円に増枠）

（出所：兵庫県信用保証協会（2009）p.166）

　中小企業はいわば「ダブルパンチ」を浴びたような状態であった。このような状況下にあって県保証協会が安定化保証の取扱を開始すると，県内企業からの保証申込が殺到した。県保証協会は，阪神・淡路大震災時の震災特別保証についても驚異的な保証申込・審査件数を経験したが，1998（平成10）年10月から12月までの保証申込件数は3万8,446件，金額にして7,014億6,400万円と

なった。保証申込件数で見ると前年比4.9倍というすさまじいものであった。

　県保証協会では，こうした大量の申込に対処するため，金融機関経由の案件に関しては，これまで保証実績があるものは原則として机上・書面審査にて対応した。新規案件に関しても，業種・金融取引面を参考にして，机上・書面審査によって柔軟に対応した。また，中小事業者が商工団体や地方公共団体などを通じて申込を行う斡旋保証であっても，これまで保証実績があるものについては，机上・書面審査としたという。

　最終的に，安定化保証は，2001（平成13）年3月31日までの期限内で保証承諾7万4,123件，金額にして1兆1,371億円に達した。ただし，返済不能分に対する代位弁済についても大幅に増加し，2007（平成19）年度末時点で1万2,057件，1,116億円に達した。承諾代位弁済率は件数比で16.3%，金額比で9.8%となり，阪神・淡路大震災にかかる震災特別保証と比較しても，代位弁済が多かった。また，2007（平成19）年度末時点での代位弁済後の回収額は130億円と，代位弁済額に対する回収率は11.7%にとどまった。

3-4　安定化保証の効果

　全国規模で見ると，安定化保証承諾額は28兆9,000億円を上回った。これについて，『2000年版中小企業白書』では，安定化保証による中小企業者の倒産回避件数は約7,800社に上り，倒産回避に伴って民間企業損失額が減少し，約7.7万人の雇用が守られたと分析している[12]。

　また『1999年版経済白書』では，安定化保証の効果について「銀行が資産内容の健全性・収益性をこれまで以上に重視し，資産規模や融資内容のリストラを進める過程では，銀行のリスクテイク能力が一時的に大きく低下する。そのため，銀行が負っていたリスクテイク機能を代替する新しい枠組として中小企業金融安定化特別保証制度を創設する必要が生じた。（中略）本制度の効果は顕著に現れており，1998（平成10）年11月以降，中小企業を中心とする倒

---

(12) 中小企業庁編（2000）pp.350-352による。

産件数は前年と比べて大幅に減少し，失業の増大や企業収益の悪化を防いだ」
と分析している[13]。

　兵庫県においては，1998（平成10）年当時，阪神・淡路大震災による被災・
復興需要も剥落するなかで，加えて金融機関による貸し渋り・貸し剥がしが発
生して，中小企業はかつてない厳しい状況に追い込まれていた。こうした状況
のなかで創設された安定化保証制度への保証申込が殺到した。もしこの制度が
なければ，兵庫県内での中小企業の倒産数・失業者数も増加を余儀なくされた
ものとみられ，一定の役割を果たしたことは間違いない。しかし，その一方
で，安定化保証により，本来淘汰されてしかるべき限界企業の破綻を先送り
し，延命の手助けをしたのではないかという批判があったことも事実である。
倒産寸前の中小企業の借入金残高を増やしただけではないか，という批判であ
る。県保証協会においても，1,000億円を超える代位弁済の発生と当初想定を
下回る資金回収を余儀なくされ，2002（平成14）年度には草創期以来の赤字
決算に陥った。翌2003（平成15）年度についても連続して赤字計上している。
安定化保証の効果については，こうした財政負担も含めて，より精緻な検証が
必要であろう。

第4節　兵庫県経済と地域金融の現状

　ここまで第1節では，1990年代初めのバブル崩壊以降のいわゆる「失われ
た20年」の長期不況期における，兵庫県経済を取り巻く環境変化や金融動向
を概観した。第2節では，阪神・淡路大震災による兵庫県経済への影響や災害
復旧資金融資制度，震災特別保証による地域企業への金融支援の取組について
検討した。第3節では，バブル崩壊に続く不良債権問題，早期是正措置の発動
に伴う「貸し渋り」等の動きを指摘したうえで，いわゆる貸し渋り対策の中核
を担った安定化保証制度に焦点を当て，兵庫県内における取組について検討し

---

(13) 経済企画庁編（1999）p.23による。

た。本節では，兵庫県（2018），日本銀行神戸支店（2018）などを参照しつつ，「失われた20年」を経て，日本経済が景気回復局面を迎えているとされるなかでの，兵庫県経済や地域金融の現状をあらためて確認してみたい。

4-1　兵庫県経済の概況

　兵庫県の人口は約550万人で，全国でも7番目の規模に位置している。神戸市を含めて7つの市が人口20万人を超えている。阪神・淡路大震災によって，神戸市では10万人以上の人口が減少し，県人口も大幅な減少を余儀なくされたが，県内の人口は1999（平成11）年，神戸市の人口も2004（平成16）年に，阪神・淡路大震災前の水準に回復した。しかしながら近年では，少子化の進展や首都圏などへの人口流出によって，2017（平成29）年に阪神・淡路大震災前の水準を下回るなど，人口は減少基調に入っている。

　県内総生産額の推移を見ると，2010（平成22）年度以降も国内経済における相対的な地位の低下傾向は継続しており，兵庫県経済全体としては，いまだ回復途上といえる状態である。県内の事業所数約215,000か所，従業者数約223万人（2016年）は，ともに全国シェア約4％（47都道府県中，事業所数・従業者数ともに7番目）であるが，その推移を見ると，従業者数は概ね横這いながら，事業所数は90年代以降減少傾向にある（図表5-14）。なお地域的には，面積としては全体の2割に満たない神戸・阪神南・阪神北・東播磨の4地域に，人口や事業所の約7割が集中しており，県内総生産や製造品出荷額などの比重も，上記4地域（いわゆる「阪神工業地帯・播磨臨海工業地帯」）に集中している。

4-2　産業別動向

（1）製造業

　兵庫県経済は，依然として製造業によって牽引されているところが大きい。2016（平成28）年の製造品出荷額等は15兆1,054億円で，全国第5位の地位にある。製造品出荷額等の業種別構成比を見ると，鉄鋼・化学・食料品・電気

208

図表5-14　県内の事業所数および従業者数（全民営事業所）の推移

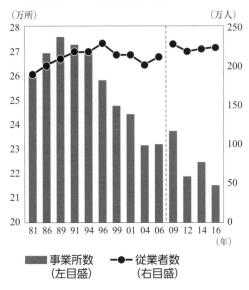

注：2006年までは総務省「事業所・企業統計調査」，2009年からは総務省「経済センサス」
（出所：日本銀行神戸支店（2018）p.4）

機械器具・汎用機械器具・生産用機械器具などが全国に比べて高い。製造品出
荷額等における構成比の推移を示したのが図表5-15である。近年，医療産業
都市構想等の下で，新産業創生の取組も進められているものの，旧来型の産業
構造からの転換は，今なお道半ばといわざるを得ないのが実情であろう。以下
では，製造業の分野ごとの特徴を簡単に見ておく。

〈電気機械等製造業〉
　2000（平成12）年に構成比22.2％を占めて製造業首位となり，その座を堅
持しているが，近年は18％程度の横這いで推移している。製造品出荷額等の
大きい順に主な業種をあげると，「内燃機関電装品製造業」・「無線通信機械器
具製造業」・「発電機・電動機・その他の回転電気機械製造業」・「その他の産業
用電気機械器具製造業（車両用・船舶用を含む）」・「半導体素子製造業」と

図表5-15　製造業出荷額等に見る上位5業種の推移

(単位：百万円，%)

順位	1980年 産業中分類	1980年 製造品出荷額等	1990年 産業中分類	1990年 製造品出荷額等	2000年 産業中分類	2000年 製造品出荷額等	2010年 産業中分類	2010年 製造品出荷額等	2014年 産業中分類	2014年 製造品出荷額等
1	鉄鋼業	2,074,091 (18.7)	一般機械器具	2,335,600 (15.1)	電気機械器具	3,128,291 (22.2)	電気機械器具・情報通信機械器具ほか (注3)	2,560,772 (18.1)	電気機械器具・情報通信機械器具ほか (注3)	2,646,278 (17.8)
2	食料品	1,758,833 (15.8)	電気機械器具	2,233,958 (14.5)	一般機械器具	2,167,236 (15.4)	汎用機械器具、生産用機械器具ほか (注4)	2,353,903 (16.6)	汎用機械器具、生産用機械器具ほか (注4)	2,352,316 (15.8)
3	一般機械器具	1,391,589 (12.5)	食料品，飲料・たばこ・飼料	2,144,590 (13.9)	食料品，飲料・たばこ・飼料	1,956,143 (13.9)	食料品，飲料・たばこ・飼料	1,845,238 (13.0)	食料品，飲料・たばこ・飼料	2,021,093 (13.6)
4	電気機械器具	972,522 (8.8)	鉄鋼業	1,708,347 (11.1)	化学工業	1,223,282 (8.7)	鉄鋼業	1,839,659 (13.0)	鉄鋼業	2,009,675 (13.5)
5	化学工業	834,366 (7.5)	化学工業	1,254,866 (8.1)	鉄鋼業	1,138,019 (8.1)	化学工業	1,627,328 (11.5)	化学工業	1,773,981 (11.9)

注1：産業分類（中分類）は各時点の表記・定義による。
注2：（　）は構成比。
注3：電気機械器具，情報通信機械器具，電子部品・デバイス・電子回路。
注4：汎用機械器具，生産用機械器具，業務用機械器具。
（出所：日本銀行神戸支店 (2018) p.9）

なっている。

〈汎用・生産用・業務用機械器具製造業〉

　1980（昭和55）年には構成比12.5％であったが，2014（平成26）年には15.8％となっている。製造品出荷額等の大きい順に主な業種をあげると，「建設機械・鉱山機械製造業」・「蒸気機関・タービン・水力タービン製造業（船舶を除く）」・「その他の原動機製造業」・「化学機械・同装置製造業」・「その他の事務用機械器具製造業」・「油圧・空圧機器製造業」などとなっており，特に兵庫県ではインフラ関連業種のウェイトが高いのが特徴となっている。

〈鉄鋼業〉

　1980（昭和55）年には構成比18.7％で製造業の首位を占めていたが，鋼材需要の落ち込みや国際競争力の低下によって，2000（平成12）年には8.1％にまで落ち込んだ。その後は，中国経済の急成長による世界的な鋼材需要の好転などもあって，復調の兆しを見せているものの，構成比は13.5％にとどまっている。製造品出荷額等の大きい順に主な業種をあげると，「製鋼・製鋼圧延業」・「鉄鋼シャースリット業」・「熱間圧延業（鋼管・伸鉄を除く）」となっている。

〈化学工業〉

　化学工業の構成比は徐々に上昇している。製造品出荷額等の大きい業種をあげると，「医薬品製剤製造業」・「プラスチック製造業」・「他に分類されない化学工業製品製造業」・「塗料製造業」・「その他の有機化学工業製品製造業」の順となっている。

〈食料品・飲料等製造業〉

　1980（昭和55）年には構成比15.8％であったが，その後は13％前後の横這いで推移している。製造品出荷額等の大きい業種をあげると，「清涼飲料製造

211

業」・「清酒製造業」・「他に分類されない食料品製造業」・「処理牛乳・乳飲料製造業」・「動植物油脂製造業」の順となっている。

〈輸送用機械器具製造業〉

1980（昭和55）年には構成比5.1％であったが，2014（平成26）年には7.3％に上昇している。製造品出荷額等の大きい業種をあげると，「自動車製造業（二輪自動車を含む）」・「自動車部品・附属品製造業」・「舶用機関製造業」・「船舶製造・修理業」・「その他の航空機部分品・補助装置製造業」・「鉄道車両製造業」の順となっている。

(2) 商業・サービス業

兵庫県の商業規模（2014年）を見ると，店舗数で約57,000店，常時従業者で約442,000人，年間販売額は約12兆円に上っている。このうち，小売業はそれぞれ約43,000店，約326,000人，約5兆円となっており，全国の4％程度のシェアを占めている。卸売業が集中する大阪府に隣接しているため，卸売業の比重が相対的に小さいことが特徴でもある。第1節で見たとおり，経済産業省「商業統計」によると，兵庫県内における商品販売額は，1991（平成3）年の18兆1,000億円をピークに減少傾向をたどり，2000（平成12）年以降は12〜13兆円規模で推移している（図表5-4）。

また，総務省「2016年サービス産業動向調査」によると，兵庫県のサービス産業（情報通信業を除く）の年間売上高は11兆595億円と，全国第6位（全国シェア3.7％）の地位にある。特に，「運輸業」・「郵便業」・「宿泊業」・「飲食サービス業」・「医療」・「福祉業」の全国シェアが4％以上と高いことが特徴となっている。

(3) 観光

兵庫県内には，全国的にも有名な観光地があり，年間を通じて多数の観光客が訪れている。県内入客数トップの甲子園球場を筆頭に，宝塚歌劇場などもあ

る。有馬温泉（神戸市）や城崎温泉（豊岡市）など全国有数の温泉地もある。このほか，北野異人館・旧居留地（以上神戸市），1993（平成5）年に世界文化遺産に登録された姫路城（姫路市），2006（平成18）年に日本100名城に選ばれた竹田城跡（朝来市）など枚挙にはいとまがない。また，1995（平成7）年からは，阪神・淡路大震災犠牲者の鎮魂と都市復興の願いを込めた「神戸ルミナリエ」が開催され，毎年多くの来場者が訪れる一大イベントとなっている。

　県内観光施設への入込客数を見ると，1995（平成7）年度には阪神・淡路大震災の影響によって大きく減少した。しかし，産業界と行政との連携による積極的な観光振興への取組もあり，1996（平成8）年度以降は増加傾向にある。

4-3　地域金融の現状

　現在兵庫県内に本店を置く地方銀行・第二地方銀行・信用金庫は13金融機関である（2018年現在）。このうち，地方銀行は豊岡市に本店を置く但馬銀行，第二地方銀行は1999（平成11）年に阪神銀行とみどり銀行が合併して誕生し，2018（平成30）年4月に関西アーバン銀行・近畿大阪銀行と経営統合したみなと銀行（本店　神戸市）のそれぞれ1行ずつとなっている。信用金庫数は11金庫で，東京都（23金庫），北海道（20金庫），愛知県（15金庫）に次ぎ，静岡県と並んで4番目に多い金庫数となっている（2018年時点）。これに加えて，6つの信用組合が兵庫県内に本店を置いている。

　図表5-16は，兵庫県に本店を置く銀行，信用金庫の変遷を時系列にまとめたものである。都市銀行については，第3章で見たとおり，一県一行主義政策の下に，1936（昭和11）年に地元7行が合併して旧神戸銀行が設立されたが，その後の3度の合併によって現在は三井住友銀行となっている。

　県内の預金・貸出金のシェアを金融機関の業態別に見たものが図表5-17である。全国平均より「国内銀行」，なかでも「地方銀行」のシェアが低い一方で，「信用金庫」のシェアが非常に高い。金融緩和が長期化し，各金融機関の経営環境が厳しさを増すなかにあっても，県内の信用金庫の存在感が引き続き大きいことは，現時点においても兵庫県金融の大きな特徴となっている。なお

図表5-16　地元銀行・信用金庫の変遷

1897年	美含銀行（但馬銀行の前身）設立
1910年	姫路信用組合（**姫路信用金庫**の前身）設立
1926年	生野信用組合（**但陽信用金庫**の前身）設立
1936年	神戸銀行設立
1944年	兵庫無尽（旧兵庫銀行の前身）設立
1948年	山崎信用組合（**西兵庫信用金庫**の前身）設立
1949年	七福相互無尽（旧阪神銀行の前身）設立
1951年	信用金庫法改正に伴い各地で信用金庫が設立
1955年	**播州信用金庫**が相生信用金庫と合併 **淡路信用金庫**が淡州信用金庫と合併
1967年	**神戸信用金庫**が須磨信用金庫と合併
1969年	氷上信用金庫と多紀郡信用金庫が合併（**中兵庫信用金庫**に改称）
1973年	太陽神戸銀行が設立（太陽銀行＋神戸銀行）
1974年	尼崎信用金庫と浪速信用金庫が合併（尼崎浪速信用金庫〈1989年に尼崎信用金庫に改称〉） はりま信用金庫と神和信用金庫が合併（**兵庫信用金庫**に改称）
1975年	明石信用金庫と三木信用金庫，神港信用金庫が合併（**日新信用金庫**に改称）
1986年	**但馬信用金庫**が八鹿信用金庫と合併
1990年	太陽神戸三井銀行が設立（太陽神戸銀行＋三井銀行，1992年にさくら銀行に改称）
1994年	関西信用金庫と西宮信用金庫が合併（関西西宮信用金庫に改称）
1995年	兵庫銀行が経営破綻，みどり銀行が設立
1999年	**みなと銀行**が設立（阪神銀行＋みどり銀行）
2001年	**三井住友銀行**が設立（さくら銀行＋住友銀行） 関西西宮信用金庫が経営破綻（神戸，姫路，兵庫，尼崎の各信用金庫へ事業譲渡）
2002年	神栄信用金庫が経営破綻（日新信用金庫へ事業譲渡）
2018年	みなと銀行・関西アーバン銀行・近畿大阪銀行の3行が経営統合

（出所：日本銀行神戸支店（2018）p.20を一部加工）

図表5-18は，より詳細に県内関係の銀行・信用金庫の歴史をまとめたものである。参考として示しておく。

図表5-17　県内の預金・貸出金シェア（2017年3月末）

（億円，％）

	預金	構成比		貸出金	構成比	
		兵庫県	全国		兵庫県	全国
国内銀行	225,968	58.6	72.5	105,742	60.6	78.0
都市銀行	146,125	37.9	33.1	53,493	30.7	29.7
地方銀行	27,604	7.2	24.7	26,800	15.4	31.1
第二地方銀行	34,221	8.9	6.4	23,035	13.2	8.2
信用金庫	84,457	21.9	13.4	39,630	22.7	11.3
信用組合	12,449	3.2	1.9	5,435	3.1	1.7
その他	62,932	16.3	12.2	23,665	13.6	9.0
農業協同組合	56,711	14.7	9.6	11,236	6.4	3.3
合計	385,806	100.0	100.0	174,472	100.0	100.0

注1：「その他」は，商工組合中央金庫・労働金庫・農業協同組合・信用漁業協同組合・日本
　　政策金融公庫。
注2：預金は，実質預金（「総預金」-「切手・手形」）ベース。ただし，農業協同組合・信用
　　漁業協同組合の計数は表面預金（全国は左記のほか，信用組合，労働金庫の計数も表
　　面預金）。
（出所：日本銀行神戸支店（2018）p.23）

4-4　金融緩和と新たな金融機関像の模索

　ここまで見てきたとおり，日本においては，バブル崩壊，1990年代末の金融危機を経て，2000年代に入ってもデフレ傾向に歯止めがかからず，景気の長期低迷が続いた。こうした中で，リーマン・ショック（2008年）に端を発し，金融不安が世界的規模で発生し，市場経済が一気に冷え込むことが懸念される状態となった。これを受けて各国政府は市場・金融システムを守るため，相次いで大幅な金融緩和策を導入し，世界的にいわゆる「カネ余り」が常態化する状況となった。

　日本でも，日銀によって，リーマン・ショックへの対応として，政策金利の引下，長期国債買入を柱とした金融市場の安定確保，コマーシャル・ペーパーや社債買入などによる企業金融円滑化の支援を柱とした金融政策に加えて，金融システム安定のための措置として金融機関保有株式買入などの取組が実施さ

図表5-18　地元銀行・信用金庫の歴史

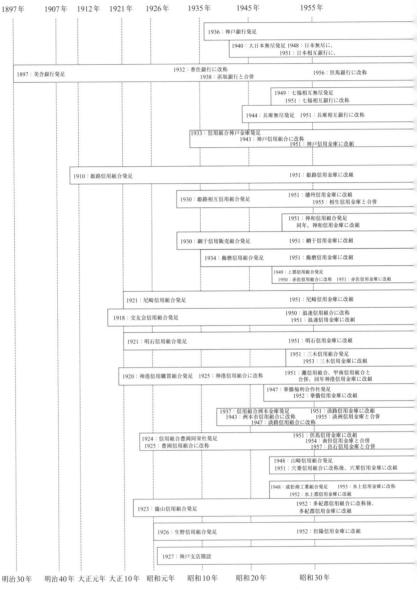

	1897年	1907年	1912年	1921年	1926年	1935年	1945年	1955年

1936：神戸銀行発足

1940：大日本無尽発足 1948：日本無尽に、
1951：日本相互銀行に、

1897：美含銀行発足　　1932：香住銀行に改称　　1956：但馬銀行に改称
1938：浜坂銀行と合併

1949：七福相互無尽発足
1951：七福相互銀行に改称

1944：兵庫無尽発足　1951：兵庫相互銀行に改称

1933：信用組合神戸金庫発足
1943：神戸信用組合に改称
1951：神戸信用金庫に改組

1910：姫路信用組合発足　　1951：姫路信用金庫に改組

1930：姫路相互信用組合発足　　1951：播州信用金庫に改組
1955：相生信用金庫と合併

1951：神和信用組合発足
同年、神和信用金庫に改組

1930：網干信用販売組合発足　　1951：網干信用金庫に改組

1934：飾磨信用組合発足　　1951：飾磨信用金庫に改組

1949：上郡信用組合発足
1950：赤佐信用組合に改称　1951：赤佐信用金庫に改組

1921：尼崎信用組合発足　　1951：尼崎信用金庫に改組

1918：交友会信用組合発足　　1950：浪速信用組合に改称
1951：浪速信用金庫に改組

1921：明石信用組合発足　　1951：明石信用金庫に改組

1951：三木信用組合発足
1953：三木信用金庫に改組

1920：神港信用購買組合発足　1925：神港信用組合に改称　1951：灘信用組合、甲南信用組合と
合併、同年神港信用金庫に改組

1947：華備福利合作社発足
1952：華備信用金庫に改組

1937：信用組合洲本金庫発足　　1951：淡路信用金庫に改組
1943：洲本市信用組合に改称　　1955：淡洲信用金庫と合併
1947：淡路信用組合に改称

1924：信用組合豊岡同栄社発足　　1951：但馬信用金庫に改組
1925：豊岡信用組合に改称　　1954：南但信用金庫と合併
1957：出石信用金庫と合併

1948：山崎信用組合発足
1951：穴粟信用組合に改称後、穴粟信用金庫に改組

1948：成松商工業組合発足　　1955：氷上信用金庫に改称
1952：氷上郡信用金庫に改組

1923：篠山信用組合発足　　1952：多紀郡信用組合に改称後、
多紀郡信用金庫に改組

1926：生野信用組合発足　　1952：但陽信用金庫に改組

1927：神戸支店開設

	明治30年	明治40年	大正元年	大正10年	昭和元年	昭和10年	昭和20年	昭和30年

（出所：日本銀行神戸支店（2018）p.23）

216

1965年	1975年	1985年	1989年	1998年	2008年	2017年	
1968：太陽銀行にそれぞれ改称、改組	1973：太陽神戸銀行発足		1990：三井銀行と合併、太陽神戸三井銀行発足 1992：さくら銀行に改称		2001：住友銀行と合併、三井住友銀行発足		三井住友銀行
							但 馬 銀 行
1966：阪神相互銀行に改称	1971：高松相互銀行と合併	1989：阪神銀行に改組 1989：兵庫銀行に改組	1995：みどり銀行発足	1999：みなと銀行発足 2000：北兵庫信用組合から事業譲渡 2001：神戸商業信用組合と合併			み な と 銀 行
1967：須磨信用金庫と合併				2002：関西西宮信用金庫から一部営業譲渡			神戸信用金庫
				2002：関西西宮信用金庫から一部営業譲渡			姫路信用金庫
							播州信用金庫
1964：播磨信用金庫発足 1965：赤穂信用金庫と合併 1972：はりま信用金庫に改称	1974：兵庫信用金庫発足			2002：関西西宮信用金庫から一部営業譲渡			兵庫信用金庫
1965：第一貯蓄信用金庫と合併	1974：尼崎浪速信用金庫発足	1989：尼崎信用金庫に改称		2002：関西西宮信用金庫から一部営業譲渡			尼崎信用金庫
	1975：日新信用金庫発足			2002：神栄信用金庫から事業譲渡			日新信用金庫
	1978：神栄信用金庫に改称						淡路信用金庫
		1986：八鹿信用金庫と合併					但馬信用金庫
1972：西兵庫信用金庫に改称							西兵庫信用金庫
1969：中兵庫信用金庫発足							中兵庫信用金庫
							但陽信用金庫
							(参考)日本銀行神戸支店

昭和40年	昭和50年	昭和60年	平年元成	平成10年	平成20年	平成29年

217

れた。さらに2010年代に入ってからは，デフレからの脱却を掲げて，量的・質的両面から一段と大幅な金融緩和策がとられることとなった[14]。

　かかる大幅な金融緩和は，日本の金融機関の経営に大きな影響を与えている。大幅な金融緩和を背景に，貸出金利の低下が続く一方で，投資機会の減少や先行きの不透明感から企業側の借入ニーズの増大は見られず，業態を超えて金融機関間の貸出競争は熾烈を極めている。余資運用についても，これまで金融機関の収益を支える柱の1つであったが，世界的なカネ余りのなかで運用環境が厳しさを増しており，金融機関の収益は大幅な悪化を余儀なくされている。

　さらに金融の自由化やグローバル化が進み，金融取引は複雑化し，リスクも肥大化している。情報技術の加速度的な進展を背景に，新たな金融サービスが相次ぎ登場し，既存金融機関以外の事業者による金融事業の新規参入も続いている。既存金融機関においても，新たなリスク管理手法の開発，商品化が求められており，貸出債権の流動化・証券化，シンジケートローンの組成，ビッグデータを用いた信用リスク評価の効率化，動産や売掛金担保融資，担保や保証に依拠しない事業性評価に基づく融資の開発などの取組が進められている。

　こうした動きは，既存金融機関の伝統的な融資手法の革新にとどまらず，収益環境の悪化と相まって，預貸利鞘を主力収益源としてきた旧来型のビジネスモデルそのものの革新を迫るものとなっており，各金融機関は生き残りをかけて，新たな収益モデルの確立，目指すべき金融機関像を模索しているのが現状である。

　当然ながら兵庫県の金融機関もこうした全国的な動きと無縁ではない。兵庫県内の金融機関貸出金額の推移を見ても，阪神・淡路大震災に伴う復興資金需要があった1997（平成9）年をピークとして，2000年代を通して長期にわたっ

（14）日本銀行は，2013（平成25）年4月「量的・質的金融緩和」を導入している。その後，2014（平成26）年10月には「量的・質的金融緩和」の拡大，2015（平成27）年12月には「量的・質的金融緩和」を補完するための諸措置が講じられた。さらに，2016（平成28）年1月には「マイナス金利付き量的・質的金融緩和」，2016（平成28）年9月には「長短金利操作付き量的・質的金融緩和」を導入している。

て伸び悩んでおり（図表5-5），限られた資金ニーズを求めて，金融機関間競争は激化している。メガバンクをはじめとする大手金融機関は，規模の経済性を活かして，低金利融資や高度な金融サービスを提供することで比較優位性を発揮しようとしている。

　これに対し，信用金庫などの中小地域金融機関は，顧客との間で長期にわたる密接した関係性を構築するとともに，小廻りの良さを活かして柔軟で機動的な融資や金融サービスを提供することに活路を見出そうとしている。すなわち近年政策的にも重要性が強調されている「リレーションシップ・バンキング（リレバン）」の強化である。また，担保・保証などに必要以上に依存せず，金融機関としての“目利き力”が試される，企業の事業性を重視した融資を行うための取組にも着手している。兵庫県では全国に先駆けて，産業支援機関である公益財団法人ひょうご産業活性化センターが中小企業の技術などの評価を行う仕組を構築，県内の信用金庫はこの制度も活用して中小企業の資金ニーズに応える取組を進めている。たとえば，県内最大手である尼崎信用金庫での事業性評価の取組を見ると，①ひょうご産業活性化センターが構築した「ひょうご中小企業技術・経営力評価制度（ひょうご中小企業技術サポート融資を含む）」の活用，②知財ビジネス評価書の作成支援，③知的資産経営報告書の作成支援という3つの柱で成り立っている。これらの取組は，財務諸表にはすぐには表れない目に見えにくい経営資源に着目し，中小企業の事業性を評価することを目的としている。この点については第6章においても詳述する。さらに尼崎信用金庫ではコンサルティング営業機能を強化するため，企業の事業の無形資産や企業価値を業種ごとに的確に見極める「業種別審査スペシャリスト」の養成を2001（平成13）年から実施している。2015（平成27）年末現在で養成者数は249名に達しており，初期の受講生は部店長クラスとして第一線で活躍している[15]。

　もっとも，財務データなどの客観的な定量的情報にとどまらず，さまざまな

---

(15) 信金中金（2016）p.27による。

定性的情報を長期継続的に収集するには相応のコストが必要であり，リレバン的手法の展開は基本的にコストがかかる側面を有する。こうしたコストを削減，もしくは顧客に転嫁できなければ，中小地域金融機関の収益環境はさらに厳しさを増すことになろう。

このため兵庫県下の中小金融機関の間では，新規出店や営業エリアを広げて規模を拡大することでコスト削減を図り，大手金融機関と伍して競争を展開する戦略を志向する金融機関と，資金仲介にとどまらず，ビジネスマッチングなどの取引先の仲介や経営支援サービスといった非金融面での支援を充実することで[16]，大手金融機関との差別化を目指す戦略を志向する金融機関の二極化傾向も強まっている。全国的に見ても大きな県内の信用金庫の存在感は，さまざまな地域貢献活動と合わせて，こうした戦略が一定の顧客の評価を得ることに成功しているものといえる。同様に，地方銀行（第二地方銀行を含む）も，自らの存立基盤の再構築に向けたさまざまな取組を進めているものの，大手金融機関と存在感の大きな信用金庫に挟まれつつ，存在感の維持・拡大には苦労を余儀なくされており，地方銀行ならではの独自性を発揮していくかが喫緊の課題であるといえよう[17]。

いずれにしても，全国的にも金融激戦地域として知られる兵庫県内においては，金融機関の経営環境は，今後一段と厳しさを増すものと考えられ，業態を問わず，戦略のさらなる磨き上げが求められている。

---

(16) たとえば但陽信用金庫（本店 加古川市）では取引先中小企業の「知的資産」の見える化・活用を促すため，全国的にも先進的な知的資産経営支援に取組んでいる。また業界団体である兵庫県信用金庫協会では，地元大企業の技術系OBなどのコーディネータと連携し，各信用金庫の顧客であるものづくり系中小企業の持つ優れた技術・製品などのシーズの発掘，経営課題の明確化に取組み，ニーズを持つ大・中堅企業とのビジネスマッチング，販路開拓支援，技術指導，資金調達支援などの各種支援を行っている（川上・川下ビジネスネットワーク事業）。兵庫県内には，こうした制度を積極活用して，販路・仕入先開拓支援に取組む信用金庫も多い。

(17) 関西最大規模の地域金融グループづくりを目指した，みなと銀行・関西アーバン銀行・近畿大阪銀行の経営統合も，規模拡大による効率化とともに，新たな地方銀行のビジネスモデルの創出を目指す動きの一環として理解できる。

第5節　むすび

　バブル崩壊以降の1991（平成3）年から2010（平成22）年のいわゆる「失われた20年」における兵庫県経済は，1995（平成7）年に発生した阪神・淡路大震災の発生とも相まって低迷を続けた。

　その要因として，それまで兵庫県経済を牽引してきた重厚長大型の大手製造業の工場移転あるいは撤退がこの20年間に進行して，人員削減などのリストラ策が断行されるとともに，それらの大手製造業を支えてきた下請中小企業との取引見直しなども急速に進む一方で，産業構造の転換が遅れてきたことがあげられる。

　この20年間の兵庫県金融の動向を見てみると，貸出額が長期低下傾向を続けるとともに，1995（平成7）年3月の兵庫銀行の経営破綻をはじめとして，信用金庫や信用組合などの経営破綻が相次いだ。

　阪神・淡路大震災が兵庫県経済に与えた衝撃も計り知れない。この発生直後から，被災中小企業の支援と地域復興を最優先に掲げて，行政・金融機関・信用保証協会が一丸となった支援が展開された。それが，「災害復旧融資」と「災害復旧融資関係保証（震災特別保証）」であった。

　また，バブル崩壊とともに多額の不良債権を抱えた都市銀行や地域金融機関，大手証券会社などの経営破綻や自主廃業が相次いで，日本は深刻な金融危機に直面することになった。こうしたなかで，政府は「中小企業等貸し渋り対策大綱」を制定し，兵庫県内でも，県信用保証協会が「安定化特別保証」を1998（平成10）年10月から取扱を開始し，最終的に保証承諾件数7.4万件，保証金額1.1兆円にも達した。震災特別保証とあわせて，地域企業の資金繰りを支える大きな役割を果たすことで，金融非常時における信用保証制度の役割の重要性を再認識させるものとなっている。

　こうして「失われた20年」を経て，兵庫県内に本店を置く金融機関としては，地方銀行一行，第二地方銀行一行，11の信用金庫，6つの信用組合が存立しているが，未曾有の大幅な金融緩和という新たな経営環境を迎え，各々が生

221

き残りをかけて，新たな収益モデルの確立，目指すべき金融機関像を模索して
競争を展開しているのが現状であるといえよう。

【参考文献】

関西社会経済研究所（2011）『2011年版 関西経済白書─つながる関西パワーで新た
　　な日本へ』．

北原糸子編（2006）『日本災害史』吉川弘文館．

経済企画庁編（1999）『1999年版経済白書』大蔵省印刷局．

神戸新聞社（2005）『阪神・淡路大震災10年全記録 被災地は復興したか』神戸新聞
　　総合出版センター．

信金中金（2016）「先駆者尼崎信用金庫による企業の知的財産・技術力・経営力の見
　　極め～事業性評価への組織的取組みと支援事例」『金融調査情報』27-27．

信金中金（2017）「信用金庫の企業向け貸出先数の増加への取り組みについて」『金
　　融調査情報』29-2．

中小企業庁編（2000）『2000年版中小企業白書』大蔵省印刷局．

日本銀行神戸支店（2013）『兵庫県経済の質的変貌～過去21年間の変化と今後の課
　　題』．

日本銀行神戸支店（2018）『兵庫県の金融経済概要』．

日本政策投資銀行関西支店・東北支店（2011）『大震災が地域経済に与える影響～阪
　　神・淡路大震災をケーススタディとして～』．

兵庫県（2018）『2018年度ひょうご経済・雇用白書』．

兵庫県復興10年委員会（2005）『─阪神・淡路大震災─復興10年総括検証・提言報
　　告』．

兵庫県信用保証協会（2009）『兵庫県信用保証協会60年史』．

『神戸新聞』2003年1月17日（朝刊）．

神戸新聞NEXT「データで見る阪神・淡路大震災」〈https://www.kobe-np.co.jp/rent-
　　oku/sinsai/graph/sp/p1.shtml〉．

日銀神戸支店ホームページ「阪神・淡路大震災随想録」〈http://www3.boj.or.jp/kobe/
　　shinsai/zuisouroku/zuisouroku.html〉．

第6章

中小企業基本法の改定と
21世紀以降の国内金融

第1節 自助努力を行う中小企業を支援する政策へ転換

前章においてはバブル崩壊から阪神・淡路大震災，震災復興，「失われた20年」の前半における兵庫県中小企業金融について検討した。本章ではこれを受けて，2000年代初頭から現在に至るまでの兵庫県地域金融を検討していくことにする。

地域金融の主たる顧客はいうまでもなく中小企業であり，日本の企業約359万社のうち99.7％が中小企業で占められている。兵庫県においては，企業数15万4700社の99％が中小企業で，従業員数で8割を占めている[1]。地域経済の主体であり，雇用と納税の主要な担い手ともいえる中小企業に関して，国は1999（平成11）年に中小企業基本法を全面的に改定し，それまでの中小企業政策の大転換を図った。これに伴って金融面では「担保主義・保証制度によらない事業性評価を重視した融資制度の確立」が主要課題となった。

1-1 中小企業基本法全面改定の背景

(1) 中小企業を経済的弱者とみなした「二重構造論」

日本の中小企業は製造業をはじめとして，建設業，卸売業，小売業，サービス業，運輸・通信などきわめて多様な業種にわたる。こうした特徴について中小企業は「異質多元的な存在」であると表現されている[2]。

1963（昭和38）年に制定された中小企業基本法においては，中小企業を「経済的弱者」とみなし，「弱者救済」，「大企業との格差是正」，「業種ぐるみの高度化」という捉え方が中心であった。つまり大企業と中小企業との「二重構造」を解消して，中小企業の不利を是正しようという発想でつくられたのがこの中小企業基本法である。中小企業政策の基本方針を示す法律であることから，中小企業基本法は理念法とされ，これをもとにその周辺にさまざまな実体

---

(1) 中小企業庁「中小企業・小規模事業者の数（2016年6月時点）」の集計結果（2018年11月30日）による。
(2) 佐竹隆幸（2008）p.1による。

法がつくられていった(3)。

　その後，1970年代には高度経済成長から安定経済成長に移行し，「Vital Majority（活力ある大多数)」としての中小企業を支援する政策が展開されていく。高度経済成長期に議論の中心となったのは大企業との取引関係を前提とした下請型中小企業であったが，新しい形態のベンチャー・ビジネスや中堅企業が出現し，一部で政策転換が図られることとなった。

　ベンチャー・ビジネスというのは，「中小企業の枠を超えて成長している企業群」であり，中堅企業というのは，「もはや中小企業ではないが，大規模企業には至っていない第3グループの企業群」であったことから，従来の弱者としての中小企業群たる概念を背景とした「二重構造論」が当てはまらなくなってきた(4)。

　1990年代に入ると新しい時代環境に挑戦する中小企業を支援しようとする動きが顕著にみられるようになった。1990（平成2）年に中小企業政策審議会によって「90年代の中小企業ビジョン」が発表された。そこには「自由な市場経済は創造性を育む等経済社会の進歩と発展の基礎をなすものであり，中小企業がこうした要請に応えるためには，市場経済における独立多数の競争の担い手として活躍できることが不可欠である」と示されている。こうした流れが中小企業基本法の改定につながっていくのである。

(2)　「経営革新」と「創業化」を核とした新しい中小企業政策

　以上のようなプロセスを経て，1999（平成11）年12月に中小企業基本法の全面改定が実現することになった。36年ぶりの抜本的な改定であるが，改定とはいえまったく新しい法律ができあがったようなものであった。すなわち従来の弱者救済から「元気な企業」，「やる気のある企業」，「成長可能性ある企業」を中心に支援していこうという政策の大転換であった。新しい中小企業基

---

(3)　佐竹隆幸（2008）pp.27-28による。
(4)　佐竹隆幸（2008）pp.32-34による。

本法においては多数の中小企業者が創意工夫を生かして事業活動を行うことで，新たな産業を創出し，就業の機会を増大させて，日本経済の強化に果たすべき重要な役割を担っていることが基本理念として示されている。

　時代的な背景を踏まえると「失われた20年」からの脱却のために中小企業に対し，「市場競争の苗床」，「イノベーションの担い手」，「雇用創出の担い手」，「地域経済発展の担い手」としての役割を求めているのである。その際の政策の核となるのが「経営革新」と「創業化」の2つの政策的支柱である。中小企業の経営革新や創業などの新たな創造的価値の拡大に向けた，中小企業者の自主的な努力を支援し，そのための諸条件を整備していくことが中小企業政策の目標となっていった。

　これに伴って1963（昭和38）年以来，中小企業政策の柱であった中小企業近代化促進法が中小企業経営革新支援法へと転換され，従来の中小企業全体の底上げを前提とした育成・振興策ではなく，地域活性化及び地域の雇用促進，地域内再投資力などを保有する中小企業を視野に入れて，中小企業における経営革新（第二創業）の実現を促進するものへと転換されたのである[5]。また中小企業の経営資源の相互補完を目的とした企業間交流に関しても，積極的に支援していくことになった。これが，新連携，農商工連携へとつながっていくことになる。

　こうして中小企業庁は2005（平成17）年4月，「中小企業経営革新支援法」，「中小企業創造活動促進法」，「新事業創出促進法」の3つの法律を統合し，「中小企業新事業活動促進法」（「中小企業の新たな事業活動の促進に関する法律」）を制定した。この法律での主要施策として，経営革新（第二創業），連携（企業間連携・新連携・産学連携・農商工連携），理念型経営（経営品質の向上，社会貢献）が挙げられるが，これらのすべては，中小企業におけるイノベーションの推進を目指したものである。

---

(5) 経営革新の施策の詳細については佐竹隆幸（2008）pp.241-242を参照のこと。

1-2　新しい中小企業政策の柱「新連携」

(1) 各企業の強みを活かした事業分野の開拓

　新連携は2005（平成17）年4月から施行された「中小企業新事業活動促進法」によって支援の対象となった施策である。これは中小企業が異なる分野の中小企業，中堅・大企業，大学・研究機関，NPOなどと有機的に連携し，それぞれの強みである経営資源を持ち寄って新たな事業分野を開拓しようという取組のことである。新たな事業活動に取組もうとする異分野の中小企業（2社以上）が事業計画を作成し，国の認定を受けると，専門家による事業化支援，国の補助金や政府系金融機関による低利融資，信用保証，特許料の減免措置など，多岐にわたる支援を受けることができる仕組になっている。

　新連携は中小企業の新しい組織化といえる施策である。従来からある伝統的な中小企業の組織化の手法は同業者による協同組合が中心であった。ところが中小企業だけによる組織化には限界があり，中小企業の存立基盤は多様さを増している。そのようなことから企業の枠を超え，産業の枠を超え，産学連携をも含めた幅広いネットワークの活用により，中小企業を核にした事業展開の幅が大きく広がることを期待するようになったのである。なお新連携の事業計画について国の認定を受けるためには，以下のような要件を満たしていることが必要となる。

・異分野の中小企業者2者以上がそれぞれの経営資源を持ち寄り，取組む事業であること。
・新事業分野の開拓であること。
・相当程度の需要が開拓されること。
・新事業活動により，一定の利益を上げられること。

　一方，農商工連携とは農林水産事業者と商工業者がそれぞれの強みである経営資源を互いに持ち寄り，新商品や新サービスの開発などに取組むことを指す。2008（平成20）年7月に「農商工等連携促進法」（「中小企業者と農林漁

業者との連携による事業活動の促進に関する法律」）が施行され農商工連携の取組が進められることとなった。新連携と同様に農商工連携に取組もうとする事業者（複数）の事業計画が認定されると，低利の融資，税制の優遇措置など，さまざまな支援を受けることができるようになっている。

　連携にあたっては中小企業者と農林水産業者の両者が主体的に事業に参画し，それぞれの得意分野である経営資源を互いに持ち寄り，工夫を凝らした新しい事業を創造していくことが求められる。国の認定を受けるためには，両者がこれまで開発・生産したことのない新たな商品やサービスであること，市場の開拓が見込まれることによって両者の経営改善の可能性があることなどが，基本的な要件となっている。

(2) 亜業種交流から生まれた「アドック神戸」[6]

　兵庫県における新連携の象徴的な事例といえるのが「アドック神戸」である。

　1995（平成7）年，阪神・淡路大震災が発生した。このときいち早く復興に立ち上がった組織に兵庫県中小企業家同友会[7]がある。兵庫同友会には機械系，電気系，建築系など多彩な業種の中小企業経営者の会員が属している。これらの企業が互いのコア・コンピタンスを持ち寄り，被災した仲間の会員企業の復興・復旧を支援していった。

　これをきっかけに，このネットワークを生かせないかと，大震災の翌年に兵庫同友会の中に生まれたのが製造部会であった。このとき，機械設計，金型，プレス，溶接，板金，機械組立などの製造業を中心に約30社が集まった。異業種交流ではなくなにがしかの産業連関上のつながりがあるいわば亜種の企業間の連携からなる「亜業種交流」の始まりである。

　1996（平成8）年当時，円高の進行と大企業による生産拠点の海外シフトの影響を受ける中小製造業は少なくなかった。しかし下請からの脱却は一社単独

---

(6) 詳細については佐竹隆幸（2012）pp.152-171を参照のこと。
(7) 以下，兵庫同友会とする。

228

では難しい。そこで，各社の強みを持ち寄り共同で受注し，開発・生産を行おうということになった。この製造部会を母体に1999（平成11）年に共同受注の窓口として生まれたのが「アドック神戸」という任意団体であり，機械加工，電気制御，ゴム製造など，多彩な技術と実績を持つ中小企業41社が集まりスタートした。

　2005（平成17）年9月，新連携事業として認定されたの新製品が「細菌・ウイルス瞬間加熱殺菌装置」であった。㈶新産業創造研究機構（NIRO）[8] を通して依頼のあったプロジェクトで，電子機器の開発・製造を行う北斗電子工業を主幹事会社として，5社と1大学[9] がこのプロジェクトに参加した。

　この「細菌・ウイルス瞬間加熱殺菌装置」は「乾燥空気による加熱殺菌」と「高濃度酸素イオン殺菌」を併用して，空気中に浮遊する細菌やウイルスを殺菌・不活化し，高レベルの無菌環境をつくりだす装置である。病院や医薬品製造会社，高齢者福祉施設などでの市場性が高いとして開発が始まったものだった。2006（平成18）年には殺菌装置としての特許を取得し，2009（平成21）年から「アドックR-3600」という商品名で販売が開始された。

1-3　小規模企業[10] への政策

(1)「中小企業憲章」の閣議決定

　すでに述べたように1999（平成11）年に成立した中小企業基本法は，旧基本法時代に行われた協同組合などを通じた支援とはまったく異なる政策手法をとっていた。しかし競争の促進を基本とする新たな基本法の理念は，日本の中

---

(8) 阪神・淡路大震災を契機に兵庫県・神戸市・関西財界が中心となり産業復興及び新時代の産業構造と体質づくりによる地域振興を目的に設立された組織である。研究所と技術移転センターから構成される。

(9) ㈱奥谷金網製作所（各種金網・パンチングメタル製造），㈱ツインテック（金属部品組立・製造），㈱藤製作所（業務用・工業用ガス機器製造），森合精機㈱（油圧機器・洗浄機器製造），明花電業㈱（商社として販路開拓），神戸大学医学部（殺菌性能の評価）。

(10) 本論では法人化をしていない小規模事業者・小規模企業を含めて「小規模企業」または「小規模企業者」で表記を統一している。

小企業の9割以上を占める小規模企業[11]にとって必ずしもプラスに作用するわけではない。

　2009（平成21）年9月に民主党を中心とした政権が誕生し，マニフェストに掲げていた「中小企業憲章」が翌2010（平成22）年6月に閣議決定された。それは「中小企業は，経済を牽引する力であり，社会の主役である」という一文から始まり，「政府が中心となり，国の総力を挙げて，（中略）どんな問題も中小企業の立場で考えていく」ということが記されている。これを受け小規模企業振興基本法制定の動きが促進されていくこととなった。

　2012（平成24）年3月，中小企業庁は「わが国企業の9割以上を占め，製造業，商業，サービス業など，全国津々浦々にわたりわが国経済を支える中小・小規模企業が，内需減少，新興国との競争，震災・円高など，厳しい環境の中で，如何に，その潜在力・底力を発揮し，もう一度元気になることができるかは国民的課題です。このため，（中略）これまでの中小企業政策を真摯に見直し，中小・小規模企業の経営力・活力の向上に向けた課題と今後の施策のあり方を討議し，実行していきます」といった趣旨のもとに，「"日本の未来"応援会議〜小さな企業が日本を変える〜（略称："小さな企業"未来会議）」を開催した。

　2012（平成24）年3月から6月にかけて同会議が開催され，同年6月に取りまとめの報告が行われた。そこには「これまでの中小企業政策を真摯に見直し，小規模企業に焦点を当てた体系へと再構築」すること，「さまざまな段階・指向を有する小規模企業に対し，それぞれの実情に沿ったきめ細かな支援策を構築」すること，「中小企業基本法における小規模企業の位置づけの精緻化・強化を検討」することが示された。

---

(11) 中小企業基本法の定義によると，業種分類で製造業その他の場合従業員数が20人以下，商業・サービス業で従業員5人以下を小規模企業という（中小企業庁HPより）。

（2）「小規模基本法」と「小規模支援法」の成立

　2013（平成25）年3月，中小企業政策審議会の中に小規模企業基本政策小委員会が設けられることになった。7回にわたって同委員会が開催され，小規模企業振興のための支援策の強化と基本法の検討がなされた。小規模企業の役割と課題，さらに小規模企業対策の方向性について以下のとおり報告書に示された。

〈小規模企業が果たす役割〉
　①国内外の新たな需要の開拓
　②創業等を通じた個人の能力の発揮
　③地域経済への貢献

〈小規模企業の課題〉
　①需要の変化・減少に対応する売上の維持・拡大
　②経営層の高齢化・雇用者数の減少に伴う廃業の増加・開業の停滞
　③地域経済全体の活力の低下に対応しての小規模事業者振興と地域経済活性化の必要性
　④経営課題の複雑化・多角化・高度化に対応して334万社に支援施策をきめ細かく届ける体制の必要性

〈小規模企業対策の方向性〉
　・顔の見える信頼関係をより積極的に活用したビジネスモデルの再構築
　・多様な人材・新たな人材の活用による事業の展開・創出
　・地域のブランド化・賑わいの創出
　・事業者の課題を自らの課題と捉えたきめ細かな対応，支援機関・行政の総力を挙げた高度な支援

　以上のようなプロセスを経て，2014（平成26）年6月に「小規模基本法」

（「小規模企業振興基本法」）と「小規模支援法」（「商工会及び商工会議所による小規模事業者の支援に関する法律の一部を改正する法律」）が成立した。この中の「小規模支援法」は，次の3つの事業を明確化したものである。

①伴走型の事業計画策定・実施支援のための体制整備
②商工会・商工会議所を中核とした連携の促進
③独立行政法人中小企業基盤整備機構の業務追加

　ここで注意したいのは，これらの法律が成立したとしても，小規模企業が中小企業と切り離されて存在するようになるわけではない点である。あくまで小規模企業は中小企業の一部を構成するものである。

1-4　担保主義・保証制度によらない融資制度の促進

　「元気な企業」，「やる気のある企業」，「成長可能性のある企業」を支援していくうえで，優秀な人材，効率的な物材（設備投資等）といった良質な経営資源の確保を手助けしていくことが重要であり，これを実現していくためには資金の問題が課題となる。そのための施策のひとつが「担保主義・保証制度によらない融資制度の確立」である。
　兵庫県信用保証協会においては金融機関と保証協会の審査の重複を極力排除し，取引先企業の経営内容を把握している金融機関に第一次的な審査をゆだね，より迅速に審査結果を出せる仕組の開発を行った。これが，2002（平成14）年10月から取扱を開始した金融機関との提携商品「ひょうご無担保ローン『じんそく』」である。
　「じんそく」は無担保，第三者保証人不要で，最高5,000万円まで保証が可能で，保証の事前相談から内諾までの期間がおおむね3営業日以内というのが最大の特徴となっている。さらに「じんそく」の拡大版として2005（平成17）年9月に取扱を開始したのが「ひょうご無担保ローン『スーパーじんそく』」である。これは連帯保証人を法人代表のみとし，限度額を無担保で1億

円，保証期間7年とこれまでの融資制度から条件が緩和されたことが特徴であり，取扱2週間で350億円，1カ月で1,000億円の保証承諾が行われた。

　また中小企業の経営者による個人保証については，資金調達を円滑にする半面，経営者の思い切った事業展開を阻害したり，万一の場合の事業再生を妨げたりする要因になっていると指摘されていた。そこで2013（平成25）年12月，日本商工会議所と全国銀行協会が事務局を務める「経営者保証に関するガイドライン研究会」から「経営者保証に関するガイドライン」が公表された。

　このガイドラインには保証契約時の対応として以下のように規定されている。

・中小企業が経営者保証を提供することなく資金調達を希望する場合に必要な経営状況とそれを踏まえた債権者の対応。
・やむを得ず保証契約を締結する際の保証の必要性等の説明や適切な保証金額の設定に関する債権者の努力義務。
・事業承継時等における既存の保証契約の適切な見直し。

　中小企業の資金調達を難しくしている要因として第一に挙げられるのが「情報の不完全性」である。会計監査を受けて情報開示義務も厳しく定められている大企業に比べ，中小企業ではたとえ情報が開示されたとしても，財務情報が正確性を欠いているだけでなく，経営の方向性や経営者自身に関する定性情報も入手が難しい場合が多い。そのために中小企業に資金を提供する金融機関は借手との密度の濃い関係を構築することで必要な情報を入手する努力をしてきた。また不動産を担保としたり，経営者だけでなく第三者も保証人としたりすることで，万一の場合に備えてきた。これを解消するために提唱されているのが，自社の毎年の事業計画を作成して貸手である金融機関に提示し，お互いに情報を共有しながら融資を受けるという手法である。

1-5　405億円事業：経営改善計画策定支援事業

　2013（平成25）年3月末の中小企業金融円滑化法の終了を契機とし，中小

企業・小規模事企業の資金繰を確保するためのセーフティネットとして経営改善計画策定支援事業が措置されることとなった。その後2013年12月に大幅な運用見直し，2015年（平成27）年には利用申請受付期限の撤廃及び支援対象事業者の拡充がなされた。2017（平成29）年5月より早期経営改善計画策定支援（早期経営改善計画策定支援）として事業が継続されている。

本事業は業績が厳しく取引銀行向けに今後の改善策や数値計画を提出する必要がある中小企業者・小規模事企業が活用できる制度である。借入金の返済負担等の財務上の問題を抱え，金融支援が必要な中小企業・小規模企業の多くは，自ら経営改善計画等を策定することが難しい状況にある。こうした中小企業・小規模企業を対象として，中小企業経営力強化支援法に基づき認定された経営改善支援機関（以下，認定支援機関）が中小企業・小規模企業の依頼を受けて経営改善計画などの策定支援を行うことにより，中小企業・小規模企業の経営改善を促進するものである。一定の要件の下，認定支援機関が経営改善計画の策定を支援し，中小企業・小規模企業が認定支援機関に対し負担する経営改善計画策定支援に要する計画策定費用及びフォローアップ費用の総額について，経営改善支援センターが一部を負担するものである。

兵庫県信用保証協会では，2014（平成26）年10月より国が実施している「認定支援機関による経営改善計画策定支援事業」を利用する中小企業・小規模企業向けに計画策定費用の一部補助をするものである。補助対象は兵庫県信用保証協会の保証付借入金があり，①協会の保証付借入金について返済緩和の条件変更を行っている，または行う予定がある，②九人の「認定支援機関による経営改善計画策定支援事業」に基づく経営改善計画を策定し，経営サポート会議において協会の同意を得ている，③経営改善支援センターから九人の支援事業に基づく支払決定を受けている，のすべてに該当する中小企業・小規模企業である。なお，兵庫県信用保証協会は経営サポート会議の事務局の機能を果たしている。

認定支援機関とは，2012（平成24）年8月に施行された中小企業経営力強化支援法に基づき，税務・金融及び企業財務に関する専門的知識や中小企業に

対する支援の実務経験が一定レベル以上であることを，国から認定された者のことをいい，2017（平成29）年10月31日時点で27,203機関が認定を受けている。認定支援機関として，税理士や公認会計士，中小企業診断士などが認定を受けている。また早期経営改善計画の策定支援事業の運営は各都道府県に設置されている「経営改善支援センター」が行っている。本事業を活用する中小企業・小規模企業は認定支援機関とともに各都道府県の経営改善支援センターに利用申請を行うこととなる。兵庫県では神戸商工会議所内に「兵庫県経営改善支援センター」が設置されている。

第2節　21世紀以降の国内金融情勢

　20世紀から21世紀にかけて日本の金融業界は激動の歴史を歩んできた。本節では「金融ビッグバン」，「リレーションシップ・バンキング」のキーワードのもとに21世紀に入ってからの国内の金融情勢を検証していくことにする。

2-1　大規模な金融制度改革「日本版金融ビッグバン」

（1）1970年代後半からの金融自由化の波

　日本における金融自由化の波は1970年代後半以降に段階的に進められてきた。譲渡性預金の導入，証券会社による中期国債ファンドの販売解禁などが挙げられるが，これらは利用者の利便性の大幅な向上までには至らなかった。

　このような一連の流れを前提として，1984（昭和59）年5月，日本の金融自由化と円相場の国際化を通じた日米間の貿易不均衡を話合う，日米円・ドル委員会が開催された。ここでの合意を契機にして，金融自由化・グローバル化の動きに伴って大きく変貌した世界の金融環境に日本も対応していこうという機運が高まってきたのである。これによって，預金金利の自由化や業務規制の緩和・撤廃といった金融自由化の措置がとられていく。

　預金金利については，1993（平成5）年6月の定期預金金利の完全自由化，1994（平成6）年10月の流動性預金金利の完全自由化を経て，現在では当座

預金を除くすべての預金金利が自由化されている。また日米円・ドル委員会の報告書に盛り込まれた広範な金融の国際化措置に基づき，制度面での環境整備も行われていった。たとえば，銀行が海外から持ち込んだドルを日本国内で円に転換する際，金額に対する制限があったが，これを撤廃したほか，ユーロ円取引にかかわる規制も緩和されることになった。

さらに1998（平成10）年4月には，日本における外国為替取引が全面的に自由化された。これによって日本の商社やメーカーは自由に外国為替取引を行えるようになったのである。

(2) 金融環境の変化と金融制度改革

1970年代後半以降の金融自由化の動きについて見てきたが，金融環境の変化などと相まって金融制度そのもののあり方を見直す方向へと進んでいくこととなる。日本の金融制度において，銀行の業務範囲に関しては，①長短金融の分離，②銀行・信託の分離，③銀行・証券の分離，という業務分野規制が長きにわたって適用されてきた。こうした分業主義・専門金融機関制度に基づく日本の金融制度が，第二次世界大戦後の経済復興，およびそれに続く高度経済成長を支えてきたともいえる。

しかし1970年代後半から日本経済が安定経済成長路線へ移行する中で，大企業が間接金融から直接金融にシフトするなど，銀行に対する資金需要の動向が大きく変わってきた。これに伴って都市銀行なども大企業向けの短期金融業務に加え，長期金融，中小企業金融など，地方銀行や協同組織金融機関といった他の業態が得意としていた分野にも重点を置くようになってきた。金融の自由化・国際化・証券化といった金融環境の変化の中で，金融機関相互の競争が激化し，金融機関の「棲み分け」的な構造が崩れていったのである。

こうした変化を受けて金融制度改革を求める声が高まり，1985（昭和60）年9月以降，大蔵大臣（当時）の諮問機関である金融制度調査会が約6年の歳月をかけて金融制度改革について検討を進めていくこととなった。まず1987（昭和62）年12月に「専門金融機関制度のあり方について」という報告書が

出され，相互銀行の普通銀行への転換が認められることになった。1990（平成2）年6月には「地域金融のあり方について」という報告書が発表され，ここで地域金融機関の業務拡大に関する方向性が示された。さらに1991（平成3）年6月には「新しい金融制度について」という最終報告書が取りまとめられ，その中で地域金融については「地域活性化を検討の視野に入れる必要がある」ことを強く主張している。この報告書を基盤として1992（平成4）年6月に「金融制度改革関連法」が成立し，翌1993（平成5）年4月1日に施行された。これを受けて銀行・証券会社の業態別子会社が設立され，地域金融機関本体での信託業務への参入も相次いでいった。

　以上のように，日本における金融制度改革は着実に実行に移されてきた。一方で金融の自由化・グローバル化は世界的な規模で急速に進展し，日本の金融が世界の中で取り残されてしまうことが強く懸念されるようになった。こうした事態を避けることや，1,200兆円にものぼる個人金融資産の有効活用を図るためにも，金融・証券取引に関する各種規制の大胆な緩和・撤廃，銀行持株会社の解禁などが喫緊の課題として浮上してきた。

　1996（平成8）年11月，政府は2001（平成13）年を最終期限として金融制度の抜本的な改革を行うと表明するに至る。「日本版金融ビッグバン」である。日本版金融ビッグバンにおいては，東京市場を2001（平成13）年3月末までに，ニューヨーク・ロンドンと並ぶ①フリー（市場原理が働く自由な市場），②フェア（透明で公正な市場），③グローバル（国際的で時代を先取りする市場）な国際金融市場とすることを目標として掲げた。

　この中の規制緩和に関して，銀行業界については投資信託の販売が段階的に解禁されたことが大きい。1997（平成9）年12月，投資信託委託会社への銀行の店舗貸しという形で銀行による投資信託の販売が解禁され，翌1998（平成10）年12月1日からは銀行本体での投資信託の窓口販売が開始された。その後，2000（平成12）年11月には運用対象を不動産や貸付債権などにまで拡大できるようになり，不動産投資信託（REIT）などの販売の道が開かれた。

2-2 リレーションシップ・バンキングから事業性評価へ

(1) リレーションシップ・バンキング（地域密着型金融）の概要

　地域の経済を支える中小企業や地場産業などに資金がスムーズに供給されることは，地域経済の活性化，あるいは地方再生のために不可欠である。この主な担い手が地域金融機関であるが，「地域金融」という言葉が明確に定義されたのは先に述べた，1990（平成2）年の金融制度調査会による「地域金融のあり方について」という報告書においてである。この報告書の中で地域金融機関は「一定の地域を主たる営業基盤として，主として地域住民，地元企業及び地方公共団体等に対して金融サービスを提供する金融機関」と規定されている。具体的な民間金融機関として，第二地方銀行を含む地方銀行，協同組織金融機関（信用金庫や信用組合）が挙げられている。

　これらの地域金融機関のあるべきビジネスモデルとはどのようなものなのか。これを示したのが，2002（平成14）年10月に金融庁が公表した「金融再生プログラム」であった。ここではそのビジネスモデルについて「リレーションシップ・バンキング」と表現されている。2004（平成16）年12月に同じく金融庁から公表された「金融改革プログラム」では「地域密着型金融」と表現されているが，この2つは基本的には同義である。

　地域密着型金融とは金融機関が借り手である企業との間で密接な関係を継続して維持することにより，通常入手しにくい借り手の信用情報などを入手し，その情報をもとに貸出などの金融サービスを提供していくビジネスモデルのことである。金融機関は借り手との長期にわたる取引関係によって，経営者の経営能力や経営理念，人材や技術といった借り手の定性情報も取得し，それによって企業の経営状態を的確にモニターできる。

　2005（平成17）年3月に公表された「地域密着型金融の推進に関するアクションプログラム」においては，以下のような具体的な取組が示されていた。

①事業再生に向けた積極的な取組
経営不振に陥っている企業の再生を金融機関が適切な手法で後押しすること

は，地域経済の活性化にとって重要なことである。このプログラムでは，整理回収機構などの外部機関の事業再生機能の活用，再生手続中の企業に対する融資などの例を挙げて，地元企業の事業再生に貢献するように促している。

②不動産担保や第三者保証に依存しない融資の推進

中小企業の「情報の不完全性」については第1節で述べたが，中小企業への融資の際に金融機関が担保や保証を徴求することは，ある面では中小企業への融資を促進する役割を果たしてきたといえる。しかし不動産価格が下落する局面では担保価値が減少して，企業融資に大きな影響が出てくる。さらに企業経営者の個人保証や第三者保証がある場合，倒産時に全財産を失ってしまい，深刻な社会問題となっていた。

こうした問題を踏まえて，このプログラムでは売掛債権や在庫などを担保とする融資や，工業所有権や著作権などを担保とする融資など，不動産担保や保証に過度に依存しない融資を推進するよう金融機関に要請している。

③経営相談・支援機能の強化

地元企業の成長を実現していくために取引先企業に対する経営相談や支援機能の強化を図るよう金融機関に要請している。地域金融機関は資金仲介機能のみにとどまらず，取引先企業の経営上の悩みなどを聞き取り，経営上の問題点の解決について支援することで，地域に対する地域金融機関としてのCSR（社会的責任）を果たしていくべきだという考えに基づいている。

金融庁では中小企業に対するコンサルティング，事業承継やM&Aの支援，ビジネスマッチングなど，企業経営を支援するこれらの業務を金融機関の付随業務として明確にし，手数料がとれるようにした。これが金融機関の収益機会を増やすことにつながっていくのである。

(2) 金融機関の目利き力による事業性評価

地域密着型金融はいくつかの問題点も孕んでいた。たとえば，貸し手が借り

手の情報を独占していて借り手が他の資金調達手段を持たない場合，貸し手から不利な取引条件が提示される可能性がある[12]。こうしたことからリレーションシップ・バンキングの理念は現実には十分に浸透せず，多くの金融機関は担保に依存した融資を続けていた。これに対して金融庁がリレーションシップ・バンキングの考え方をより鮮明にするべく打ち出したのが「事業性評価」という概念である。

「事業性評価融資」とは決算書の内容や担保・保証だけで融資の可否を判断するのではなく，事業内容や成長可能性，さらに経営者の経営姿勢や技術・ノウハウといった定性的なものもトータルに評価して行う融資のことである。従来の財務データや担保・保証の有無をもとにした融資では，成長力はあるものの，決算書の内容があまりよくない企業の場合，事業展開に必要な資金を調達できないケースがある。このように成長の可能性を秘めた企業や，有望な事業計画を有する企業が資金的な制約のために実力を発揮できない場合，雇用や地域経済ひいては日本経済にとってマイナスとなる。

このようなことから2014（平成26）年6月に閣議決定された「日本再興戦略」において，日本産業再興プランの一つとして「地域金融機関等による事業性を評価する融資の促進等」が盛り込まれた。これを受けて同年9月に公表された金融庁の方針にも「事業性評価に基づく融資等」が盛り込まれることになった。金融庁はこの方針について「金融機関は，財務データや担保・保証に必要以上に依存することなく，借り手企業の事業の内容や成長可能性などを適切に評価（事業性評価）し，融資や助言を行い，企業や産業の成長を支援していくことが求められる」と明記している。すなわち不良債権に目を光らせる従来の「処分庁」から，銀行に積極的に融資を促す「育成庁」へと金融庁は大きく舵を切ったことになる。2015（平成27）年7月に発行された「円滑な資金供給に向けて」という金融庁のパンフレットにも「金融機関が目利き力を発揮して，融資や助言を行い，企業や産業の成長を支援することは，金融機関の果

---

(12) この問題をホールドアップ問題という。終章を参照のこと。

たすべき基本的な役割です。金融庁では，金融機関がこうした役割をしっかり果たすよう，事業性評価に基づく融資等を促しています」と記されている。

　借り手となる中小企業がこの事業性評価融資を受けるには，自社の強みやこれからの事業計画について金融機関に認識してもらう必要がある。金融機関が事業性評価を行うために必要な情報は，経営者の経営姿勢や経営理念・経営ビジョン，決算書の数字に表れない自社の強み（人材，技術，ノウハウ，顧客，仕入先，社外ネットワーク等），今後の事業計画等である。したがって経営理念（経営哲学），事業概要・沿革・実績，自社の強み・課題，外部環境分析（市場，競合など他社との状況），今後の経営ビジョン，数値による今後の計画を記載した事業計画書を作成し，金融機関に示していく必要がある。

　こうした情報を借り手の企業と貸し手の金融機関が共有することで，金融機関は顧客本位の良質な金融サービスを提供でき，金融機関自身も安定した顧客基盤と収益を確保するという好循環を目指すことができるのである。

(3) リレーションシップ・バンキングとしての金融機関の事例
【事例：神戸信用金庫】

　2018（平成30）年に創立85周年を迎えた神戸信用金庫では，2018年度を初年度とする3カ年の中期経営計画を策定し，地域でなくてはならない金庫としての価値を高めるため，地域密着型金融推進計画を掲げている。

　基本的な方針として，協同組織理念の原点である相互扶助の精神のもと，地域社会の繁栄を目標に地域密着を図り，地域の中小企業，地元住民のため事業の展開を継続し，経営支援・再生支援等の支援強化，ガバナンスの強化，審査能力の向上に向けた人材の育成等を柱としている。また事業先の支援体制を強化するため，販路開拓，海外進出，事業承継等多様なニーズに応える支援策やコンサルティング機能を強化して，これまでのリレーションシップ・バンキング・アクションプログラムを一歩進めた取組を行う方針を示している。

　具体的な取組として，①ライフサイクルに応じた取引先企業の支援の一層の強化策，②事業価値を見極める融資をはじめ中小企業に適した資金供給手法，

がある。また2009（平成21）年12月に施行された「中小企業者等に対する金融の円滑化を図るための臨時措置に関する法律（中小企業者等金融円滑化法）」に基づき，地域の中小企業者や住宅資金借入者に対して，中小企業者等金融円滑化に関する取組を進めている。

　中小企業の経営改善及び地域の活性化のための取組については，社会的使命との認識のもと，中小企業・小規模企業に必要な資金を安定的に供給し，経営改善支援や販路開拓，海外進出，事業承継等の支援強化を取組方針としている。こうした取組方針に基づき，経営改善支援については経営支援室を設置している。また販路開拓，海外進出，事業承継等の支援強化についてはお客さまサポート部を設置している。経営改善支援については中小企業再生支援協議会や地域支援金融会議等の公的機関の活用，提携外部専門機関を活用している。さらに販路開拓，海外進出，事業承継等の支援強化については神戸市及び神戸商工会議所，信金中央金庫と連携している。また，認定支援機関として認定支援機関確認書の発行を行っている。

　神戸信用金庫では顧客に対し以下を組織している。

・神金ものづくり活性化研究会

　ものづくり企業の活性化を目的に，神戸市立工業高等専門学校と産学連携協定を締結した。この産学連携活動をより充実化するため「神金ものづくり活性化研究会」を設立・運営している。

・Youyou倶楽部

　年金を受給すると自動的にYouyou倶楽部の会員となる。毎年，会員同士の親睦を兼ねて旅行を実施している。

・神戸信金ビジネスクラブ

　情報交換や異業種交流会を通じてビジネスチャンスを拡大し，事業を発展させることを目的としている。若手経営者や後継者を中心に構成されており，講

242

演会・勉強会・研究会を通じて異業種交流・連携事業を進めている。ビジネスクラブの部会である「産学連携研究会」では，半期ごとに研究テーマを定めて月1回のペースで研究会を開いている。

【事例：淡路信用金庫】

　淡路信用金庫ではこれまでの80年を超える歴史のなかで継続してきた地域密着型営業による顧客との関係性の強みを活かすとともに，行員の人材育成による高付加価値サービスの提供と顧客ニーズへの対応強化を図っている。

　また信用金庫としての社会的責任と公共的使命のもと，地域密着型金融推進計画を策定している。①顧客企業に対するコンサルティング機能の発揮，②地域の面的再生への積極的な参画，③地域や利用者に対する積極的な情報発信の3点を軸にした地域密着型金融の推進により，中小企業・小規模企業への経営支援や地域経済の活性化に取組んでいる。

　具体的には，地域密着型金融推進に向け，ライフステージ等に応じて提案するソリューション，コンサルティング機能を強化している。ライフステージ等に応じて提案するソリューションでは，事業性評価（ローカルベンチマーク）を活用した課題の共有及び融資の実行や，兵庫県よろず支援拠点と連携したセミナー等の開催，ミラサポや兵庫県信用保証協会の制度を利用した専門家派遣を実施している。そのほか，新規創業・新事業支援融資による資金供給，日本政策金融公庫との情報共有・連携強化による創業支援，創業計画書の策定支援・補助金等の申請支援等を実施している。コンサルティング機能の強化では，日本政策金融公庫や信金中央金庫との連携による研修の実施，全支店長及び次長級を対象とした事業性評価を含む研修を実施している。

　また淡路信用金庫では地域創生を果たすべく，地域金融機関の立場から地域の面的再生への積極的に参画している。具体的には，淡路県民局・洲本市・龍谷大学等との連携事業の実施，地域活性化支援の一環として商店街の販売促進施策事業への参画，地元小学校での産業・文化・歴史等に触れる教育イベントの実施，「御食国和食の祭典in淡路島」への協賛等を実施しながら，地域顧客

に対する積極的な情報発信を行っている。

　お客様が成長し地域が活性化することで淡路信用金庫も存立し続け，「お客様と共に成長する（共通価値の創造）」が実現できるのである。継続訪問を強化しお客様の事業をよく理解することで適時・適切な本業支援を行えると考え，以上のような地域密着型金融の推進態勢を強化している。

第3節　金融危機と日本の金融政策

3-1　リーマン・ショックを景気とした金融危機

(1) アメリカの住宅バブルとサブプライムローン

　2008（平成20）年9月，アメリカの大手証券会社リーマン・ブラザーズの経営が破綻し，世界の金融界にショックを与えた。いわゆるリーマン・ショックである。日本では住宅ローンを借りるときに金融機関による厳格な審査が行われる。ところがアメリカでは定職についていない人，あるいは年収が非常に低い人にも住宅ローンを貸してくれる仕組がある。この仕組が，返済がある程度不確定な人にまで住宅ローンを貸してくれる「サブプライムローン」であった。

　2000年代はアメリカでは住宅の価格が右肩上がりで上昇していた。住宅ローンの返済が滞った場合，資金を貸した側は担保の土地と住宅を取り上げて競売にかけてしまえば，貸した資金より多額の資金が戻ってきていたため，住宅ローンの会社としてもサブプライムローンを積極的に伸ばしていった経緯がある。こうして貸出された多額のローンは債権として主に投資銀行に販売された。リーマン・ブラザーズのような投資銀行は積極的に債権を買い集めていた。これにより住宅ローン会社には現金が入りその資金でまたサブプライムローンを借りたいという人に貸し住宅バブルは広がっていったのである。

　住宅ローン会社から債権を購入した投資銀行は債権を小分けにして広く販売するという手法をとった。いわゆる「債権の証券化」である。このとき投資銀行はサブプライムローンばかりではなく，サブプライムでない通常の住宅ロー

ンや，一般企業が発行した社債なども抱き合わせにし，パッケージにして販売するという戦略をとっていった。こうしてサブプライムローンの債権は他の金融商品とワンパッケージにされ世界中で販売された。また，いろいろな金融商品が抱き合わせになっているこのパッケージ商品はリスクが低いと判断され，アメリカの格付会社から最高ランクの格付を獲得していたため信用も高かった。

　2007（平成19）年初め頃にアメリカの住宅バブルがはじけサブプライムローンを返済できないという人が続出した。当然，ローンを返済できない人から取り上げた土地や建物は売れなくなってしまう。あるいは売れたとしても担保にしていた金額よりも安い金額でしか売れなくなり債権の価値が下がり始める。これに伴いその債権を基にした証券も値下がりし始めるに至ったのである。その結果，先のパッケージ商品の売買が成立しなくなり，証券は紙くず同然となってしまった。世界中の金融機関が問題のパッケージ商品を買っていると思われるため，金融機関同士が疑心暗鬼にとらわれてしまい機能不全に陥ってしまったのである。

　こうした中で，多額の負債を抱えたリーマン・ブラザーズの経営が行き詰ってしまった。通常であれば他の金融機関が救援の手を差し伸べてくれたり，救済合併を申出てくれたりというケースもあったであろう。しかし金融市場が機能しなくなり金融機関は手元に現金を残しておこうとしている状態のため，リーマン・ブラザーズは孤立無援となり150年の歴史にピリオドを打つことになってしまった。

(2)　「100年に１度」といわれた世界的な金融危機

　リーマン・ショックが起こった当初，日本はアメリカほどの深刻な影響はないといわれていた。1990年代から続く「失われた20年」の中で日本の金融機関や企業はサブプライムローンが組み込まれた証券にあまり手を出していないと見られていたからである。しかしリーマン・ショックを境に「100年に１度」という金融不安が世界経済に広がり消費が落ち込むこととなった。さらに金融不安から急速な円高ドル安が進んだため，日本の輸出産業が大きなダメージを

受けることになった。

　日本の製造業は軒並み壊滅状態となり派遣社員が契約期間中に契約を打ち切られる「派遣切り」が横行した。このため，2008（平成20）年の年末には派遣切りされた労働者たちに年末年始の食事と宿泊できる場所を提供しようと，東京都の日比谷公園に「年越し派遣村」が開設されるに至り，製造業不況は極限状態に達した。日経平均株価もリーマン・ショックのわずか1か月半後に，破綻直前比▲41.4％の7,162.90円に下落した。その後，日経平均株価は上昇と下落を繰り返す不安定な状況を経て，2009（平成21）年3月10日に7,054.98円の底ともいうべき最安値を記録することとなった。

　このような金融不安の中で，社債の発行という直接金融による資金調達の道を閉ざされた大手企業から都市銀行には融資の申込が殺到した。しかし株式を大量に保有している金融機関は株価が下落したことで自己資本も目減りしたために貸渋りを行うこととなった。その結果，都市銀行から融資を受けられなくなった大手企業は地方銀行に融資を申入れた。地方銀行にすれば東京に本社を置く大企業に融資するほうが安全確実である。結果的に地方銀行が地元企業への融資を渋る恐れが出てくることとなった。リーマン・ショックを受け，中小企業向け貸出に関して，政府は信用保証協会を通じて貸出を行う緊急保証制度（緊急安定化特別保証）を設けて対応していった。これは前年の2007（平成19）年10月に導入された「責任共有制度」の対象外で，信用保証協会の100％保証となっていることもあって，2008（平成20）年末にかけて信用保証協会による新規保証承諾額は大幅に増加することとなった。

　一方，リーマン・ショック以降，金融庁による金融機関の資産査定にかかわる制度変更として，次の2つを挙げることができる。第1は，「中小企業向け融資の貸出条件緩和が円滑に行われるための措置」に基づく監督指針および金融検査マニュアルの改定である。リーマン・ショック直後の2008（平成20）年11月に実施された。貸出対象企業が実現可能性の高い抜本的な経営再建計画を有していれば，融資条件を緩和することで不良債権となる貸出条件緩和債

権[13] には区分しないように変更を行うというものである。第2は，「中小企業金融円滑化法」（「中小企業者等に対する金融の円滑化を図るための臨時措置に関する法律」）の施行である。これは2009（平成21）年12月に施行され，当初は2011（平成23）年3月末までの時限立法措置だったが，最終的には2013（平成25）年3月末まで2年間延長された。中小企業金融円滑化法による中小企業のメリット・デメリットは以下のように考えられる。

〈メリット〉
・元本返済猶予や返済期間の延長など借入条件の変更が可能になる。
・条件変更を行っても不良債権とみなされないため，新規借入が可能になる。
・金融機関による経営支援・営業支援コンサルティングが受けられる。

〈デメリット〉
・返済猶予などの申請が必ず通るとは限らない。
・金融機関が連携して貸出条件を変更するため，借り手の経営情報が複数の金融機関で共有される。
・貸付条件の変更履歴があるという理由で，新規融資が断られることがある。
・申請時に経営改善計画書などの作成義務が生じる。
・返済条件の変更や新規融資が行われても，「事業不振」の抜本的な解決にはならないことがある。

　実際に中小企業金融円滑化法の実施によって2009（平成21）年12月から2012（平成24）年3月末迄の間に，中小企業者に対して実施された貸付条件

---

(13) 金融機関が債務者の経営再建・支援を図ることを目的に債務者に有利な条件に応じた再建のことで，正常債権とは異なるリスク管理債権に区分される。

の変更などは延べ289万件，79兆7,500億円にのぼった。これは，緊急保証制度の保証承諾額27兆2,000億円の3倍以上の金額である。

3-2　強い経済を取り戻すことを目指す「アベノミクス」

(1)　経済再生のための「3本の矢」

　2012（平成24）年12月26日，第2次安倍晋三内閣が発足した。安倍首相は所信表明の中で「3本の矢」という表現を使って，経済再生のための大方針を打ち出した。3本の矢とは「大胆な金融政策」[(14)]，「機動的な財政政策」[(15)]，「民間投資を喚起する成長戦略」[(16)] の3つを指し，こうした一連の経済政策を「アベノミクス」と呼ぶ。バブル崩壊以降長きに続くデフレからの脱却を目指すものである。

(2)　アベノミクスにおける金融政策

　金融政策とは中央銀行が行う金融面からの経済政策のことで，「物価や通貨価値を安定させるために，金融の引締や緩和を行い，経済を持続的に拡大させる」ことを目的に行われるものである。日本では1990（平成2）年以降，段階的に政策金利を引き下げ，ほぼ0％にまでなっていた。これ以上下げる余地が

---

(14)　戦後，2年以上継続してデフレによって物価が下落してしまった国は，先進国では日本だけである。デフレというのは，継続してモノの値段が下がる現象であり，消費者はモノを買うのを先に伸ばせば伸ばすほど得をすると考えるため消費は落ち込む。モノが売れないから値段が下がる→値段が下がれば企業が儲からない→企業が儲からなければ賃金が下がり，失業者も増える→賃金が下がれば買い物を控える→買い物を控えれば，モノが売れなくなる，というデフレスパイラルに陥ってしまう場合がある。そこで日本政府と日本銀行は物価を他の先進国並みに上げていこうと「2％のインフレ目標」を設定することにした。さらに日本の円を適正水準に是正する「円高是正」，「無制限の金融緩和（いわゆる異次元緩和）」などを打ち出した。

(15)　アベノミクスで強く打ち出されたのが「国土強靱化計画」である。すなわち公共事業を増やそうという政策である。民主党政権時代に公共事業が大幅に削減されてしまった結果，激しく疲弊してしまった地域経済を立て直す狙いがあった。

(16)　戦略の「日本産業再興プラン」においては，設備投資や研究開発投資を積極的に行った企業に対して税金を優遇し民間投資を促進する政策が含まれている。

ほとんどないという状態だったため，アベノミクスで量的緩和策，すなわち「異次元緩和」を政策的に進めてきた。具体的には，中央銀行である日本銀行が市場から国債などの金融商品を購入することで，貨幣を供給し，市場に出回るマネーサプライ（貨幣供給量）を増やしていこうとしたのである。アメリカではリーマン・ショックの発生直後，アメリカの中央銀行にあたる連邦準備制度理事会（以下，「FRB＝Federal Reserve Board」とする）が大規模に通貨供給量を増やしデフレに陥るのを防いだ[17]。

　一方日本では2016（平成28）年2月16日から，「マイナス金利付き量的・質的緩和」がスタートした。いわゆる「マイナス金利政策」である。日本銀行が民間の金融機関から受け入れる当座預金の一部にマイナス0.1％の金利を課し，日本銀行が金融機関から買い取る資産の対象を広げて，超長期国債やETF（上場投資信託）などの金融商品も買い入れる制度を施行した。これも「2％のインフレ目標」を何とか達成しようという政策であるが，これで多くの金融機関の普通預金金利は0.001％にまで下がることとなった。

　以上のように，本章では2000年代初頭から現在に至るまでを中心に，地域中小企業にとって主に外部環境の変化となる法整備及び金融政策について検討してきた。バブル崩壊後の長期停滞のなかで，金融ビッグバン，リレーションシップ・バンキングを重視する態勢への移行，一方でリーマン・ショックによる金融不安を受け，アベノミクスによる経済政策が打出されてきた。さまざまな中小企業政策や景気対策に準じ，制度融資，資金繰支援の充実が図られてきた

---

(17)　このときFRBはリスクの高い「住宅ローン担保証券」を大量に購入した。リーマン・ショックは，サブプライムローン問題がきっかけで発生したことはすでに述べたとおりであるが，リーマン・ショックが起きた当時のアメリカでは，住宅市場は壊滅的に冷え込んでいた。そこでFRBはサブプライムローン問題を迅速に処理すべく，住宅ローン証券を中心に1.7兆ドルもの金融資産を購入した。これにより住宅ローン担保証券の利回りが低下して住宅ローンの金利が下がることで，冷え込んでいた住宅市場を正常な状態に戻そうとしたのである。その後もFRBは制限を設けずに量的緩和を継続し，アメリカ経済は本格的回復の道をたどったといわれている。

ところであるが，今後の中小企業の競争力を高めるためには事業性評価によらない融資制度の実効と地域金融地域中小企業が一体となったリレーションシップ・バンキングの更なる充実が求められることとなる。次章では，兵庫県で独自に転換される事業性評価の充実に向けた取組や，2000年代の厳しい経営環境のなかで事業性評価の仕組を経営に取入れ存立基盤を強化していく具体的な事例について考察することとする。

【参考文献】

佐竹隆幸（2000）「中小企業論の現代的意義」上田達三監修/田中充・佐竹隆幸編著『中小企業論の新展開―共生社会の産業展開』八千代出版，pp.17-44.

佐竹隆幸（2012）『「地」的経営のすすめ』神戸新聞総合出版センター.

佐竹隆幸編著（2017a）『現代中小企業のソーシャル・イノベーション』同友館.

佐竹隆幸（2017b）「地域中小企業の存立とソーシャル・イノベーション」佐竹隆幸編著『現代中小企業のソーシャル・イノベーション』同友館，pp.15-40.

佐竹隆幸（2017c）「顧客価値創造経営を実効するソーシャル・イノベーション」佐竹隆幸編著『現代中小企業のソーシャル・イノベーション』同友館，pp.285-307.

佐竹隆幸（2017d）「地域中小企業によるソーシャル・イノベーションへの展望」佐竹隆幸編著『現代中小企業のソーシャル・イノベーション』同友館，pp.309-334.

山下紗矢佳（2012）「イノベーションと中小企業の存立―経営革新による存立基盤への方策」『商大ビジネスレビュー』第1巻第2号，pp.117-131.

山下紗矢佳（2014）「中小企業基本法の変遷と企業・地域振興」『星陵台論集』第47巻第2号，pp.51-66.

山下紗矢佳「小規模事業者の連携に関する一考察」日本中小企業学会西部部会（於神戸山手大学）2019年7月6日.

山下紗矢佳（2020）「地域小規模事業者によるソーシャル・イノベーションと地域振興―兵庫県多可郡多可町における小規模事業者の事例より」『中小企業季報』2020No.3，pp.15-25.

淡路信用金庫〈https://www.shinkin.co.jp/awaji/〉（最終閲覧日：2020年1月21日）.

神戸信用金庫ホームページ〈https://www.shinkinbank.co.jp/〉（最終閲覧日：2020年1月21日）.

第7章
地域金融と
地域中小企業の取組

第1節　兵庫県地域金融の動き

　前章で述べたように2000年代に入って，地域金融のビジネスモデルとして，「リレーションシップ・バンキング」あるいは「地域密着型金融」，さらに「事業性評価」という概念が金融庁から打ち出されてきた。ここでは兵庫県における地域金融がどのような方向を目指そうとしたのかについて，「ひょうご地域金融懇話会」，「㈶ひょうご震災記念21世紀研究機構」による提言や報告書を中心に，方向性を探るとともに具体的な取組について検討していく。

1-1　「ひょうご地域金融懇話会」による提言

(1) 兵庫県の新たな金融支援策を検討する懇話会

　ひょうご地域金融懇話会は県内の金融関係者，事業者，学識経験者から構成される。2006（平成18）年から懇話会を開催し，翌2007（平成19）年3月に「兵庫経済の持続的な成長のために」という提言にまとめ兵庫県に提出した。

　この懇話会では兵庫県の新たな金融支援策の基本目標を「地域金融の充実」と設定した。この背景として，①兵庫県の固有な事情として1995（平成7）年の阪神・淡路大震災から12年が経過し，県内総生産は震災前の水準に回復しているものの，その間の他の都道府県の成長を考慮するとなお10％程度の遅れがあり，一層経済の再生加速が求められること，②そのためには地域経済を支える地域金融の一層の充実を図り，必要なところへ必要な資金が円滑に供給される仕組を構築することが重要であること，の2点を挙げている。さらに基本目標を達成するために，①地域内再投資による地域経済の活性化，②不動産担保や保証人に代わる信用付与制度の推進，の2つを視野に入れた政策が必要，という前提に立って検討を進めることを提示した。

(2) 兵庫県として取組むべき重点課題

　懇話会では各委員や研究会の参加者からの意見に基づいて兵庫県として取組むべき課題を「重点的に取組む必要がある課題」と「中長期的に取組む必要が

ある課題」とに区分し，それぞれの課題ごとに基本目標達成のためにどのような方向性を持って取組んでいけばよいのかについて検討していった。

　以下，具体的な課題と新たな取組の方向を列挙してみることにする。

〈重点的に取組む必要がある課題〉

1.信用補完制度の見直しへの対応

　1-1　責任共有制度の導入に伴い，大きな影響を受けることが予想される中小企業への配慮。

　1-2　金融機関所定金利で実行される資金については，融資額の増枠等資金ニーズに幅広く対応。

　1-3　金融機関のリスク負担増加の影響を受ける中小企業のセーフティネットとして，地域金融支援保証制度及び地域金融支援融資制度の拡充。

2.政府系金融機関との連携等による創業，ミドルリスク層への支援

　2-1　政府系金融機関との連携

　　・政府系金融機関の融資制度とひょうご産業活性化センター等の連携。

　　・無担保・第三者保証人なしで兵庫県版CLO（Collateralized Loan Obligation）融資[(1)] の創設。

　　・いわゆるミドルリスク層も含めた中小企業向け融資制度の創設。

　2-2　民間金融機関等との連携

　　・政府系金融機関の貸出規模の縮小を補完する大型設備貸付の創設。

3.制度融資の見直し

　3-1　長期・固定・低利のメリットがある制度融資の継続。

　3-2　市場金利の動向に的確に対応するため制度融資利率の改定ルールの設定。

　3-3　制度融資における現行の預託制度の見直し。

---

(1) CLO：金融機関が事業会社などに対して貸し出している貸付債権（ローン）を証券化したもので，ローンの元利金を担保にして発行される債券のこと。

3-4 中小企業の経営課題等に対応した制度融資メニューの見直し。

4. 中小企業への融資促進策

4-1 中小企業会計を普及させるための促進策。

4-2 ひょうご産業活性化センターの技術評価制度の充実・利用促進，不動産担保や保証人に過度に依存しない信用付与制度の推進。

4-3 「中小企業支援ネットひょうご」と金融機関が連携した金融相談・融資体制の充実。

4-4 信用保証協会の取り扱う売掛債権担保融資保証制度の利用促進。

4-5 政府系金融機関等が取組む動産を担保とした融資スキームであるABL（Asset Based Lending）及び知的財産を担保とした融資の活用。

5. 小規模零細企業への支援

5-1 商工会議所等を通じた中小企業会計の積極的な導入や青色申告の促進策。

5-2 地域における金融支援を充実させるための商工会等独自の融資制度の拡充。

5-3 信用補完制度の見直しに伴う激変緩和のための支援。

5-4 小規模零細企業に対する円滑な資金供給を目的とした信用保証協会による「クイックミニ保証」の拡充。

6. 中小企業への事業再生及び再チャレンジ支援

6-1 事業再生計画に沿った資金繰が可能となるよう信用保証協会と連携した新たな資金供給システムを検討。

6-2 法的な再建手続等に取組んでいる中小企業の円滑な事業再建を図るための信用保証協会による「事業再生保証」。

6-3 新たな事業に再チャレンジしようとする廃業歴を有する中小企業を対象とした保証制度の創設や相談窓口の設置。

7. 開業に対する支援

7-1 責任共有制度の導入に対応した新規開業者の資金調達支援。

7-2 製造業，小売業など，開業する業種に対応した事業化支援。

7-3 政府系金融機関と連携し，開業後の一定期間の支援あるいは事業計画の達成状況に応じた優遇金利の適用など，新たな資金供給を行うための制度の創設。

〈中長期的に取組む必要がある課題〉

8. 中小企業の事業承継支援

8-1 後継者人材マッチング事業（日本商工会議所・全国商工連合会），兵庫式M&Aサポートシステム（神戸商工会議所・明石商工会議所），事業継続ファンド（中小企業基盤整備機構）などを参考に検討を行う。

9. 災害時における資金供給などリスクマネジメント支援

9-1 中小企業のBCP（Business Continuity Plan＝事業継続計画）策定に対する支援。

9-2 リスクへの対応策として，高度な金融工学に基づく資金調達手法を金融機関と連携して開発する。

基本目標を達成するためには地域金融に関係する各主体（中小企業・地域金融機関・中小企業等支援団体）がそれぞれの課題と役割を認識することが重要である。懇話会では各主体の課題と役割について，次のように指摘している。

〈中小企業の課題と役割〉

中小企業が会計の透明性・正確性を確保したうえで，担保や第三者保証人に頼ることなく必要な資金を円滑に調達するためには，積極的に「技術評価制度」等を活用して自ら保有する技術力・成長性等を金融機関にアピールするとともに，中小企業自らの信用リスク度合いを認識し，信用リスクの低減に努める必要がある。

〈地域金融機関の課題と役割〉

リレーションシップ・バンキングを実施している地域金融機関は，中小企業

の経営内容等について常に把握し，当該中小企業が資金調達の必要があれば適宜対応できるような密接な関係を構築することが必要である。また地域金融機関は中小企業の成長を支える重要な役割を果たしており，適切に中小企業のリスクを判断し，財務の審査だけではなく，経営者の資質や事業内容から成長性・技術力等を適切に評価し，審査を行うことも必要である。さらに新たに事業を行おうとする中小企業を積極的に掘り起こして，逆に事業提案を行うなど，地域の中小企業を育てる役割もある。

〈中小企業等支援団体の課題と役割〉

　2003（平成15）年度より，ひょうご産業活性化センターが中核機関となって，県下中小企業等支援団体で構成する「中小企業支援ネットひょうご」が構築され，中小企業に対する相談体制が整備された。今後，支援ネットと金融機関が連携を強化して相談体制を拡充し，中小企業の円滑な資金供給支援に努める必要がある。また，ひょうご産業活性化センターや商工会議所・商工会等の団体は，中小企業の円滑な資金供給を支援する立場から，中小企業の新たな取組や技術力・成長性についての目利き機能を強化する必要がある。

　以上の内容に基づいて兵庫県金融施策を策定実施していった。以下では制度としては当時革新的であった「ひょうご中小企業技術・経営力評価制度」についてまとめていく。

(3)「ひょうご中小企業技術・経営力評価制度」の創設

　「ひょうご中小企業技術評価制度」とはひょうご産業活性化センターが2005（平成17）年6月にスタートさせた技術評価制度である。技術力・成長性を有しているにもかかわらず，物的担保・人的担保が不足していることから融資を受けられない中小企業や，保有する技術力や成長性をアピールし，販売促進への活用や企業価値を向上させたい中小企業者に対して，技術力・成長性を評価した評価書を発行し，円滑な資金供給や企業価値のアピールを支援することを目的に創設された制度である。ここでいう技術力とは，モノづくりでいう技術

力を示す製品品質に限定するものではなく経営品質，すなわち経営技術に関する技術力評価である。経営技術が優れた企業＝経営品質が高い企業となる。

　経営品質が高い企業とはいかなる企業のことを指すのであろうか。これは既存事業（本業）での企業の社会的責任（CSR＝社会貢献・地域貢献）等を通じて，従業員自らが仕事や会社に誇りを持つことで社員満足（ES）が高まり，その結果として顧客満足（CS）が創造されている企業のことである。こうしたプロセスにより経営品質を高めていくことが可能であると考えられる。すなわち経営品質が高い企業とは，「ESが高く，CSが高く，そのうえでCSRを高度に実践している企業であり，これをPDCAサイクルで実行し，利益に直結させるメカニズムを構築できている企業」のことである。このメカニズムにより，これまでに存在しなかった価値を創造し「顧客価値創造経営」(2)を確立することとなる。まずはESとCSが有機的に連関することで相互に高位平準化を実現し，企業の存立基盤を高めていくことが重要となる(3)。こうした存立基盤を評価する制度そのものが「技術力評価制度」である。制度を進めるにあたり，兵庫県中小企業診断士協会などの公的機関が，評価の申込のあった企業の技術力・成長性について，製品・サービス，市場性・将来性，実現性・収益性，経営性などの各項目で評価を行ったうえで総合評価を行い，評価書を交付する仕組となっている。

　その後，2012（平成24）年には中小企業の技術力・経営力を総合的に評価する「ひょうご中小企業・経営力評価制度」に名称変更がなされ，新規性・独創性，市場規模・成長性，人材・組織体制など10項目について評価を行うようになった。評価書発行までの流れを示したのが，図表7-1である。2005（平成17）年6月の制度発足から2016（平成28）年12月末までの評価書発行実績は1,152件にのぼり，兵庫県内18金融機関が評価書を顧客企業の実態把握や事業性評価に活用し，経営支援や融資につなげている。さらに，この制度と連

---

(2)　事例については，佐竹隆幸（2012）を参照のこと。
(3)　佐竹隆幸（2017b）pp.33-36を参照のこと。

動して8金融機関が独自の融資制度を設けており，これらを含めた融資総額は
2016（平成28）年12月末で683件，181億3,200万円となっている。

　一方，評価を申し込んだ中小企業は評価書で指摘された課題や問題点につい
て，金融機関やひょうご産業活性化センターに支援を求めるなど，経営改善に
役立てることができる。また全体評価が一定以上の企業に対しては，設備貸与
制度の割賦損料の引下や信用保証協会の保証料の引下を実施している。この制
度が順調に推移した成功要因として，以下のように中小企業と金融機関のニー
ズが合致したことが挙げられる。

・中小企業にとっては，物的・人的担保に劣る中小企業が評価書を通して経
　営の強みをアピールすることができること。
・金融機関とっては，顧客の経営実態を総合的に把握し，融資判断の参考に
　することができるため，具体的な融資につながっていること。

図表7-1　評価書発行の流れ

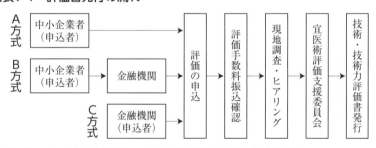

（出所：「ひょうご中小企業技術・経営力評価制度」を基に筆者作成）

　この制度は他の地方自治体にも波及し，広島県（2013（平成25）年度），福
岡県（2014（平成26）年度），札幌市（2016（平成28）年度）が同様の評価
制度を導入している。

　以上の「技術評価制度」の創設という金融制度上の取組はいわゆる「担保主
義・保証制度によらない融資制度の確立」への第一歩の道程であり，企業に対

して決算書を中心とした量的評価のみならず事業性評価を基盤とした質的評価を重視した革新的な試みへの方向性を示す全国的にみて画期的な制度の創設となった。

1-2　新たな地域金融手法モデルの構築に向けて

(1)　兵庫県における地域金融の動向

　㈶ひょうご震災記念21世紀研究機構は阪神・淡路大震災からの教訓を生かし，安心・安全なまちづくりや共生社会の実現を目指して調査研究を行うシンクタンクである。この研究機構が2009（平成21）年3月に発表したのが，「新たな地域金融手法モデルの構築〜復興から生まれたビジネスモデル〜」という報告書である。この研究は，信用金庫や信用組合など地域に根ざした地域金融機関と中小企業が連携することにより，税金の投入を減らしながら地域資源を掘り起こし資金循環を促すような新たな地域金融手法モデルの開発について検討を行うことを目的としている。

　同機構は兵庫県内の中小零細企業と域内地域金融機関の関係について，以下のように分析している。日本銀行神戸支店が2008（平成20）年4月に行った県内中小企業へのアンケート調査によると，中小企業がメインバンクとしている業態で最も多かったのがメガバンクであった。次いで，信用金庫，地方銀行・第二地方銀行という順である。また2003（平成15）年時点のデータと比べてみると，地方銀行，第二地方銀行の顧客がメガバンクに流れていることが指摘されている[4]。一方，『2008年版中小企業白書』によれば兵庫県内の中小企業のうち，域内金融機関をメインバンクとする企業の割合は30％以下[5]と少なく，域内地域金融機関はメガバンクなどに顧客を奪われていることが示されている。

　以上のように兵庫県では信用金庫や信用組合といった協同組織金融機関が大

---

(4)　㈶ひょうご震災記念21世紀研究機構（2009）pp.3-4による。
(5)　中小企業庁（2008）pp.167-168による。

きなシェアを占めているが，協同組織金融機関というのは「中小企業，農業漁業者及び個人など，一般の金融機関から融資を受けにくい立場にある者が構成員となり，相互扶助の理念に基づき，これらの者が必要とする資金の融通を受けられるようにすることを目的として設立された」金融機関である[6]。金融庁は2008（平成20）年3月から金融審議会金融分科会第二部会協同組織金融機関のあり方に関するワーキンググループにおいて，協同組織金融機関のあり方について検討を行ったが，ワーキンググループで出された委員や参考人の意見の一部を次のように紹介している。

〈協同組織金融機関の現状〉
・再編により大規模化しても費用低減効果では銀行には勝てず，また大規模化して顧客との密着度が落ちれば，協同組織金融機関にとってマイナスになる。
・資金量が1兆円以上規模と3,000億円以下規模の信用金庫を見ると，いずれも主たる取引層は従業員数10人以下の層で85％を超えており，規模の大小にかかわらず中小零細企業向けの融資に徹している。
・1兆円以上規模の信用金庫でも，店舗ごとに狭域・高密度の事業活動を展開しており，企業規模の大小にかかわらず，小規模企業，生活者のための最後のよりどころであることに変わりはない。

〈協同組織金融機関と銀行との相違点〉
・協同組織金融機関には銀行のように株主というステークホルダーがいないため，より多様な顧客に対する満足度を高めることができる。
・創業・再生支援，異業種との企業交流会などの経営支援活動を通じて，地域経済の活性化を図るということが協同組織金融機関の重要な役割であり，その点がメガバンクとの相違点である。

---

(6) 1989（平成元）年5月15日金融制度調査会金融制度第一委員会中間報告より。

〈協同組織金融機関の利用者はどう考えているのか〉

・銀行と協同組織金融機関とでは中小企業や個人に対する対応が異なるため，協同組織金融機関制度は存続し続けるべきである。

・メインバンクとしての金融機関に対する中小企業経営者の満足度は，銀行より地域密着度の高さゆえに信用金庫・信用組合のほうが高い。

・協同組織金融機関は，中小企業に対して経営アドバイスできない場合には，商工団体などの相談員と連携しながら相談の場を設けるような活動を今後の続けるべきである。

〈協同組織金融機関の意見〉

・信用金庫が，地域の人と人，企業と企業の絆を紡ぐ相互扶助の地域金融機関として，持続可能な地域経済，地域のコミュニティづくりを目指していくためには，現在の協同組織による信用金庫制度は堅持されるべきである。

・信用組合は資本の論理ではなく，地域，業域，職域社会における協同組織金融機関として，人々の絆を生かした「組合員の組合員による組合員のための」活動を基本としており，現在の協同組合組織による信用組合制度は堅持されるべきである。

〈信用金庫・信用組合の中小企業金融に関する取組〉

・地域において安定的に資金を供給できる体制を維持するということが，中小企業の側から見ても非常に期待されている。

・銀行に比較して，中小企業の資金需要に応え，中小企業金融の円滑化に資していると考えられ，債務者をぎりぎりまで支えようとする。

・信用金庫や地域信用組合は地域密着型金融を標榜しているが，現実は，多くの地域で預金に見合った貸出先を見つけ出すことができない状況が続いている。これは預貸率が小さいことからも明らかである。

さらに同機構は協同組織金融の将来像について次のように考察している。

・協同組織金融というのは，最後まで面倒をみる「協同組織性」と，担保主義，保証主義により決算書等で判断する「金融機関性」という相反する2つの特徴を持っており，この2つのバランスをどうとっていくかということが非常に難しいところである。

・これまではどちらかというと，金融機関性を徹底する流れであり，サービスの内容も銀行と同じような形で拡充されてきた。しかし，多品種のサービスを提供することによって，協同組織金融機関における存立基盤維持のためのリスク管理など，中小の協同組織金融機関にとって非常に荷の重いリスクやコスト負担も伴う。それを今後どう考えればいいのかという問題が出てくる。

・銀行並みに業務範囲を拡大し続けて，協同組織性が維持できるのかという問題もある。一方で，協同組織金融機関の側から見ると，ぎりぎりまで企業の面倒を見るため，融資先の破綻が多く，破綻した企業は再生していない。相互扶助で企業に資金提供するのが理念であるから，貸し続ければよいということになっているのかもしれないが，果たしてそれでいいのか。どこで見極めをつけるかという非常に難しい問題がある。

(2) 新たな地域金融手法の提言

　以上を踏まえて，㈶ひょうご震災記念21世紀研究機構は2つの政策提言を行っている。第1の政策提言が，地域の中小零細企業を支えるために，協同組織金融機関などの地域金融機関を制度的にバックアップし，機能強化を行うことが必要であるという点である。これは，現下の金融危機に対処するための緊急提言に位置づけられる。第2の政策提言が，地域の中小零細企業の将来性と資金調達能力を高めるために，経営・財務を強化することが不可欠であるという点である。これは中長期提言に位置づけられる。

　各提言の要点は次のとおりである。

〈緊急提言：協同組織金融機関（信用金庫・信用組合）の強化について〉

①協同組織金融機関の強化

　金融機関と企業との関係は，単に資金を貸す，借りるというだけのものではなくなってきている。地域経済の衰退や経営者の高齢化とともに，資金供給以外の経営行動に関するがますます重要になっているにもかかわらず，協同組織金融機関はその動きに追いついていないのが現状である。なかには成功している信用金庫や信用組合もあり，そうした協同組織金融機関には企業を質的に評価していく目利き能力がある，融資後の目配りが行き届いている，取引先の面倒見がいい，といった共通した特徴が見られる。

　立ち後れた協同組織金融機関が取引先の経営支援能力を高めていくうえで重要となるのは，中小企業支援可能な人材であり支援担当部署である。人材育成などにはコストと時間がかかるが，そこで必要となるのが，行政，他の金融機関，商工会などの支援機関といった，地域再生を担う他の主体との協働である。

②制度融資を通じた機能強化

　兵庫県をはじめ県内の各自治体は制度的に決められた中小企業融資を行っている。これらの制度融資は自治体が資金を金融機関に預託し金融機関から貸し出される融資制度である。信用保証協会の保証付きを条件としたものも多く，民間金融機関の負うべきリスクを自治体や保証協会が肩代わりする仕組になっているため，制度融資は金融機関経営にメリットをもたらしている。

　そこで制度融資のメリットと支援効果を協同組織金融機関など地域密着度の高い金融機関に効果的に与えるには，制度融資を取り扱う金融機関を県内地域に地盤を置く金融機関に限るなどという方策が考えられる。あるいは長期的に安定して利益が得られるような制度融資を優先して地域金融機関に回していくことも考えられる。

③協同組織金融機関同士の協働による機能強化

　信用金庫でもいくつかの金庫が協調し各金融機関のリードのみならず信金中央金庫のリードによってシンジケートローンを組成する事例が散見される。これによって地域内の営業ではリスクシェアを制限された信用金庫間でリスク分

散を図ることが可能となる。このような動きに対して，信用保証協会の保証料率を下げるなど，保証協会自身がシンジケートの形成を誘発するような仕組をつくることが課題となっている。

〈中長期的提言：中小企業の経営財務強化と金融支援の連携〉
　①中小企業会計基準の導入
　大企業においては証券取引法や商法特例法などに拠った会計基準に基づいて財務諸表及び計算書類を作成しているが，中小企業においては明確な会計基準がなかったことから，法人税法に基づいて決算書を作成してきた。しかし，法人税法では会社が任意に費用計上を行うことができることから，業績が悪化すると費用を減らして利益をかさ上げするなど，企業会計における透明性が欠如していた。そこで，中小企業における会計の透明性を確保するために，中小企業会計基準の適用を促進する動きが高まっている。中小企業会計基準を適用した場合，法人税法では任意計上とされている減価償却費を全額計上する必要があるほか，貸借対照表及び損益計算書の末尾には会計方針等も注記する必要があることから，これまでの会計基準に比べると透明性のより高い厳しい基準となる。
　中小企業会計基準に基づく会計処理を行うかどうかは会社の任意であるが，この基準に基づく決算書は財務の透明性が高いことから，金融機関の与信の判断において有利とされている。実際に融資先が中小企業会計基準を適用している場合には，銀行が貸付利率を下げるという事例もある。このようなインセンティブを積極的に付与することにより，さらなる普及に取組むべきことを提言する。
　②CFO（最高財務責任者）制度の導入
　CFOとは「Chief Financial Officer」の略で企業の最高財務責任者のことである。企業の財務戦略の立案・実行が主たる業務となるが，キャッシュフローの管理，投資案の策定，財務諸表の作成，財務戦略の経営への反映など，経営や人事なども含めた幅広い業務を担当する管理職のことである。現状では

264

CFOがいる中小企業は少数にとどまっている。公認会計士や税理士もCFOへの就任には前向きではなくなり手がいないという状況にある。このため公認会計士会や税理士会とも協議を進める必要があり，CFOの待遇，役員として責任，分析結果報告書の有効性などについて検討し，CFO制度導入にはより大きなメリットを与えるべきだと考える。

③中小企業に対する金融支援のための新たな仕組づくり

兵庫県中小企業再生支援協議会には破綻懸念先の経営者などが相談に訪れる。その場合，まず財務分析を行い，財務諸表と負債内容を精査分析する。そのうえで事業はどうなっているのか，どのような経営を行っているのか，その経営行動は妥当であるなどについて検討する。こうした中小企業支援を有効に進めるためには，情報発信と支援人材の育成が重要となる。中小企業関連の情報を充実させ，協議会と既存の支援機関や金融機関が情報を共有することが必要となる。一方，中小企業を支援できる人材は限られている。商工会議所で長年中小企業支援を経験してきた人材だけではなく，中小企業診断士や公認会計士，税理士らも中小企業支援の人材として期待できる。長期的な課題としては，中小企業診断士などを育成する人材育成機関を県単位で設けるなどの方策が考えられる。

1-3　信用力評価に向けた中小企業政策と兵庫県における顕彰制度

1999（平成11）年「中小企業基本法」が35年ぶりに改定された。改定の趣旨は1963（昭和38）年に高度経済成長期に制定された旧中小企業基本法の「近代化」と「不利是正」を柱とした中小企業の育成振興策から「競争条件の整備」を前提とした「創業化」と「経営革新（第二創業）」を柱とした中小企業政策への転換を目指したものである。中小企業が現在もなお続く長期不況下における困難を克服し，さらには日本経済の発展基盤確立のための中小企業政策の確立を実行することが重要となるとの趣旨からの改定であった[7]。この施

----

(7) 改定された「中小企業基本法」の意義と役割については，佐竹隆幸（2000）を参

策を前提として中小企業近代化促進法は中小企業経営革新支援法に改定され，中小企業政策が総花的に全ての中小企業の底上げを前提とした育成・振興策を展開するのではなく，地域活性化に直結し，地域の雇用を促進させ，地域内再投資力をも保有しうる中小企業を意識し，中小企業の経営革新（第二創業）を実現するものへと転じた。さらに2005（平成17）年4月に中小企業庁が「中小企業経営革新支援法」[8]，「中小企業創造活動促進法」[9]，「新事業創出促進法」[10] の3つの政策を統合させ，それらを発展的に解消することで「中小企業新事業活動促進法」（「中小企業の新たな事業活動の促進に関する法律」）が制定され，経営革新（第二創業）を主軸とする中小企業の経営戦略が定着することとなる。

　経営革新（第二創業）とは，中小企業が保有する既存の経営資源を活用してこれまでの事業領域や活動の仕方を見直し，新たに企業を創業するほど抜本的に事業のあり方を再構築する中小企業の戦略行動である。すなわち自企業が保有する既存の経営資源を改善改良し，結果として新製品開発・新市場開拓を達成していくための経営品質の向上を意味する。地域経済の発展にとって，多様性に富んだ地域特性によって創出されるビジネスチャンス，それを背景として喚起される高い起業意欲とともに，そもそも地域経済を特徴づける多様な産業

照のこと。
(8) 1999年11月に施行された法律であり，「中小企業近代化促進法」と「中小企業新分野進出等円滑化法」を発展的に統合したもので，「幅広い中小企業の経営の革新（新たな事業活動による経営の向上）を支援していく「経営革新計画」と外的要因により業況が悪化した業種の中小企業の経営の建て直しを支援していく「経営基盤強化計画」とで構成されている」法律である。
(9) 1995年4月に施行された法律（時限立法）であり，正式名称は，「中小企業の創造的事業化活動の促進に関する臨時措置法」である。「中小企業の創造的事業活動（創業や研究開発・事業化を通じて，新製品・新サービス等を生み出そうとする取組）の促進を通じて，新たな事業分野の開拓を図り，産業構造の転換の円滑化と国民経済の健全な発展に資することを目的」としている。
(10) 1998年12月に制定された法律（1999年2月施行）である。日本における経済の閉塞感を打破し，雇用機会を確保するために，日本で蓄積された産業資源を活用し，新事業の創出を図ることを目的としている。

構造を形成しているという，これまでの地域経済の発展を支えてきた既存中小企業の役割を無視することはできない。しかし，地域に存立する中小企業を取り巻く経営環境は厳しく，従来型の経営では多くの課題が浮き彫りになっている。

　こうして各中小企業は，中小企業基本法改定によるあらゆる中小企業を総花的に育成・振興するのではなく「やる気のある企業」への支援充実策を受け戦略的に自立型企業づくりに方向性を定めるとともに，中小企業こそ「イノベーション」の源泉という機運の高まりによる経営革新（第二創業）をキーワードにこれまでの事業領域，経営を見直して事業のあり方を再構築することで，経営革新（第二創業）を実現するという戦略へと変換した。こうした経営革新を進めていく企業を認定する制度が「経営革新計画の認定制度」である。認定を受けた中小企業は「担保主義・保証制度によらない融資制度」として，低利融資・融資枠の拡大・信用保証枠の拡大・補助金交付機会の増大といった政策的優遇措置を受けることができる。

　この制度は今日に至るまで継続しており，2016（平成28）年10月に施行された「中小企業等経営強化法」に受けつがれている。各中小企業は，自社の経営課題にチャレンジするための「経営革新計画」を策定して認定されれば，政府系金融機関による低利融資や信用保証の特例など，幅広い支援措置を受けることができる。経営革新計画を策定するためには，自社の経営理念，人材，技術，ノウハウ，組織マネジメント，今後の事業展開などを3年から5年のビジネスプラン（事業計画）として成文化していく必要がある。こうすることで金融機関による事業性評価融資も受けやすくなるのである。

　さらに「中小企業等経営強化法」は，「経営革新計画」のみならず新たな制度として「経営力向上計画」策定について制定している。経営革新計画では，新たな存立基盤強化を求めたサステイナビリティ[11]実現のための前提としての第二創業，すなわち「新たな事業」が戦略の中核に置かれた。それに対して「経営力向上計画」は，既存事業たる本業のいわゆる「稼ぐチカラ」の強化を

---

(11)　サステイナビリティについては佐竹隆幸（2017d）pp.309-311を参照のこと。

支援する計画を策定することを主眼に置いている。「経営力向上計画」では，中小企業の人材育成やコスト管理，生産性向上など経営力向上を目指して策定される計画で，国からの認定を受けた企業は，「経営革新計画」と同様の政策的措置を受けると同時に税制上の特典を活用することができる。これら両制度を活用していくことにより，中小企業の存立基盤は強化され，サステイナビリティが実現してくこととなる。

　経営革新を実現していく前提として企業は「経営品質が高い企業」を目指していくことが不可欠である。経営品質が高い企業を表彰する顕彰制度として，アメリカでは，The Malcolm Baldrige National Quality Award（マルコム・ボルドリッジ国家品質賞）が1987年に創設された。日本では，（公財）日本生産性本部による1995（平成7）年の創設された日本経営品質賞がある。日本経営品質賞を参考として，2001（平成13）年度に始まった兵庫県による企業参加型の表彰制度が「ひょうご経営革新賞」である。兵庫県が実施する研修プログラム参加企業などから優れた経営組織を有し，経営革新を進め，安定した企業業績を有する企業を選定・表彰する。さらにこの制度は受賞企業による事例報告会を実施し，他の意欲ある中小企業の経営革新を支援するとともに，地域活性化の1つの方法として進められてきた。

　「ひょうご経営革新賞」の基本的概念は「マルコム・ボルドリッジ国家品質賞」（1987）の流れを汲み，経営に関わるすべての要素を「顧客満足」へとつなげる考え方を背景とし，すぐれた製品・サービス品質を生み出す経営の土壌そのものの質を問題にすることを主眼としている。すなわち「CS：顧客満足」，「ES：従業員満足」，「CSR：企業の社会的責任」たる「顧客価値の創造を経営の基盤にする」いわゆる「顧客価値創造経営」[12] を達成するためのプロセスを具現化し，実効するためのビジネスプランづくり（経営理念＋「経営方針（戦略）」＋「経営計画」）の重要性と経営品質向上プログラムの評価を通して，「顧

---

(12)「顧客価値創造経営」については佐竹隆幸（2017b）pp33-36を参照のこと。

客」「業界」「社員」「地域」にとって「なくてはならない企業」[13] として存立することを実現させるための表彰制度をツールとした戦略スキームといえる。顕彰認定に対する考え方は以下のとおりである。

「ひょうご経営革新賞」は2011（平成23）年に兵庫県と神戸商工会議所との共催となり，「ひょうご優良経営賞」へと改組された。この制度は（公財）日本生産性本部が主体となって運営する「マネジメント強化プログラム」である「実効力ある経営」認証制度と連動していた。日本経営品質賞には卓越した企業品質が求められるためそのレベルは高い。そのため，日本経営品質賞を目指していくステップ的な視点から「実効力ある経営」認証制度が制定され，導入認証・継続認証・上級認証の3段階に分けられた。兵庫県の産業を発展させるためには，中小企業が地域から雇用し，製品・サービスを開発・販売していかなければならない。しかし大企業と比較すれば，中小企業の賃金，生産性は低く，中小企業が兵庫県の地域経済の主体として存立するためには，「実効力ある経営」体質を確立する必要がある。そこで「実効力ある経営」認証はこれまでの経営を振り返りながら課題解決のための実効計画を経営者自らが策定し，6か月間の計画進捗結果と合わせて第三者（認証評価チーム）が評価する。最終的に確実な計画の達成と成果を上げる企業を，「実効力ある経営」委員会が認証評価する。中小企業が「実効力ある経営」体質を実現するためには，自社の経営課題を明確にし，実効計画の策定とコミットメント，そして経営課題解決に向けての実践に結び付ける一連のマネジメントプログラムを達成していかなければならない。それを導入認証・継続認証・上級認証の3段階のレベルで認証し，認証を受けた企業に対して「ひょうご優良経営賞」を授与する。この制度は2015（平成27）年に終了し兵庫県中小企業に対する信用力創造支援に寄与した。

---

(13)「なくてはならない企業」については佐竹隆幸（2017d）pp.323-332を参照のこと。

1-4　地域における中小企業診断士の役割

　「地域＝中小企業」といわれるほど，両者は不可分の関係にある。日本の企業の大部分を占めるといわれる中小企業は，地域経済を支え，雇用を創出し，日本経済の根幹を支えているいわば雇用と納税の苗床でもある。地域中小企業の存立には，地域金融機関の持続的な存立が不可欠である。地域金融機関の持続的な存立には，地域そのものの存立基盤が強固なものであることが重要となる。持続的な地域活性化の実現こそが地域金融機関の成長につながるといっても過言ではない。さらに地域金融機関は，地元中小企業に対する資金調達や融資の窓口としての役割・機能だけでなく，企業経営のパートナーとして金融が本来の機能を発揮し，中小企業を支援し，競争力ある中小企業を増やすことが不可欠であり，その役割を果たす担い手として地域金融機関への期待は大きい。

　これまでの中小企業政策や景気対策に準じ，制度融資，資金繰支援の充実が図られてきたが，今後の中小企業の競争力を高めるには，事業承継や生産性の向上を促進する政策の実効と並行して中小企業金融のあり方も検討する時期に来ている。地域経済の活力を生み出すための中小企業の事業承継問題をはじめ，人材育成や起業・創業，経営革新（第二創業）に一層，地域金融機関が関わることが求められている。

　一方，中小企業の伴走型支援の必要性も課題となっている。商工会議所・商工会をはじめ，経済団体組織等，もちろん地域金融機関における経営支援がその役割を担っているが，特に兵庫県では，事業承継支援（起業・第二創業・後継社長・後継者育成等）をはじめ中小企業の経営課題に対し実践的対応を行う経営コンサルティングプロフェッショナル人材の育成に力を入れている。コンサルティングを行うのは経営コンサルタントであるが，経営コンサル唯一の国家資格に位置づけられるのが中小企業診断士である。現代地域経済において中小企業診断士の育成が重視されており，高度で実践的な経営理論を身につけ地域経済活性化に貢献する専門職業人創出が希求されている。

　中小企業診断士とは，経済産業大臣が登録する国内唯一の経営コンサルタントの国家資格制度であり，中小企業の経営課題に対応するための診断・助言を

行う専門家である。いわゆる経営コンサルタントは，「儲ける」プロセスよりも結果（利潤極大化）重視の傾向にあるが，中小企業診断士は，診断士が自ら課題を解決するのではなく，顧客である経営者と共に考えて，解決するように気付きを促進し，その動きを支援するいわゆる伴走型支援の役割を持つ。つまり，中小企業施策を正しく解説することで企業が政策を有効に活用したり，企業の社会的責任を果たす利益創成プロセスを重視する。また企業経営の存立基盤を強固なものにするために中小企業と行政・金融機関等を繋ぐパイプ役を担う。さらには専門的知識を活用しての中小企業施策の適切な活用支援等幅広い活動を通じた，課題解決のハブ機能の役割を担う経営コンサルティングプロフェッショナルである。

　近年では多くの地域金融機関で中小企業診断士を配置し，リレーションシップ・バンキングの機能強化に活用されているところである。地域の持続的成長，いわゆるサステイナビリティの実現には，地域そのものが豊かになる地域活性化をめざし，中小企業とそれを支える地域金融機関の双方が共生・共創するあらたな価値づくりにチャレンジしていくことが地域経済の持続的発展につながると考えられる。

　従来，中小企業診断士として登録を受けるには，資格試験（＋実務補習）を受験するか，中小企業大学校が開講する中小企業診断士養成課程を受講するしか方法がなかった。しかし，2006（平成18）年度より，国の基準に準じたカリキュラム等を保有する民間企業や大学も，養成課程の設置機関として登録できるようになった。これを受けて2010（平成22）年に開設したのが，兵庫県立大学の中小企業診断士登録養成課程である。国公立大学としては初めてのことであった。

第2節　地域で新しい価値を創造する先進事例

　前節では兵庫県地域金融の動向について述べたが，こうした金融政策に沿って兵庫県下の中小企業や地場産業はどのような事業を展開しているのであろう

か。その先進的な事例について3つの企業と2つの地場産業で検討していくこととする。事例にある日本ジャバラ株式会社とサワダ精密株式会社はひょうご経営革新賞を受賞している。

2-1　事例：日本ジャバラ株式会社[14]（神戸市）

(1)　阪神・淡路大震災の災害復旧融資の全額を新製品開発に投入

　ジャバラを漢字にすると「蛇腹」となる。プラスチックや金属などの板状の部材でつくられる，山折と谷折の繰返しの構造のことで，日本ジャバラは工作機械などの心臓部を水やほこり，油，切りくずなどから守るカバーの役割を果たす工業用ジャバラを日本で初めて製造したことで知られている。

　日本ジャバラは1957（昭和32）年に現社長である田中信吾氏の父が神戸で創業した。創業の地は町工場の集積地で，海外製の工作機械についていたジャバラの修理を依頼されたことが，田中氏自身がこの道に進むきっかけとなった。初期のジャバラはガーゼのような布をゴムで挟んだ材料でつくっていたが，1979（昭和54）年に鉄製のジャバラに切替え，工場に大型鈑金設備を導入する等の近代化を図った。その後，1985（昭和60）年のプラザ合意に端を発する円高不況で輸出産業は大打撃を受け，日本ジャバラの経営環境も一気に悪化する。1990年代に入るとバブル崩壊で日本ジャバラは赤字に転落し，再起を期していたときに阪神・淡路大震災が起こった。神戸市内にあった本社は半壊したが，無傷であった三木工場に本社機能を移すことを即決した。大震災発生の翌日から数日かけて図面や伝票，帳簿などをトラックに積んで三木工場に運び即座に本社機能を移した。

　取引先の大半が県外の企業であるため，本社移転と並行して数千社にのぼるすべての取引先に連絡を入れ，平常通りの生産が行われていることと，納期を守れることを伝えた。田中氏は運転資金の調達のために金融機関を巡った。社屋の半壊認定を受け中小企業向けの災害復興融資で5,000万円の低利融資を受

---

(14)　以下，日本ジャバラとする。

けることができた。田中氏はこの5,000万円の融資を新製品開発に投入することに決め、「何か新しいことにチャレンジして活路を見出さなければ会社の明日はない」という決意のもとアイディアを得るためにイタリアへ向かった。

(2) 自己資本比率を高めた強い企業づくり

　1993（平成5）年にヨーロッパで開かれた工作機械の見本市で樹脂製のジャバラを開発中であるイタリアの工業用ジャバラメーカーと出会った。樹脂製は金属製に比べて軽くて丈夫で耐久性があり、水や油も漏れない優れものである。早速、技術供与の契約を結んで阪神・淡路大震災の復興融資で得た5,000万円を資金として専用の生産設備を導入することにした。1997（平成9）年、樹脂製の工業用ジャバラ「リベロ」の発売を開始した。1年くらいはほとんど売れず、当時は北海道拓殖銀行の破綻などがあり、メインバンクも追加融資に慎重で、保有資金が乏しくなっていった。しかし積極的に見本市などへ出店を行うなかで、国内で行われた見本市で大手工作機械メーカーへの導入が決まった。

　また田中氏は同社の専務に就いた翌年、1981（昭和56）年に兵庫県中企業家同友会に入会した。多くの経営者と交わる中で自社の経営理念や戦略などを成文化した経営指針書の重要性を学んだ。社長就任を機に、1989（昭和64）年に初めて経営指針書を作成し、その後は毎年欠かさず作成し続けている。

　田中氏は阪神・淡路大震災の後、自己資本を積み上げることで、どのような状況にあっても揺らがない企業態勢をつくることに力を注いできた。阪神・淡路大震災当時は10％程度だった自己資本比率は、2008（平成20）年のリーマン・ショックの時点で60％にまで大幅に積み上がり危機を乗り越えることができた。

　日本ジャバラは利益水準・自己資本・メインバンクとの長期継続取引といったといった金融機関における従来型の信用力を担保すると同時に、定性的な基準による信用力創造を果たしている。すなわち「ひょうご経営革新賞」受賞等の懸賞受賞実績をはじめ、「経営革新計画」等といった制度における認定、

「ひょうご中小企業技術・経営力評価制度」における高評価，さらには「ひょうご地域金融懇話会」委員としての実績など信用力創造を高度に達成した企業として成長発展している。

　田中氏は兵庫県中小企業家同友会のトップ（筆頭代表理事）として，2011（平成23）年3月に発生した東日本大震災の際には現地に飛び，講演会では阪神・淡路大震災の経験と教訓を被災地の経営者に伝えている。「中小企業と地域の発展は背中合わせの関係にあり，中小企業が元気にならない限り，まちはよみがえらない」と経営者たちにメッセージを送った。2018（平成30）年4月に20年余にわたり務めた兵庫県中小企業家同友会代表理事を退任し最高顧問に就任した。最高顧問に退いた今日も兵庫県下中小企業の模範の企業経営者として，また日本ジャバラのトップとして強い中小企業経営を追求している。

2-2　事例：サワダ精密株式会社[15][16]（姫路市）

(1) 小規模企業からからのスタート

　サワダ精密の創業者で現会長である澤田脩一氏は21歳のときに姫路で八百屋を開業した。地域一番の八百屋にまで育て上げ，小規模でありながら企業経営と営業力の基礎を培った。その後，鉄工所のサラリーマンに転職し設計や製造現場の仕事を6年間経験した後，37歳で独立創業した。1台1,600万円する新品の機械をリースで導入し金属切削加工業を事業の柱にすることとなった。創業から4年後の1988（昭和63）年，工場を借りサワダ精密を設立し機械を2台に増やし社員を1人雇用した。受注量は次第に増えていったが，多くは営業先から拾ってくるような「拾い仕事」であり，預かった図面のとおりに加工して納める，単発の仕事の連続だった。

　直接取引の必要性を考えるようになり澤田氏は大手電機メーカーに営業をかけるようになった。ある生産設備のメンテナンス部品を加工する仕事が継続的

---

(15) 以下，サワダ精密とする。
(16) 詳細については佐竹隆幸（2012）pp.126-151を参照のこと。

に入ってくるようになったが，取引口座がなかったため元請会社を通した受注形態であった。ところが，そのメーカーの技術責任者が異動になってこの取引は消滅してしまう。しかしその後も営業を続けた結果，その大手電機メーカーに口座が開設され，直接取引ができるようになった。

　同社のある姫路は製造業の集積地で大手企業の生産拠点も数多くあり競争は激しい。1992（平成4）年には兵庫県中小企業家同友会に入会し経営の勉強を始めた。そこで，経営指針書について学び，経営指針書の策定と理論に基づく新規開拓による営業活動の強化及び人材育成を図るようになった。

(2) 企業規模の拡大と組織づくり

　1990年代の半ばにかけて売上高は順調に伸びていったが，先行投資による借入金も増えることになり自己資本比率は7％台まで下がっていった。当時は社員15名ほどの小規模企業であったが，仕事の拡大に合わせて社員は順調に育っていった。その要因の一つとして挙げられるのが「セル生産方式」である。分業制ではなく図面の解読から製造・検品といった一連の作業工程を社員一人がすべて担当するシステムである。これによって，社員のスキルやモティベーションが向上し社員の定着率がよくなっていった。企業規模が小規模であればこれでうまく回っていたが，社員の数が増えてくると統制がとりづらくむしろ生産性が落ちてくる。そこで澤田氏は製造現場を3つのチームに分け，チームリーダーに具体的に指示をする方式に変えていき効率が向上することとなった。さらに人材育成を強化するようになった。OJTをメインに新入社員研修，コーチング研修，営業研修，リーダー研修，経営幹部研修に加えて，社外研修を実施していった。

　1998（平成10）年には設計部を新設した。サワダ精密は創業以来，各メーカーの生産設備の機械加工部品の製作が大半であった。この分野は好不況の波をダイレクトに受けることに加え，受注が増えれば労働時間を増やしてしのぎ，閑散期には受注獲得のために同業他社と価格勝負になってしまう。一方，設計部は「こういうものはできないか」といった声を具体的な形にしていくこ

とことができる。これまでの受注とは異なるさまざまな加工機や治具などを開発し，顧客の新たな要望に応えることができるようになった。

　サワダ精密は創業以来，営業で出向いた先で社員がその場で回答する「即答戦力」を貫いている。社員全員がエンジニアで営業マンというシステムであった。しかし企業規模の拡大に伴い，2011（平成23）年にものづくりを担当してきた社員の中から4人を選抜し，営業に専念させることにした。これも「即答戦力」で培った営業力があったからできたことである。

　2003（平成15）年度には，高品質・短納期というニーズに応える独自の生産・営業一体プロセスなどが，高く評価され「ひょうご経営革新賞」を受賞した。さらに2006（平成18）年には「関西IT百撰」にチャレンジし，優秀賞を受賞した。この他にも多くの定性的な評価基準を高度に実現し，信用力創造を高度に達成した企業として成長発展している。サワダ精密は経営指針書を全社員でつくりあげそれを実践している。ITを活用することで達成度を「見える化」し，社員の取組による成果が定性的評価につながっていることを社員と共有することも，社員のモティベーション向上につながっていると考えられる。

2-3　事例：農業生産法人株式会社Teams[17]（豊岡市）

（1）社会的課題の解決を目的としたソーシャル・ビジネス

　Teamsの代表である新免将氏は父親の創業した建設会社を事業承継し経営に携わるかたわら，2009（平成21）年6月にTeamsを豊岡市に設立した。

　但馬地域は自然災害が頻繁に発生する土地柄であり，新免氏は災害に土木技術で対応し減災に貢献したいという思いで建設会社を営んでいる。一方，但馬地域は地域資源を生かした農林水産業がメインの産業である。特に農業においては農業者の高齢化などによって離農が進み，耕作放棄地も増加して衰退の道をたどっている。新免氏は農業の再生のために地域資源（耕作放棄地などの農業環境）を有効活用し，雇用の創出と地域産業の活性化による循環型農業を実

---

(17)　以下，Teamsとする。

276

現しようと考えた。いわゆるソーシャル・ビジネスである。神鍋高原の耕作放棄地約50,000平米を開墾し作付面積を増やすなど積極的に事業展開を進めている。

　ソーシャル・ビジネスというのは「さまざまな社会的課題（高齢化問題，環境問題，次世代育成など）」を市場としてとらえ，その解決を目的とする事業である。「社会性」「事業性」「革新性」の3つを要件とし，推進の結果として経済の活性化や雇用の創出に寄与する効果が期待される産業の企業群であると，経済産業省は定義している。これまで農業は，6K（きつい・汚い・かっこ悪い・臭い・稼げない・結婚できない）といわれて敬遠される傾向にあった。しかし近年では新たなビジネス感覚で見直されるようになり「agri-business」と概念化されるに至った。

　このような社会的な変化を背景にTeamsでは農業をソーシャル・ビジネスとしての位置づけ，新3K（かっこいい・稼げる・感動する）をキャッチフレーズに，新時代の農業ビジネスを通じて社会貢献できることを目指している。その理念・目的は次のとおりである。

①地域資源の有効活用による経済活性化に努める
②地産地消による食の安心・安全の確保に努める
③農業に参入することで地域雇用の確保に努める
④豊岡市の自然環境を保全しながら耕作放棄地の解消に努める
⑤但馬地域の活性化・理想社会の実現に努める
⑥地域，県内を活用した食のリサイクルループの実現に努める
⑦地域をつなぐループの構築に努める

(2)　複数の資金調達の仕組の活用と6次産業化

　Teamsの具体的な事業内容は以下のとおりである。

・但馬ソーシャル・ビジネスコンソーシアム新事業創出展開事業運営協議会

への参加

・都市部の大学との交流（産学連携）の受入

・農業体験の実施

・直販事業

・農業インターンシップの実施

・産学連携でできた農産物の収穫

・加工品開発の取組

・地域体験旅行の企画

・企業の社員研修の受入

・海外からの研修受入

・地産"都"消の実践

　アグリビジネスにおける6次産業化[18]などで商品の高付加価値化を目指す場合，相当な初期投資が必要となる。いわゆる農業の部分においては本業である建設会社の経営資源を活用しているが，高付加価値化や商品の流通確保ではこれまでと異なる考え方や設備等が必要となってくる。

　そこで，これらの事業を展開していくにあたってTeamsは複数の資金調達方法を取り入れている。ひとつは，行政による補助金・助成金による支援の積極的な導入である。中小企業の資金調達といえば金融機関による融資が一般的であったが，近年では個人投資家を対象としたマイクロ投資であるクラウド・ファンディングも注目されている。Teamsもこのマイクロ投資による資金調達を行っている。また，同社は従来では信用保証の対象外であった農業において信用保証を適用された企業として先駆的な経営行動をしている典型的な企業でもある。いずれの資金調達においても，建設業で培った技術の農業への活用，地元の20〜40代を中心とする多様なバックグラウンドを有する人材[19]の活

---

(18) 佐竹隆幸（2017c）pp.301-306を参照のこと。
(19) 地域の建設業，飲食業，団体職員，木炭製造業，精肉卸・小売業など。

躍，地域活性化モデルとしての期待，いわゆるサステイナブルを実現するモデルとして計画書において事業性を高く評価されている。とりわけクラウド・ファンディングの支援者は地域に関係する個人が多く，地域の抱える社会課題の解決に対する支援者の共感の輪が広がったものと考えられる。

　経営資源を補填する意味から，企業間の積極的な連携および経営統合，あるいは直接金融支援策の活用などの道を探りながら，地域内での連携を目指したネットワークの構築が喫緊の課題であり，この課題解決に向けて「地産"都"消の確立」を目指している。近年では，都市の脆弱性が露呈しているが，食糧・エネルギー・水の供給，豊かな自然環境など，地方は都市部にない強みを多く有しており，都市と地方がうまく連携してお互いに不足する経営資源を補い合うことができれば，双方が発展していくことができる。このようなことからも，新免氏は但馬地域におけるアグリビジネスが，地域活性化をもたらすものと確信している。

2-4　事例：地場産業 三木金物（三木市）

(1) 地域と歴史が生んだ三木金物

　金物のまちとして知られる兵庫県三木市，三木金物製品の出荷額は三木市全体の工業製品出荷額の約30％を占めており，その歴史はいまからおよそ1,500年前までさかのぼる。この地方にもともといた大和鍛冶と，百済から来た技能集団・韓鍛冶が技能交流を行った歴史がある。当時としては高度な技能を持った韓鍛冶が三木に住み着いて鍛冶を行ったのが，始まりとされている。

　その三木市が全国屈指の金物のまちとして栄えるようになったきっかけは，1578年の羽柴秀吉の三木城攻めであった。ここで三木城主別所長治は自刃したのであるが，秀吉は焼け野原となった三木の町の復興のため，免税策をとって四方に散らばった人々の呼び戻しを図った。復興のために集まった大工職人，その大工道具をつくる伝統のある鍛冶職人が次第に増え，三木のまちは活気づいていった。復興が一段落すると大工仕事は減少し，彼らは京都や大阪などへ出稼ぎに行くようになったのであるが，そのときに持参した道具の高度に

集約された技能が評判になっていく。こうして「鍛冶の里・三木」としての地盤を固めっていったのである。

　三木市で生産される鋸・鑿・鉋・鏝・小刀などの金物は，1996（平成8）年，通商産業省（当時）から，「播州三木打刃物」として伝統的工芸品としての指定を受けた。これらの金物を製造する事業所は，小規模な家内工業型企業が多く，優れた技能を持つ人材も多彩である。三木金物産業は地場産業として多品種少量のニーズに対応しやすい存立基盤を有している。流通については生産者から産地問屋を経て，全国の金物専門の小売業者へという流通経路を経て，プロの職人のもとに届けられていた。しかし1990年代初頭から全国にホームセンターという小売業態の業者が台頭し流通プロセスが大きく変化することとなった。価格競争の激化により品質より価格が優先され，安価な外国製品がホームセンターで大量に売られるようになり，国内の産地メーカーとの取引が減少していった。実際に三木市の金物関係の事業所数と従業員数の推移を見てみると，出荷事業所数は1970（昭和45）年の922件から2010（平成22）年の344件へと減少し，従業員数も同様に，1970（昭和45）年の5,465人から2010（平成22）年の2,942人へと減少している。

(2) 流通チャネルの見直しとブランド化

　このような状況にあって，三木金物の世界にイノベーションを起こした企業がある。レザーソー工業株式会社[20] である。1969（昭和44）年，鋸職人だった先代社長がレザーソー工業を創業した。自社開発した替刃式のこぎり「レザーソー」が爆発的なヒットとなり，現在でも替刃式のこぎりの市場では7割のシェアを占めている。

　イノベーションの主役となったのが玉鳥産業株式会社[21] である。2000（平

---

(20) レザーソー工業は1972年にレザーソー工業㈱として法人化を果たした。また1975年には販売会社である玉鳥産業㈱を設立した。さらに12年後の1981年に貿易部門である玉鳥トレーディングを設立した。以下，レザーソー工業とする。
(21) 以下，玉鳥産業とする。

成12）年に2代目社長友定道介氏が就任し，本格的な改革が始まる。まず行ったのが，レザーソーのブランドの確立である。のこぎりの新製品にはすべて「レザーソー」の名前を商品名に入れ，ブランドの浸透を図っていった。

　また，かつて新製品を売出す際放っておいても売れていたものがなぜ最近ほとんど売れなくなっているのかその要因を探るために問屋と小売店に訊ねた。業界最大の展示会である「三木金物祭り」にその要因があるのではないかと考えた。

　「三木金物祭り」では，二日間で3か月分の売上を計上しただとか，100万円のノミのセットが売れたとか，10万近い鉋が飛ぶように売れるだとか，従来から噂があった。それも，地元・兵庫県周辺にしかPRしていない三木金物祭りに，九州や，関東からわざわざ大工が札束を持って買いに来ているのだという。三木金物を使用する大工職人は三木金物を買わなくなったのではなく，どこに売っているかわからないのではないかということである。すなわちホームセンターをメインにしたチャネルでは，そこで買い物をする消費者は「お手頃な金物」を求める顧客層である。ゆえにどこの産地かについてはほとんど重視しない。大工職人仕様の商品を扱う小売業者が激減し，大工職人から不満の声が上がっていた。こうして同社は流通チャネルを整備していくこととなった。

　2002（平成14）年，当時のグリーンピア三木に自社を含めた4社主催で「三木ハードウェアショウ」を開催した。エンドユーザーである大工職人に向けて商品を販売するだけではなく，実演等を通じて直接情報交換できる場所を作ったのである。多くの質問が飛び交い，ただ商品を並べ消費者が欲しいと言われれば売る，それだけではできなかった大工職人との交流ができた。2004（平成16）年には「第2回ハードウェアショウin神戸」を25社で開催した。その後も約30社の出展者が自発的に東京，横浜，名古屋，札幌，福岡，仙台等々にてハードウェアショウを開催し，約10年かけて全国で三木金物のPRを行っていった。その後ハードウェアショウは「鍛冶でっせ」に名称を変え再び三木で開催することとなり，2018（平成30）年で7回目を迎えることとなった。こうして玉鳥産業は三木金物の流通チャネルを見直し，これまで潜在化してい

た大工職人向け市場を顕在化することで，大工職人たちの需要を喚起していった。すなわちエンドユーザーの顔が見える関係づくりといってもいいだろう。これは大工職人向け市場における三木金物の優位性を再発見することにもつながっていく。

　「ハードウェアショウ」から「鍛冶でっせ」に変更した理由はいくつかある。ハードウェアショウそのものは大成功といえる。しかし限られた時間で特定の地域での開催では圧倒的に三木金物のPRが足りていなかった。三木金物を全国ブランドに育てるためにはどうするべきか，消費者への日常的なPRや消費者との距離を短くする必要があると考え，目をつけたのがインターネットだった。2009（平成21）年に三木市の金物製品全体をPRすることを目的として「みきかじや村」のホームページを立上げた。30社を超える三木金物を「みきかじや村」という統一ブランドのもとに取扱・販売を開始した。金物を売るだけのホームページはすでにいくつもあった。そのほとんどはホームページではただただ商品が紹介されているだけで，作っている会社名すら入っていなかった。「みきかじや村」の目的は「職人と鍛冶屋の距離を縮めること」にある。そこで鍛冶屋の顔が見えるホームページを目指した。

　「みきかじや村」ブランドを立上げた当初，鍛冶屋職人が突然訪ねてきて「おかげで商品が売れたわ」とお礼を伝えに来ることが多かった。話をよく聞いてみるとその商品は大工職人がかじや村のホームページを見て買っていったのだという。同様のことを複数の鍛冶屋職人から聞き，実際に自身が取組んでいることは間違っていないのだと確信した。すなわち友定氏は産地内のネットワークの形成において，コーディネーター役を果たしていったのである。景気変動などを乗りこえ30社以上の協力のもとみきかじや村は順調に売上を伸ばしていたが，会社全体で見ると順風満帆というわけにはいかなかった。一番の基幹である鋸は売上が下がり，新製品も作れていなかった。かじや村の売上こそ順調に伸びてたが，友定氏のかじや村への取組や投資に対し，自社の社員から「なぜ自社以外のために頑張るのか」といった不満が聞かれるようになってきた。そこで思い切った改革に着手することとなった。

　1つ目に毎年決算月に行っていたセールを中止した。売上は1,000万円近く減少したが，利益は400万円ほど増加した。2つ目に販売価格を上げた。1年ほどかけて値上にむけた準備を行い翌期に値上を行った。値上前の1年は駆込需要を喚起し，前年比で2,000万円ほど売上を上げた。決算セールも行わなかったため増収増益だった。翌期はおおむね予想の範囲内で約9,000万円の減収，利益は約400万円増益した。3つ目に社屋のリフォーム，ホームページの一新，設備投資と投資を一気に行った。改革により赤字が出ることを予め予想していたため，赤字になる今こそ赤字覚悟の投資を同時に行う決断をした。実際に改革から2期連続の赤字を出したが，翌期は黒字になることが想定されるほど経営は安定に向かっていた。

　この3つの改革を行ったことで資金力に余裕が生まれた。改革前と比較して財務状態が改善したことと事業計画をしっかりと行ったうえでの改革であったことから金融機関からの借入がずいぶんと容易にできるようになった。自社が儲かる体制をつくったことで資金調達が容易になり最終的に資金繰りに困らない強い企業へと成長していった。

　三木市ではこれまでも特定展示会出展補助金などを通じ30年以上前から三木金物振興の支援をしている。近年では三木金物を取扱う小売店の若手経営者や従業員を対象に，三木金物の製造工程の見学や取扱実習などを行う「三木金物大学」を開催し，地場産業の振興を支援している。玉鳥産業は2016（平成28）年，「みきかなもんプロジェクト海外戦略事業」もスタートさせた。2015（平成27）年より三木市の海外進出支援のもとに，5カ年計画で海外での販路拡大に取組んでいる。これまで玉鳥産業が地場産業としての三木金物振興の中核を担っていたことや，海外の業績が好調であり更なる市場拡大が見込めるということから，2016年より海外進出支援金を受けている。すでに2度にわたって台湾で展示会を開催している。このように友定氏は三木市を「世界中の大工職人が訪れたい町」にすることを目指し，観光振興ともからめた地域活性化を図っていきたいと考えている。

　以上のように玉鳥産業は地域の経済主体である行政・地域金融・他の事業者

をうまく巻込みながら，三木金物を通じた地場産業振興と個社の成長をリンクさせている。一見本業とは異なるように思える地域経済や地場産業振興に取組むことには従業員や既存の業界からの反発が出てくることもある。しかし，「地域＝中小企業」という構図を忘れてはならない。また「自社だけが独りで儲ける」ことを考えても地域中小企業は存立しえない。全国的に課題を抱えている地場産業振興においては新たな取組を始めるきっかけとなる「カネ」は重要課題である。玉鳥産業はステークホルダーを巻込みながら既存の補助金制度などを時流にあった制度利用にシフトさせ，地場産業振興に取組み，地域になくてはならない中小企業へと変貌している。

2-5　事例：地場産業 播州織（西脇市・多可町）

（1）北播磨地域の地域と歴史が育んできた播州織

　北播磨は兵庫県中央部を流れる加古川の上流，西脇市や多可町などを含む地域のことを指している。この地域は温暖な気候を生かして江戸中期から綿花栽培が盛んに行われ，日常の生活衣料は自給自足の形で調達してきた。同じく江戸の寛政年間（1700年代末期），現在の西脇市の宮大工，飛田安兵衛が京都西陣において織機で布が織られるのを見て，生まれ故郷で織機を自らの手でつくりあげ，綿織物を広めたのが播州織の始まりである。北播磨地域は，加古川・杉原川・野間川の豊かな流れが染色に最も適した軟水であったことも，播州織が地場産業として栄えてきた大きな要因といえる。

　昭和期には生産額，生産業者ともに飛躍的に増大し，第二次世界大戦後は，海外市場へ販路を拡大して絶頂期を迎える。高級ギンガムなどの高付加価値の先染織物を，アメリカをはじめとした先進諸国へ輸出し，産業として大きく躍進したのである。西日本の各地から多くの働き手が西脇市にやってきて発展し，1987（昭和62）年には生産量がピークとなった。このころからそれまで70%以上を輸出していたものを国内市場向けへとシフトし始める。しかし1990年代に入るとバブルの崩壊，デフレの進行といった経済環境の変化や，中国や東南アジア諸国の製品の台頭で生産量が減少し始める。これによって中小・零細

284

企業が主体だった播州織業者は厳しい環境に追い込まれることになった。

　播州織の大きな特徴は先染織物であるということである。その名のとおり，先に糸を染め，染め上がった糸で柄を織っていくというものである。自然の風合いと豊富な色彩，肌ざわりのよさで人気が高く，ルイヴィトン，ダックス，バーバリーなどの海外トップブランドの生地にも使用されている。

　さらに播州織は多くの人の分業によって支えられてきた。産地で「元請」的な商社機能を果たす産元・染色業者・織物業者・加工業者など，これらすべての人が携わってつくりあげ，育んできたのが播州織[22]なのである。

(2) 小規模企業の連携とブランド確立

　2000年代に入って，高速自動織機や合理化された製造ライン，コンピュータによる品質管理などの最新の生産システムによって，原糸の準備・染め・織り・仕上加工まで産地で一貫した工程が行えるようになった。これにより，多品種・小ロット・短納期・短サイクルのニーズに応えられるようになった。これと並行して，地場産業として存立し続けるための戦略的対応としてさまざまな試みが行われてきた。

　多可町で播州織の事業を継いだ2代目・3代目が集まった連携組織「Banshu-ori Next Japan」という事業承継者グループがある。彼らは製品の信頼性と品質を保証するために「播州織」の再定義とブランドの構築を行っていった。

　その定義とは，

①天然素材100%であること（うち綿80%以上）
②播州地域で，染めから織り，生地仕上までを一貫製造していること
③220年余の伝統を誇る先染製法で製造していること
④各セクションのプロフェッショナルが分業で行っていること
の4つである。

---

[22] 播州織の特質については，金子精次編（1982c）を参照のこと。

2011（平成23）年に発足した同グループの産地活性化への貢献は，播州織のブランド化，賃加工からの脱却を目的に，播州織づくりの川上から川下におけるタテのネットワークの形成，個社の保有する織機や独自デザインの共有化などを通じて，播州織振興を図る活動を展開しているところである。さらに繊維産業を観光資源として活かすことで，地域内の商業の発展，若手デザイナーの出店促進や観光客誘致につなげ，地域振興を図っていくことも検討している。この活動の中心となっている笹倉織布工場の笹倉佑介氏は，個社としても2016（平成28）年に「SASAKURAORIFU」というブランドを立ち上げた。自由な発想に基づくモノづくり，自由な販売価格の設定を目指して，産元を通さないネット販売やセレクトショップでの販売を行い，売上が急拡大している。

　一方，播州織を地場産業とする西脇商工会議所や多可町商工会などが中心となって，異業種交流活性化支援事業として，2017（平成29）年度と2018（平成30）年度の両年度，「播州織ブランド周知拡大事業」に取組んでいる。この事業では2017（平成29）年度にブランド構築の専門家を招いて交流会を開き，播州織ブランドの展開方法を示した「戦略マップ」を作成した。これを踏まえて2018（平成30）年度には世界的なファッションデザイナーを招いてシンポジウムを開催し，播州織の知名度向上の手法について，グローバルな視点から課題と対策を議論していった。また神戸開港150年を記念して，神戸のイメージカラーを凝縮したタータンを神戸タータン協議会が2016（平成28）年に発表した。色や柄による統一したイメージ戦略を産学公が一体となって推進するのは日本でも初めての試みである。

(3) ICT 活用による生産工程構築と海外展開～植山織物株式会社～

　先地場産業の多くは小規模企業・零細企業であり，生業性ゆえにブランド化等の積極的な戦略的行動が容易ではないため，「連携」によるブランド戦略は有効な取組である。一方で播州織のブランド化に向け，1社単独で社内のシステムを見直し，ICTを活用することでブランド化を図っているのが植山織物株

式会社[23]である。植山織物の取組のポイントは，①播州織のストーリーと日本品質の海外展開，②モノづくりと販路開拓を支えるICT活用による生産工程構築である。いずれも2011（平成23）年に家業を継いだ植山展行氏による事業展開であり，事業承継以降さまざまな補助金の採択や認定を受け，信用力創造を果たしている。

　植山織物は兵庫県多可町にて1948年に創業し，綿織物をはじめ主に天然素材を扱っている。グループ企業と通じて，仕入から企画・製造・販売までを一貫して手掛けている。国内外へのハイブランドへの直接販売も行っており，欧米ではパリ，ロサンゼルス，ニューヨーク，アジアでは上海，杭州，深圳，タイなどに海外拠点を設けている。

　播州織を世界展開していくにはブランド力の強化が必須である。「世界で支持される織物は何か」，それは世界のハイブランドに通用する品質であり，「日本品質」としての播州織のストーリーである。複雑な色柄を表現する播州織は糸の品質で決まると言っても過言ではない。

　同社は2013（平成25）年10月に「ものづくり中小企業・小規模事業者試作開発等支援補助金」を採択，2014（平成26）年7月に「経営革新計画」の承認，2014年9月に「中小企業・小規模事業者ものづくり・商業・サービス革新事業補助金」の採択などを活用し，従来の播州織の伝統を守りながら播州織の可能性を拡大している。紡績工場での紡機にこだわり自社のオリジナルネームを持つ高級糸を開発している。また他産地とのコラボレーションによる素材開発を行っている。岡山・広島で染めあげるインディゴ（藍）の糸を使ったデニム地は「インディゴなら植山」と言われるほど産地の中では特化した商品である。その他，綿ウールや綿シルクなどのこれまでとは違う素材を使用し，播州織の新た可能性を常に広げている。

　2015（平成27）年4月に「J∞QUALITY（Jクオリティ）」認証を取得した。欧米やアジア地域からの見学者はストーリーのあるものづくりを求めている。

（23）　以下，植山織物とする。

商品がただ製造されるのではなく，企業としての歴史，長年蓄積された職人技術，地域に根差す人間味といったストーリーを有するモノづくりへの情熱が世界的評価に値する品質として認められたのである。「J∞QUALITY」とは，一般社団法人日本アパレル・ファッション産業協会（JAFIC）による，新しい純国産ファッション商品の統一ブランドである。「日本が世界に誇る，本当の日本品質の証明」をコンセプトに，織り・編みから染色整理加工，縫製，企画・販売まで，すべてを日本国内で行った商品にのみ与えられる称号である。植山織物が長い歴史の中で蓄積してきた技術とストーリー，ヒトの力が「J∞QUALITY」認証に繋がり，その後も2016（平成28）年4月に「兵庫県成長期待企業」認定，2016年6月に「ものづくり・商業・サービス新展開支援補助金」採択，2016年9月に「中小企業経営力向上計画」認定，2017（平成29）年3月に「はばたく中小企業・小規模事業者300社」選定など，地域に根差す中小企業として発展が期待されている。

　さらに積極的な販路拡大戦略を支えるのが，ICT活用による先染織物の生産工程構築（生産性向上及び製造ノウハウ継承）である。技術を有する職人の高齢化等に伴う生産性低下及び技能継承の課題に対して，ICT対応の新型織機を導入した。生産情報（原糸種類，対応工場，品番名及び加工方法等）や製造ノウハウ（筬入れ，織機回転数及び空気圧等）の数値化・分析を行い，蓄積された情報を協力工場等とも共有することで，同社が横断的な情報プラットフォームとしての役割を担っている。ICTを活用した生産工程構築により生産性向上を図ると共に製造ノウハウの継承に取組んでいる。

　またグループ企業としての一貫生産体制の強みを活かし提案型営業を行っている。地場産業は従来産地内における分業体制で成立っていた。しかし地場産業の縮小など外部環境の変化に対応すべく，同社はグループ企業内に企画会社を有するなどし，最終製品（シャツやブラウス等）への専門性を高めている。生地や糸から最終製品まで対応できる生産体制を構築しているのは産地内で唯一の強みであり，デザイン，色合いや風合いに至るまで顧客からの細かいニーズに対応可能である。さらにQRコードを利用した在庫及び発送管理システム

288

を構築している。顧客との業務システムの相互連携を図り，主力顧客については顧客のシステムに入力された情報が同社システムに直接連携し，受注情報から商品の発送確認までを可能としている。こうした最先端技術の活用による地場産業振興が注目され，同社は2017（平成29）年5月に経済産業省による「攻めのIT経営中小企業百選」に選定されている。

　以上のように地場産業である播州織のケースでは，「連携」を活用した小規模企業者の取組と，中規模を活かしグループ内に一貫生産体制を構築しさらに高度化を図る植山織物を取上げた。小規模企業は産学公連携を通じその小規模性を活かし大量生産では実現できない自由な風合いやデザインを追求し，本来持ち合わせていた地場産業ならではの「ファッション性」を再認識することとなった。こうした取組は個社ベースでの新製品開発に活かされ，異業種交流活性化支援事業などを通じ地域金融機関などと協力する体制を整備している。小規模企業は地場産業を「地域に根ざす」展開をする一方で，植山織物は地場産業を「世界へ羽ばたかせる」展開をしている。規模の優位性を活かし最先端技術の導入，他産地との共同開発，世界で競争できる播州織を目指している。さまざまな取組により，地域経済のけん引役として金融機関や行政との強い信頼関係を構築している。すなわち，自社のビジネスモデルそのものが地域から日本へ，日本から世界へと羽ばたくこと自体が地場産業振興となっている。いずれの事例においても地場産業振興こそ地域経済振興に繋がるという強い信念のもと新たな取組を行っている。すなわち地域金融は地場産業振興の肥料のような役割を果たしている。地域中小企業が耕してきた土地に芽吹いた小さな芽を大きく成長させる，あるいは力強く根を張らせる役割を果たしているのである。

第3節　現代中小企業金融と持続可能な企業づくり・地域づくり

　「失われた20年」といわれた長期不況期において持続可能な中小企業の存立に向けての中小企業政策が1999（平成11）年の中小企業基本法改定を契機と

し実効されてきた。すなわち従来の「地域ぐるみ・産地ぐるみ・業種ぐるみ」といわれた1963（昭和38）年制定の旧中小企業基本法による政策からの大転換を意味し，「やる気のある企業」「将来性のある企業」「戦略的実効性のある企業」に対する中小企業政策への大転換である。

　中小企業政策の大転換により経営課題に対しての政策の恩恵を単に受動的に待つのみの中小企業は報われず政策の対象外となる一方，いわゆるビジネスプラン（経営指針＝経営理念＋経営戦略＋経営計画）の成文化（見える化）を果たした企業が能動的に中小企業政策の恩恵に浴する政策へと転換したのである。こうした政策を能動的に活用する意欲のある企業が集積した地域や産地もまた持続可能な地域として存立していく。

　企業や地域のサステイナビリティ実現のために実効された政策が「経営革新計画」の認定制度であり，「ひょうご経営革新賞（ひょうご優良経営賞）」や「実効力ある経営」認定といった顕彰制度であり，「ひょうご地域金融懇話会」の提言により制定された「ひょうご中小企業技術・経営力評価制度」の活用などである。これらの政策は申請・応募といった能動的に企業が行政に働きかけることによって恩恵に浴することができる制度である。これらの政策はすべて中小企業の信用力を創造する制度であり，「担保主義・保証制度によらない融資制度」たる金融優遇に直結した中小企業政策である。事例となった3社の企業・2地域の産地はすべてこうした信用力創造プロセスの実現により，高い事業性評価のもと円滑な金融的支援を受け，さらなる成長可能性を有した企業・地域として評価されている。

　成長可能性を有した企業が金融を媒介として地域内における経済循環，すなわち地域内再投資力を高め，「地域にとってなくてはならない企業」へと進化している。「地域にとってなくてはならない企業」であると同時に，社員にとって，顧客にとって，業界にとって「なくてはならない企業」として信用力を創造している。地域経済の持続的な発展を実現しようとすれば，その地域において地域内で繰り返し，再投資する力＝地域内再投資力をいかに創り出すかが決定的に重要となる。経営資源である「ヒト・モノ・カネ」を活用した経営

行動を地域内で行使することにより，地域内に財務的資源が還流することにな
り，地域内に実質的に投資行動を行うことと同一の状況，すなわち乗数効果・
波及効果をもたらす。地域内に投資（いわば「ヒト・モノ・カネの地産地
消」(24) ともいうべき再投資行動）し，相乗効果として雇用や原材料等の地元調
達，地域内企業への地域内金融機関による資金供給を繰り返し実効すれば，地
域内の雇用が増大する。そして地域内存立企業の経営行動が促進・成長するこ
とで地域活性化が進展し，地域経済の持続的な発展が可能となる。

　地域経済の持続的な発展とは，地域内再投資の進展を意味する。地域内再投
資は地域における企業間活動の深化を通じて地域内産業連関を構築する(25) 地
域内産業連関構造を進展させるには，地域内主体たる企業の事業性評価が不可
欠であり，地域内再投資の進展には，地域内資金循環の有機的機能が求められ
る。地域内資金循環の有機的機能を担保するための傾斜金融(26) 的な中小企業
政策が行使されうる環境が整えられるのである。地域創生といった地域＝中小
企業を背景とした中小企業政策の実効力を高めるには，地域の実情に合った中
小企業を質的に評価しうる金融政策を柱とする中小企業政策が不可欠なのであ
る。

【参考文献】

中小企業庁（2008）「中小企業白書（2008年版）」ぎょうせい.

㈶ひょうご震災記念21世紀研究機構（2009）「新たな地域金融手法モデルの構築—
　　復興から生まれたビジネスモデル」.

金子精次（1982a）「中小企業と地場産業」金子精次編著『地場産業の研究—播州織

---

(24)「まち・ひと・しごと創生本部」においては，地域貢献型の企業を「ヒト」の地
　産地消を進めていく「雇用貢献型企業（雇用の創出及び維持を通じて地域経済に貢献
　している企業）」,「モノ」の地産地消を進めていく「コネクターハブ企業（地域から
　より多くの仕入を行い地域外に販売している企業）」,「カネ」の地産地消を進めてい
　く「利益貢献型企業（利益及び納税を通じて地域経済に貢献している企業）」として
　地域中核企業と位置づけている。

(25)　岡田知弘（2005）pp.138-140による。

(26)　傾斜金融については鶴田俊正（1982）を参照のこと。

の歴史と現状』法律文化社，pp.1-16.

金子精次（1982b）「播州織の実態と問題点」金子精次編著『地場産業の研究―播州織の歴史と現状』法律文化社，pp.141-172.

金子精次編著（1982c）『地場産業の研究―播州織の歴史と現状』法律文化社.

岡田智弘（2005）『地域づくりの経済学入門―地域内再投資力論』自治体研究社.

佐竹隆幸（2000）「中小企業論の現代的意義」上田達三監修/田中充・佐竹隆幸編著『中小企業論の新展開―共生社会の産業展開』八千代出版，pp.17-44.

佐竹隆幸（2012）『「地」的経営のすすめ』神戸新聞総合出版センター.

佐竹隆幸編著（2017a）『現代中小企業のソーシャル・イノベーション』同友館.

佐竹隆幸（2017b）「地域中小企業の存立とソーシャル・イノベーション」佐竹隆幸編著『現代中小企業のソーシャル・イノベーション』同友館，pp.15-40.

佐竹隆幸（2017c）「顧客価値創造経営を実効するソーシャル・イノベーション」佐竹隆幸編著『現代中小企業のソーシャル・イノベーション』同友館，pp.285-307.

佐竹隆幸（2017d）「地域中小企業によるソーシャル・イノベーションへの展望」佐竹隆幸編著『現代中小企業のソーシャル・イノベーション』同友館，pp.309-334.

鶴田俊正（1982）『戦後日本の産業政策』日本経済新聞社.

山下紗矢佳（2017）「地域中小企業の経営革新によるソーシャル・イノベーション」佐竹隆幸編著『現代中小企業のソーシャル・イノベーション』同友館，pp.259-283.

山下紗矢佳「地域中小企業の革新と地場産業振興―三木金物を事例として」日本中小企業学会西部部会（於関西学院大学），2018年2月4日.

山下紗矢佳（2018年4月）「中小企業の新事業創造とサステイナビリティ―2つの大震災から得た戦略とリスクマネジメント」『季刊ひょうご経済』No.138，pp.6-11.

山下紗矢佳「地場産業振興における地域中小企業の経営行動―三木市の金物事業所を事例として」実践経営学会関西支部会（於流通科学大学），2018年6月16日.

山下紗矢佳（2020年10月）「地域小規模事業者によるソーシャル・イノベーションと地域振興―兵庫県多可郡多可町における小規模事業者の事例より」『中小企業季報』2020，No.3，pp.15-25.

㈶ひょうご産業活性化センター HP〈https://web.hyogo-iic.ne.jp/keiei/hyoukaseido〉（最終閲覧日：2020年1月21日）.

終章

地域金融の現状と今後の展望

兵庫県150年の地域金融を本書で論じてきた締めくくりとして，兵庫県を中心に中小企業金融の現状をまとめ，今後を展望したい。そこで，まず現在行われているさまざまな中小企業金融の工夫や施策を振り返り，どのように金融機能を強化しているかを評価する。つぎに，地域金融を活性化するためには，地域の中小企業と地域金融機関の発展そのものが大切であるので，その点について論じる。その上で，今後の地域金融機関の役割を展望することとする。

第1節　地域の資金配分と資金移転

1-1　資金配分：地域での貸し手と借り手

　地域金融機関の役割は，預金などで地域から集めた資金を地元の企業・個人に配分するという資金の「地産地消」を行い，地域内再投資の好循環を実現させていくことにある。兵庫県内での「地産地消」はどのような状況になっているのかを預貸率で見ると，地域金融機関の全国平均が63％，近畿圏では53％なのに対し，兵庫県では46％と低い数字となっている（2018年3月，日本銀行調べ）。上記の数字には，地方債，社債，株式が含まれず，一部にはこれらを通して地元へ還元された可能性はある。しかし，多くの地域で資金の「地産地消」の好循環がうまく機能していないなか，兵庫県の状況はより深刻であるといえる。

　ただし，兵庫県では貸出資金が，地元企業が多いであろう中小企業に配分されていることはみてとれる。兵庫県内における中小企業貸出比率は，地方銀行で79％，信用金庫で85％となっており，全国の地域金融機関の平均71％よりもやや高めとなっている（2018年3月，金融庁調べ）。

　資金の「地産地消」の状況は，今後悪化する懸念がある。兵庫県では現状でも全国と比較して深刻な状況である上に，中小企業貸出比率すら今後低下するかもしれないという不安があり，兵庫県の金融はいま危機的状況にあるといっても過言ではないという認識が広がっている。

　そのような懸念には，地元の資金を還元してくれる地域金融機関の経営状態の悪化が背景にある。多くの地域で同様の問題を抱えていて，兵庫県も例外ではない。経営状態の悪化に対応するために地方銀行の合併・再編が進んでいるが，それも資金の地元還元を後退させる可能性がある。この点については，第1-2項と第5節で述べることにしたい。

1-2　資金移転の経路

　日本では，戦後一貫して間接金融が優位であった。資金不足主体である企業は金融仲介機関から資金を借り入れ，金融仲介機関はその資金を資金余剰主体から集めるというのが間接金融である。つまり，資金は金融仲介機関の経路を通って移転されるのがこの金融方式といえる。

　大企業の場合は，自ら株式を発行して市場から資金を調達することもあり得るが，中小企業は信用力などの問題から間接金融に頼らざるを得ないのが現状である。そこで，地域金融機関が重要な役割を果たすことになる。

　しかし，日本銀行のマイナス金利政策などによって，地域金融機関は預金に支払う金利が，地域へ貸し出して得られる収益を上回ることすらありえる経営状態になり，多くの地方銀行は合併や経営統合によるコスト削減などの対応策を講じる必要が出てきた。

　コスト削減重視の地方銀行の合併や経営統合は，地域企業向け貸出の水準が高まる反面，取引先の対象地域が広域化するため，地域内再投資の好循環を生み出すといった地方銀行本来の役割が形骸化する恐れが多分にある。また地方銀行の再編は，地域における金融市場の寡占化の懸念もはらんでおり，地域の中小企業などは金利の引き上げが加速していくのではといった懸念も抱いている。このため公正取引委員会は，地方銀行の統合について，統合後の該当地域内のシェアがおおむね6割を超えない程度を基準としている。

　間接金融の資金移転経路におけるこのような状況は改善が望まれる一方で，直接金融・間接金融のどちらにも分類できない資金移転経路が活用されつつある。市場型間接金融と呼ばれるもので，具体的には金融機関が保有するローン

や社債などを流動化・証券化するCLOや，シンジケートローンなどがあげられる。

　たとえば，信用金庫のセントラルバンクである信金中央金庫では，各地の信用金庫をリードしてシンジケートローンを組成し，中小企業支援にあたっている。このように，中小企業にとって地域金融機関は重要な役割を持っているが，資金調達方法の多様化も必要となってきている。

第2節　リスク軽減・移転と地域金融手法

　前節で，兵庫県での資金配分と資金移転の現状から，いくつかの懸念される点が指摘された。しかし，第6・7章で論じたようにさまざまな工夫や施策が行われている。本節では，金融にとって大切なリスク軽減・移転の視点から，そのような工夫や施策を見ていくこととする。

2-1　情報生産と情報開示

　金融では，貸し手は借り手のことを借り手ほどは知らないという状況がつねに発生する。これを情報の非対称性と呼び，金融取引において借り手の情報を貸し手が十分に持っていないことが特に問題となる。したがって，情報の非対称性を軽減することが，金融リスクの軽減につながる。情報の非対称性を軽減するために情報生産と情報開示の方法がある。

　まず情報生産とは，貸し手が借り手について情報の収集・分析を行うことである。最近，情報生産を強化しようという試みがされており，その1つが担保主義・保証制度によらない融資制度を確立しようとする事業性評価融資である。一般的な融資では，財務データならびに保証・担保で融資の可否を決めることが多い。これに対して，借り手の事業内容や成長の可能性なども評価の対象に加えて融資の可否を決めるのが，事業性評価融資である。

　決算書の内容や保証・担保の有無をもとに融資の可否を判断すると，成長力はあるものの，決算書の内容があまりよくない企業の場合，資金の調達ができ

なくなってしまう恐れが出てくる。それが，地域経済の発展や雇用の確保にも
影響を及ぼしかねない。

　こうしたことから，2014（平成26）年6月に閣議決定された「日本産業再
興プラン」の具体策の1つとして「地域金融機関等による事業性を評価する融
資の促進等」が盛り込まれることになった。金融機関にとっては，目利き力を
発揮して融資や助言を行い，企業の成長を支援することが，金融機関の果たす
べき基本的な役割になるということである。

　企業と銀行との取引関係について，リレーションシップ・バンキングとして
議論される場合が多い。リレーションシップ・バンキングとは，銀行が借り手
である企業との間で親密な関係を継続して維持することにより，通常入手しに
くい借り手の情報を入手し，その情報をもとに貸出などの金融サービスを提供
していくことである。

　ただし，「ホールドアップ問題」に注意を払う必要はある。これは，リレー
ションシップ・バンキングによって「特定の銀行が企業に関する情報を独占す
ることで，ほかの銀行の参入を防ぎ，割高な金利を設定する」[1] という問題で
ある。

　情報生産は大切であるが，一方で融資判断にあまり時間がかかるのも問題が
ある。この点の最近の改善として，迅速な審査結果を促すために，信用保証協
会が金融機関に一次的審査をゆだねるという工夫が実施されている。

　つぎに情報開示とは，借り手が自らの情報を貸し手に渡すことである。具体
的には，企業が事業性評価を受けて金融機関に自社の強みや今後の事業展開な
どについて情報を発信し，十分に理解してもらう方法がある。その情報は次の
ようなものになる。

　・経営理念や経営ビジョン
　・事業概要・沿革・実績

---

(1) 岡村秀夫・田中敦・野間敏克・播磨谷浩三・藤原賢哉（2017）p.147による。

- ・自社の強みや課題
- ・市場や競合関係などの外部の環境
- ・今後の事業展開の計画

　兵庫県では，2005（平成17）年6月，中小企業の技術力と経営力を総合的に評価する「ひょうご中小企業技術評価制度」（現「ひょうご中小企業技術・経営力評価制度」）をスタートさせた。これは，企業が自らの事業性の評価をひょうご産業活性化センターに申し込み，その評価書によって信頼性のある情報開示をするものである。

　これまでに20に近い県内金融機関が評価書を顧客企業の実態把握や事業性評価に活用し，経営支援や融資につなげている。

　この制度によって，物的担保力が劣る中小企業は評価書を通して自社の経営の強みをアピールすることができる一方，金融機関としても顧客の経営実態を総合的に把握し，融資判断の参考にすることができるため，具体的な融資につながっている。

　中小企業への認定や表彰も，情報開示として活用できる。「経営革新計画の認定制度」，「ひょうご優良経営賞」，「実効力ある経営」認証制度などがある。

2-2　その他のリスク軽減・移転手法

　担保主義・保証制度によらない融資制度の確立は，中小企業金融にとって大切なことには違いない。しかし貸し手としては，担保はリスク軽減につながるため，すべてを無担保にすることは難しい。このため，新しい融資手法として注目されているのが，動的担保融資（ABL）である。

　この先行事例が，鹿児島銀行による農業分野のABLである。融資額の約8割が牛を対象としたものだが，鹿児島銀行では相場の変動に対応するために独自のITシステムを導入し，飼料代や労務費も加味して牛1頭ずつの毎日の担保価格を計算することに成功している。

　滋賀銀行でも，近江牛を担保として数千万円を融資するABLを行っている。

金融機関にとっては，担保価値が下がった場合に牛を売却するルートをどのように確保するかといったリスクや疫病のリスクもある。このリスクをとって第1次産業を支援する方向にかじを切ったのである。滋賀銀行では，牛の状態とコストをつねに管理するシステムを導入し，経営状態を分析しやすくすることに成功している[2]。

　ABLは金融機関にとってコストがかかるが，借り手の事業を緊密にモニターできるので，リレーションシップ・バンキングにつながっていくという強みも出てくる。

　また，市場型間接金融の1つの手法であるシンジケートローンも，リスク軽減につながる。このローンの特徴は複数の金融機関が融資に加わることであり，個別金融機関の負担を軽減する。近年，信金中央金庫のリードでも，このようなシンジケートローンが実施されている。

　中小企業金融の場合，間接金融が優位になるため，預金者から金融機関にリスク移転が行われることになる。企業への貸出はリスクを伴うが，預金者はリスクを負担したくないので，金融機関が代わりにリスクを負担し，債務不履行の際の損失は金融機関が被ることになる。さらに地域金融機関の場合は，リスクの一部を公的機関である信用保証協会に移転できる。それが責任共有制度であるが，次のような懸念も存在している。

　従来の信用保証協会における信用補完制度は，中小企業が事業資金を金融機関から借り入れる際にその借入債務を保証することで，担保力や信用力が不足している中小企業者に対する事業資金の融通を円滑にする制度である。これまでの信用保証協会保証付き融資は，信用保証協会が原則として100％保証していたが，「責任共有制度」の導入（2007年10月1日）により保証付き融資は一部の保証を除いて80％保証となっている。すなわち20％相当のリスクを市中金融機関が負担することになる。銀行は20％のリスクを回避するために，借り手である中小企業の力量で融資するか否かを判断する傾向が強まるであろう。

---

(2)『日本経済新聞』2016年8月20日（朝刊）による。

また，中小企業の支援を目的に，自治体が金融機関に利子を補給したり，資金を預けたりして中小企業に貸付けを行う制度融資も，リスクの一部を自治体などへ移転しているといえる。

　本節では，リスク軽減・移転に寄与する工夫や施策を見てきた。第1節で見た資金配分の現状を見ると十分とは言えないが，今後，これらが充実して効果がより大きく現れてくることが望まれる。

第3節　中小企業の健全経営

　地域金融を改善することは大切であるが，それは地域の企業活動を活性化するためである。本節では，中小企業の視点から活性化に必要な要因を検討し，そこで地域金融が果たせる役割を考える。

　中小企業活性化のために，今後，有効な経営戦略として注目されているのは，51：49の経営，いわゆる“ちょっといいね”経営である。いまの時代，99：1の，いわゆる“一人勝ち”のビジネスはあり得ない。ちょっとしたサービスや心遣いが顧客の印象に残り，心に残る。そして顧客がリピーターになることで利益が生じ，そのサービスや製品を提供した企業やビジネスモデルが存続するのである。これこそ，まさに小さな積み重ねが大となる“積小為大”の戦略といえる。

　21世紀の中小企業経営の柱は，「第二創業（経営革新）」・「連携」・「理念型経営」の3つである。

　1つ目の「第二創業（経営革新）」については，イノベーティブで，世界的に見て画期的発明である必要はない。おおむね全国的に見て同じ業種や業態の企業で4割程度が実施しているが，6割程度は実施していないようなことで経営革新計画の認定は受けることができる。第二創業（経営革新）の認定によって新たな経営革新を実行することで，金融機関からの融資が好条件（低金利など）で認定されるなど，国や県，市町からの補助金を獲得することも可能になる。

　2つ目の「連携」については，企業間連携・農商工連携・地域間連携などが

あるが，一般的には何社かが連携して事業体を構成し，共同研究によって新製品を開発して，それが爆発的に売れて利益を分配することが連携の成果のようにいわれている。たしかに，こうした結果が出るにこしたことはないが，本来，連携の成果は本業の拡充に結びつくことにある。

　連携における数々の取組によって，経営者だけでなく社員が学ぶことで，自社の経営を見直すことになり，その結果として，自社の経営（既存ビジネスモデル）がブラッシュアップされるケースがよく見受けられる。連携における本質はあくまで本業を伸ばすことであり，連携による取組で信用力を高め，最終的に本業にどれだけフィードバックさせるかがポイントとなる。

　したがって連携における暗黙の了解は，"フリーライド（ただ乗り）は許されない"ということであり，情報を得ようとすれば自らの情報もさらけ出す必要がある。

　3つ目の「理念型経営」については，経営理念はこれまでCS（顧客満足）向上を第一義とする顧客第一主義の考えがメインであったが，最近は変化しつつある。もちろん顧客第一主義は重要であるが，これを創出し実践するのは，ES（従業員満足）によってもたらされる従業員による顧客価値創造である。ESがCSの源泉となり，その結果，地域における雇用と納税というCSR（社会貢献）につながる顧客価値創造型経営となって，売り手よし，買い手よし，世間よしの「三方よしの経営」になるのである。

　この理念型経営を通じてイノベーションを展開することで，企業はまず「強い企業」となる。「強い企業」とは，第二創業，連携を進めて，地域に貢献できる企業になることであり，地域の雇用・納税を生み出すことで地域貢献ができる。

　また一方で，理念型経営を通じてイノベーションを展開することは，「よい企業」になるということである。かつて金融機関における企業の評価は決算書のみが指標であった。しかし，兵庫県が導入した「ひょうご中小企業技術・経営力評価制度」では，事業性評価として第二創業，連携，理念型経営をいかに実践しているかが評価の指標となっている。この制度では，評価が高得点なと

ころは金融機関から資金提供が受けやすくなっているのである。

　21世紀の中小企業の経営戦略は，「強い企業」づくりのためのイノベーションを展開し，並行して「よい企業」づくりのための経営品質を向上させるという，この2軸を融合させた経営戦略が不可欠となる。このような経営戦略をサポートするのが，地域金融機関の重要な役割となるのである。

　中小企業金融は経済環境の煽りを受けやすく，とりわけ1997（平成9）年以降の金融危機において，金融機関による「貸渋り」「貸はがし」は深刻な問題であった。「貸渋り」「貸はがし」問題をうけ，地域と中小企業を活性化させる手段として中小企業は「地域への円滑な資金供給」や「使用者利便」の観点からより望ましい金融取引の実現に向け「金融アセスメント法」の法制化を提唱するようになった。その後，全国の地方公共団体で中小企業憲章と中小企業振興基本条例の制定運動が続くものの，中小企業憲章は2010（平成22）年に閣議決定されるにとどまることとなった。一方で地方自治体を中心に地域中小企業振興による地域振興の共通認識は拡大し，中小企業振興基本条例は「地域産業振興条例」や「中小企業活性化基本条例」「産業活性化推進条例」など名称はさまざまにあるが，企業誘致施策などによる古いタイプの地域振興ではなく，こうした振興条例をもとに「地域中小企業」「地域金融」「地方自治体」「地域住民」の位置づけを明確にした地域振興が進められている。

　兵庫県においては，地域経済の発展・雇用の促進などを向上させるための根幹となる中小企業支援策の柱として，2015（平成27）年10月に「中小企業の振興に関する条例」を制定している。これは，中小企業の「人材の確保・育成」「産業の育成」「交流の促進」の各分野において体系化し，中小企業支援の方向性を具現化したものである。条例の冒頭には，「中小企業の振興に関する施策を総合的に推進するとともに，兵庫県の地域創生を実効あるものとし，もって地域経済の発展，雇用の促進及び県民生活の向上を図ることを目的とする（第1条抜粋）」とある。基本理念は，「あくまでも中小企業者の経営の向上に対する自主的な努力及び創意工夫を促進することを旨として，推進されなければならない（第3条抜粋）」とし，その上で「本県に存する多様な技術，優

302

れた産業基盤，特色ある地域資源等を積極的に活用することにより，推進され
なければならない（第3条2項抜粋）」ことを明記している。

　兵庫県はもとより，県内の地域金融機関・中小企業関係団体といったステー
クホルダーが連携し，中小企業の振興に関する施策を積極的に実施できるよう
な信頼関係の構築，さらにはプラットフォームづくりが不可欠となっている。
なかでも兵庫県信用保証協会をはじめ，地域金融機関は，中小企業の資金需要
に対する適切な対応のほか，中小企業の事業活動にコンサルティングなどを活
用することで有用な情報を提供することが求められている。すなわち中小企業
者が経営の向上を図る取組に対する協力・支援・助言が求められているとの認
識が地域金融機関をはじめとしたステークホルダーにとって必要となっている。

　地域創生・地域活性化を実現する中小企業振興にとって，地域金融機関はな
くてはならない存在であり，中小企業振興の核となるプラットフォームの役割
を有している。地域金融機関は，中小企業の創業，事業承継，新たなビジネス
モデルなどへの投資を実現させ，中小企業の持続的成長を可能とさせる役割と
責任を担い，地域経済の発展に寄与する使命が課されているのである。すなわ
ち地域金融機関が地域中小企業振興へのお役立ちを実現することによって，地
域金融機関そのものの存立基盤を強固にすることができ，地域金融機関あって
の兵庫県経済の発展に結びつくとの戦略的思考をもって，地域金融機関として
の経営革新を実効していくことが求められているのである。

　なお兵庫県下における中小企業振興基本条例は2007（平成19）年の宝塚市
産業振興基本条例制定を皮切りに，2013（平成25）年に三木市中小企業振興
条例・篠山市商工振興基本条例，2014（平成26）年に尼崎市産業振興基本条
例が制定された。2015（平成27）年には兵庫県で中小企業の振興に関する条
例が制定されたほか，養父市中小企業等振興基本条例・福崎町商工業振興基本
条例，2016（平成28）年に丹波市中小企業・小規模企業振興基本条例・猪名川
町中小企業振興基本条例・上郡町商工業振興基本条例，2017（平成29）年に
加西市産業の振興に関する条例・加東市商工業振興基本条例・多可町中小企業
等振興基本条例・神河町商工業振興基本条例，2018（平成30）年に宍粟市中

小企業等振興基本条例，2019（平成31）年に西宮市産業振興基本条例・西脇市中小企業・小規模企業振興条例・香美町中小企業振興条例が制定されている。

第4節　地域金融機関の営業基盤強化

　先にも述べたように，地域金融機関の役割は，地域で集めた預金を地元の企業・個人に貸し出して地域内再投資の好循環を実現していくことである。そのために，地域金融機関はリレーションシップ・バンキングを強化したり，ABLを推進したり，さまざまな工夫を試みている。

　しかし，地域金融機関自身の現状は厳しいものがある。地方銀行の上場80社の2018（平成30）年4〜9月期の連結決算で，その7割にあたる56社の最終損益が減益か赤字であった。

　その理由は大きく3つあげられるが，その1つは本業の苦戦である。本業のもうけを示す単体の実質業務純益は，利ザヤ収入など資金利益の減少を背景にして5％減の合計6,005億円だった。利回りの低下が続き，ボリュームの拡大でカバーしているものの，この結果となってしまった。また，アパートやマンションなどの投資用不動産向け融資は相対的に利回りが高いが，スルガ銀行問題などの影響から，他の地方銀行でも減速することが予想される。

　2つ目は，これまで低水準で推移してきた不良債権処理費用が増加してきたことである。地方銀行協会の集計によると，加盟63行の4〜9月期処理額は合計1,440億円と前年同期の7倍超に急増している。

　3つ目は，収益を下支えしてきた運用関連の利益が減ったことである。米金利の上昇（債券価格は下落）などに伴って63行の国債等関係損益は合計351億円のマイナスで，損失額は前年同期の5.6倍に膨らんでいる。金利情勢次第ではあるが，地方銀行の一部では含み損拡大リスクを断ち切るために，売却し

て損失を計上する可能性もある⁽³⁾。このように体力が失われていくと，地域金融機関は地域金融の発展に十分に寄与できなくなってしまう。

　そこで，地域金融機関の経営基盤強化に貢献すると期待されているのが，フィンテックの活用である。アメリカでは，インターネット経由で貸し手と借り手を直接マッチングするサービスや，スマートフォンのアプリを活用した新しい決済サービスなど，フィンテック企業が新しい金融サービスを提供して銀行を脅かす存在となっている。

　一方日本では，伝統的な銀行とフィンテック企業が競争するというより，むしろ連携して顧客サービスを強化しようという動きが目立つ。たとえば，家計簿アプリやクラウド会計ソフトとの連動をセールスポイントとして，インターネットバンキングの拡販を図る銀行が増えてきているのも，その1つの表れといえる。

　日本におけるフィンテックを活用したサービス分野と業務内容をまとめたのが，図表1である。日本の銀行にとっては，フィンテック企業と連携することで，インターネット経由での個人向けや小規模企業向けサービスといった，これまであまり力を入れてこなかった領域を強化することができる。特に地域金融機関にとって，フィンテックは競争力を強化していくために避けて通れない道であろう。

　では，フィンテックの発展は日本の金融システムをこれからどう変えていくのだろうか。

　第一に，国内のさまざまな金融サービスが相互に連携し，利用者の利便性が向上していくことが期待される。地域金融機関も，これまでにない新しい付加価値を生み出すことができるようになるだろう。

---

(3)『日本経済新聞』2018年11月20日（朝刊）による。

図表1　フィンテックを活用したサービス分野と業務内容

サービス分野		業務内容
伝統的な銀行と競合する領域	融資	・Web上で貸し手と借り手を募り，信用格付け等を実施して，貸付をマッチングするサービス。P2Pレンディング，ソーシャルレンディングとも呼ばれる。
	決済	・スマートフォン等を利用して個人間送金やクレジットカード決済を行うサービス。伝統的に多くのフィンテック企業が参入してきた。
伝統的な銀行と連携していく領域	PFM	・本人の許諾のもとで多くの銀行の口座情報を集約し，顧客の資産を分かりやすく管理するサービス。
	会計サポート	・小規模企業向けに，売掛金・買掛金・固定資産等の管理，請求書作成，給与・税金支払いといった経理，税務等のサポートを行うサービス。
	ロボアドバイザ	・個人の証券投資等への助言やポートフォリオの組成をソフトウエアで行うことにより，安価に提供するサービス。

（出所：岩下直行（2017）p.20）

　第二に，日本の銀行の情報システムが，インターネットを通じて外部と柔軟に接続可能なものに変化していくと考えられる。

　第三に，日本の銀行における情報の活用にさらなる進化をもたらすことが考えられる。フィンテックの導入とシステムのオープン化によって，銀行が取得できるデータは拡大するが，それらを有効に活用して高度な分析を行えば，銀行のビジネスを根底から変革することが可能になるかもしれない[(4)]。

　また，地方銀行の新しい試みとして，証券会社との共同店舗の運営に乗り出したところもある。2017（平成29）年10月，SBI証券と組んで清水銀行が浜松市内に新たに開設した店舗がそれである。清水銀行の行員とSBI証券の金融アドバイザーが2人1組で顧客を回って，共同店舗を通じてSBI証券で口座を開設してもらい，それで得た手数料を折半する仕組になっている。清水銀行にとっては，資産運用に関する助言のノウハウを吸収できるだけでなく，扱う投

---

(4) 岩下直行（2017）による。

資信託もそれまでの100本未満から2,500本超に拡大している。

　一方，SBI証券には，地方銀行を通じて地域の富裕層にアプローチできるメリットがある。2018（平成30）年3月時点で，京葉銀行や愛媛銀行など15の地方銀行との提携が進んでおり，今後もさらに拡大していく予定である[5]。

第5節　地域金融機関の担うべき役割

　地方銀行には再編によって存立基盤の強化を進め，地域貢献型金融機関としての役割をより強力に発揮していくことが求められている。関西圏における地方銀行の経営統合の事例を見てみよう。

　関西みらいフィナンシャルグループは，みなと銀行・関西アーバン銀行・近畿大阪銀行の3行が統合してグループを形成することで，関西経済へのさらなる発展に寄与するための地域金融グループとしてのシナジー効果を発揮するため，2017（平成29）年3月の合意により経営統合が実現した。

　みなと銀行は，1999（平成11）年4月1日に当時の阪神銀行がみどり銀行を吸収合併したことにより，みなと銀行として再出発した経緯を持つ。当時の阪神銀行・みどり銀行はともに兵庫県南部を主な営業基盤とする第二地方銀行であったことから，合併を機に「県民銀行」をキャッチフレーズとして経営再編を進めたものである。2017（平成29）年3月期においては，筆頭株主（親会社）は三井住友銀行で，三井住友フィナンシャルグループ傘下にあった。預金総額3兆1,636億円，自己資本比率7.14％となっていた。

　関西アーバン銀行は，2004（平成16）年2月1日に当時の関西銀行と関西さわやか銀行（旧幸福銀行）が合併し，関西アーバン銀行として発足したのち，びわこ銀行も統合している。2017（平成29）年3月期においては，三井住友フィナンシャルグループ傘下であり，預金総額4兆1,965億円，自己資本比率6.38％となっていた。

---

(5)『日本経済新聞』2018年3月28日（朝刊）による。

近畿大阪銀行は，2000（平成12）年4月1日に当時の大和銀行の主導のもと，近畿銀行と大阪銀行（旧住友銀行系）が合併し，近畿大阪銀行として発足した地域金融機関である。2017（平成29）年3月期においては，りそなホールディングスの完全子会社であり，預金総額3兆2,945億円，自己資本比率11.51％となっていた。

　「関西の未来とともに歩む金融グループとして，お客さまとともに成長します。地域の豊かな未来を創造します。変化に挑戦し進化し続けます」との経営理念を掲げているが，コスト削減重視の地方銀行の合併や経営統合は，地域企業向け貸出の水準が増大する反面，取引先（顧客）の対象地域が広域化するため，地方銀行の本来あるべき地域内再投資の好循環を生み出すといった本質が形骸化する恐れが考えられる。

　地域金融機関は，地域の金融市場における健全な金融機関の競争を維持しながら，地域に対する「お役立ち」を達成しなければ生き残っていけない。合併・経営統合による規模の拡大だけに頼ることによって，存立基盤は強固になるものの果たして地域貢献ができるのであろうか。たとえば，信用金庫は営業地域が限定されている。地域の企業を支援することが信用金庫のメリットに直結するものであり，地域の企業と信用金庫は，双方にメリットのある長期継続取引をめざすことが重要となる。つまり，地域金融機関である信用金庫は，リレーションシップ・バンキングという強みを生かして，地域になくてはならない金融機関として存立することが使命となる。そのポイントとなるのが，「伴走型支援」である。

　「伴走型支援」とは，ともに走りながら，地域金融機関が地元の企業を支援していくという戦略である。間違ってはならないのは，決して上から目線で「企業を支援してあげますよ」ということではないということである。

　メガバンクは，地方における経済的地盤が崩壊しても，東京などの大都市，さらには海外へと営業エリアを移していけば生き残ることができる。また地方銀行は，地元がだめでも都市部に進出して，そこで稼げる可能性がある。ところが信用金庫は，地元がだめならほかに営業エリアは存在しない。地元企業に

頑張ってもらわないと，お金を預けてくれる企業がなくなり，お金を借りてくれる企業もなくなってしまうのである。

「伴走型支援」の本質は，「二人三脚で支援する」ことである。金融機関が上から目線で一方的に支援するのではなく，金融機関も事業の存続を図るために顧客を育てる必要があり，地元の中小企業を支援することは金融機関自身の存続を図るための生存戦略となる。

これは，商工会・商工会議所などの経済団体も同様である，小規模事業者支援法に基づく経営発達支援計画においても，「伴走型支援」という戦略が事業者支援の基盤となっているが，地域の会員事業者が減少してしまえば，経済団体もおのずと存立できなくなるからである。

このように，地域金融機関や経済団体の責任と役割は，ある時は企業を金融機関が助け，ある時は金融機関を地元の企業が支えるというように，双方向でお互いを助け合い，「持ちつ持たれつ」することが「伴走型支援」ということである。

地域金融機関と地域企業との関係において，地域企業の側からすれば，①地域金融機関のリレーションシップ・バンキングとしての機能の強化，②事業性評価をベースとした融資対象基準や金融以外での積極的な支援の基準の明確化，③地域企業・地域金融機関・行政が一体となった地域創生事業の展開可能性，といった内容の共有化を図る必要がある。地域金融機関の側からすれば，①企業課題・地域課題の情報交換の強化，②地域金融機関の顧客会などへのコミットメントや地域金融機関が主催する勉強会・研修会などへの参加といった連携関係の強化，③ニーズのある新規融資機会情報の提供，といった内容の共有化を図る必要がある[6]。

地域金融機関は，中小企業が持つ知的財産を活用したビジネスモデルを見え

---

[6]　人口減少・企業減少社会に直面するなか，地域を活性化させるという共通課題に取組むことを目指し，地域金融機関と地元企業との連携強化を図るため，兵庫県中小企業家同友会は2019年4月16日「中小企業支援に関する連携協定」を県下6信用金庫と締結した。

るかたちで評価する仕組を用いながら融資などで地域中小企業の投資に必要な資金調達を実現させることにより，「伴走型支援」の好循環化が達成されることにつながる。すなわち，地域中小企業の持続的成長を促進する支援を行うことが地域における金融機関の存立基盤を強固なものにするだけでなく，地域そのものの持続的な発展を可能とするのである。これが「伴走型支援」がもたらす地域の自立の実現となる。そのためには，地域におけるさまざまなステークホルダーが連携しながら「伴走型支援」の高度化をいかに図るか，そのためのプラットフォームを地域でいかに構築していくかが問われることになる。

【参考文献】

岩下直行（2017）「フィンテックの発展と地域金融機関の未来」『リージョナルバンキング』6月号，pp.19-26.

岡村秀夫・田中敦・野間敏克・播磨谷浩三・藤原賢哉（2017）『金融の仕組みと働き』有斐閣.

『日本経済新聞』2016年8月20日（朝刊）.

『日本経済新聞』2018年3月28日（朝刊）.

『日本経済新聞』2018年11月20日（朝刊）.

あとがき

　いよいよ新しい時代が新元号とともにスタートした。明治から大正・昭和・平成に至る成長と苦難の歴史を礎に，日本は少子高齢化・成熟社会といった過去に例を見ない環境で次の時代がスタートしたわけであるが，こうした絶妙のタイミングで兵庫県政は150年を迎えたこととなる。兵庫県政は1868（明治元）年より150年のあゆみとともに初代伊藤博文知事から現在の井戸敏三知事に綿綿とつながる歴代県政トップのもと，五国（摂津・播磨・丹波・但馬・淡路）の多様性が豊かな県として成長し，幾多の困難を克服して大きく発展してきた。

　一方，兵庫県信用保証協会は1948（昭和23）年に発足以来，地域に根差した公的機関として信用保証業務を展開してきたが，兵庫県経済や雇用を支える中小企業や地域の振興を，時代の変化に柔軟に対応し，地域金融機関と密接に連携して資金の円滑な供給で大きな役割を果たしてきた。こうした背景をもとに，本書は兵庫県県政150年，並びに兵庫県信用保証協会70周年を記念し2018（平成30）年に発刊された兵庫県政150周年記念「兵庫県金融150年史」編纂会『兵庫県金融150年史』を市販用に改訂した論考である。

　150年前を振り返るとわが国は西欧列強に伍するべくあらゆる面で近代化を急いだ時代であった。金融の分野においてもしかりで，近代的金融の形成に向けて国立銀行設立の勧奨，中央銀行たる日本銀行の創設など矢継ぎ早ともいえる金融システムの変革に乗り出していた。そして150年前の大変革期から現在に至る間には戦争，恐慌，災害が繰り返され，暮らしや経済に大きな打撃を与えた。金融分野もそうした危機やその時々の課題を乗り越えながら日本の成長を支え続けてきたという歴史がある。

　兵庫県では，都市銀行，地方銀行，信用金庫，信用組合と数多くの金融機関が立ち並び，そのなかでも地域の個性を大切にする信用金庫が大きな存在感を示していることが特徴である。こうした金融機関がそれぞれの力を発揮し戦後日本の経済成長を牽引してきた兵庫のモノづくり産業を支え，兵庫の発展に寄

与してきた。

　地域金融機関の役割を見事に描き出したエピソードが，テレビドラマ「半沢直樹」のなかにある。半沢直樹の父は金沢でネジを作る町工場の社長で，メガバンクから貸し剥がしに合う。従業員の賃金も払えず，下請への支払いもできなくなり，責任を感じて半沢直樹の父は会社の工場で自殺していた。それを発見したのが子供の頃の半沢直樹である。その後，半沢直樹はそのメガバンクに入行する。実家のネジ工場は半沢直樹の母が引継いで現在も事業を継続しているという演出である。父は自殺する必要がなかった。なぜかというと地元の信用金庫から支援を受けることができたからである。半沢直樹と妻との会話のシーンでは，「メガバンクは見放したけど，地元の信用金庫が助けてくれた」と言っている。

　地域金融機関である信用金庫には，リレーションシップ・バンキングという強みを活かして，地域になくてはならない金融機関として存立することが使命となる。そのポイントは「伴走型支援」である。これがリレーションシップ・バンキングということである。地元との関係性を重視することは，メガバンクではなく地域金融機関の経営理念そのものである。

　「伴走型支援」というのは，伴に走りながら，金融機関が地元の企業を支援していくことであり，これを理解できずに上から目線で「企業を支援してあげますよ」ということを「伴走型支援」であると取り違えている金融機関があるのも事実である。間違った理解の根源には，メガバンクは地方における経済的地盤が崩壊しても東京，海外と営業エリアを変更すれば生き残ることができることがある。また地方銀行でも地元がダメでも都市部で稼げばいいというスタンスがありうる。ところが信用金庫は地元がダメなら他に営業エリアは存在しない。地元企業に頑張ってもらわないとお金を預けてくれる企業がなくなり，お金を借りてくれる企業もなくなってしまうのである。したがって，リレーションシップ・バンキング，地域貢献型金融機関においては，究極は地元企業と地域金融機関の「ギブ＆テイク」である。地元の企業を支援しないと信用金庫自体も潰れてしまうのである。地元としても金融機関がなくなってしまっ

312

たら経営基盤が崩壊するといっても過言ではない。地元の地域貢献という意味でも金融機関は存続しつづけなければならない。

　たしかに金融は社会のインフラであり，仕組みそのものは，日本国中どこにいってもそう変わるものではない。しかし，「伴走型支援」が不可欠であることからもわかるように，地域金融機関を地域経済・社会と関連付けてみると，その躍動する姿がくっきりと映し出され，歴史を形付ける偉大なプレイヤーであったことがわかる。五国によって成立した多様性，明治維新の開港場をかかえていたという特殊性，日本の発展を支えてきた最先端の産業と庶民生活との混在，大震災とその復興を経てきた経験など，産業と金融をめぐる兵庫県の特徴は，そうしたことをより際立たせてくれる。本書は，兵庫県の金融の歴史を単なる史実としてではなく，金融のプレイヤーとして生き生き活動してきた様を描くことを目指し，実現できたものと自負している。

　私が中小企業，その経営者の方々に出会ったきっかけは，阪神・淡路大震災であった。経済団体「兵庫県中小企業家同友会」との出会いによって，企業の再建に協力することになったのである。自転車で被災企業を視察して廻る日々が続いた。それまで中小企業「論」しか知らなかった私が，実際の経営を学ばせていただくきっかけとなり，「真の」中小企業の実情と向きあう契機となった。

　田中信吾氏（日本ジャバラ工業㈱代表取締役社長），澤田脩一氏（サワダ精密㈱代表取締役社長）をはじめとする経営者の方々は，それぞれに個性豊かで，企業理念に基づいた経営手腕をもち，人間としても心から尊敬する素晴らしい人たちである。これが本書の基盤となったことはいうまでもない。

　中小企業家同友会との出会いと時を同じくして，現兵庫県立大学（旧神戸商科大学）への助教授としての奉職が決まった。6年にわたるオーバードクターの期間を含め，10年余に及ぶ研究職としての不遇の時代は，経済的にも精神的にも落ち着かず，一時はあきらめかけていた大学での専任職だっただけに，喜びと安堵はひとしおであった。

　それまで，常に温かい励ましで支え続けてくれたのは，中学からの親友，田

中敦氏（現関西学院大学経済学部教授）である。不思議と彼とは，時に弱音も吐ける本音の付き合いができた。彼は，わたしの心が静まり穏やかになるような言葉を，いつもさりげなく手渡してくれる存在であった。

　さまざまな人に支えられて，中小企業の専門家として研究活動を行ってきたが，この度，専門分野について自身の地元に焦点を当てた本書を，中小企業・地域経済・金融の各分野の執筆者と出版できることは，この上ない喜びである。本書は『兵庫県金融150年史』に基づいており，兵庫県信用保証協会のお許しを得て出版が可能になった。『兵庫県金融150年史』の出版時より，井戸敏三氏（兵庫県知事），杉本明文氏（兵庫県信用保証協会理事長），谷渕勝氏（元兵庫県信用保証協会専務理事，現（公社）兵庫県物産協会専務理事），井上能秀氏（兵庫県信用保証協会監査室長），表具喜治氏（元兵庫県産業労働部長，現（公財）ひょうご産業活性化センター相談役（元理事長）），竹村秀樹氏（元兵庫県産業労働部産業振興局長，現兵庫県東京事務所長）に大変お世話になった。厚く御礼申し上げたい。また，㈱ぎょうせいの稲葉輝彦氏（関西支社出版営業課）には『兵庫県金融150年史』の出版時のみならず，今回，同書のデータの提供でもご協力いただき，また，この出版事情の悪い中，㈱同友館，特に佐藤文彦氏（出版部）には多大なるご配慮をいただき出版にこぎつけることができた。ここに記して感謝申し上げたい。

　40年間のときを経て家族3人で「NHKホール」で楽しんできた「NHK紅白歌合戦」。今年は無観客のため「NHKホール」に行くことは叶わないが，別の場所で「蛍の光」を歌って，本書の執筆ができた本年を締めくくりたいと思う。

2020年9月

佐竹　隆幸

314

【索　引】

【編著者紹介】

佐竹　隆幸（さたけ たかゆき）………序章，第1章，第2章，終章，あとがき　執筆
（役職は，2020年9月逝去時）
関西学院大学大学院経営戦略研究科教授，兵庫県立大学（旧神戸商科大学）名誉教授
兵庫県参与，日本中小企業学会会長
関西学院大学大学院経済学研究科博士課程後期課程単位取得退学
博士（経営学）兵庫県立大学
主著：『現代中小企業のソーシャル・イノベーション』同友館，2017年．
　　　『現代中小企業の海外事業展開―グローバル戦略と地域経済の活性化』（編著）
　　　　ミネルヴァ書房，2014年．
　　　『「人」財経営のすすめ』神戸新聞総合出版センター，2014年．
　　　『「地」的経営のすすめ』神戸新聞総合出版センター，2012年．
　　　『中小企業存立論―経営の課題と政策の行方』ミネルヴァ書房，2008年．
　　　『中小企業のベンチャー・イノベーション』（編著）ミネルヴァ書房，2002年．
　　　『中小企業論の新展開―共生社会の産業展開』（編著）八千代出版，2000年．

田中　敦（たなか あつし）…………………………………………序章，終章　執筆
関西学院大学経済学部教授
ノースカロライナ大学チャペルヒル校 Ph. D. コース修了　Ph. D.（Economics）
主著："Central Bank Capital and Credibility: A Literature Survey," *Comparative Economic Studies*, forthcoming.
　　　"Monetary Base Controllability after an Exit from Quantitative Easing," *Journal of Central Banking Theory and Practice*, Vol.9, No.3, 2020.
　　　『金融の仕組みと働き』（共著）有斐閣，2017年．
　　　「日本銀行の資本と信認：展望」『甲南経済論集』第53巻第3・4号、2013年．
　　　『日本の金融政策―レジームシフトの計量分析』有斐閣，2006年．
　　　「1990年代以降の日本の金融政策」（共著）『政策分析2002―90年代の軌跡と今後の展望』九州大学出版会，2003年．

【著者紹介】

梅村　仁（うめむら ひとし）……………………………………………… 第3章　執筆
大阪経済大学中小企業・経営研究所長/経済学部教授
大阪市立大学大学院創造都市研究科博士後期課程修了　博士（創造都市）大阪市立大学
主著：『自治体産業政策の新展開』ミネルヴァ書房，2019年.
　　　『中小企業研究序説』（共著）同友館，2018年.

吉田　康志（よしだ やすし）……………………………………………… 第4章　執筆
兵庫県立大学国際商経学部教授
中央大学大学院総合政策研究科博士後期課程修了　博士（総合政策）中央大学
主著：『銀行システムの機能と意義』ルネック，2017年.

西岡　正（にしおか ただし）……………………………………………… 第5章　執筆
立命館大学経営学部教授
名古屋市立大学大学院経済学研究科修士課程修了　博士（経営学）兵庫県立大学
主著：『サプライチェーンのリスクマネジメントと組織能力─熊本地震における「も
　　　のづくり企業」の生産復旧に学ぶ』（共著）同友館，2018年.
　　　『ものづくり中小企業の戦略デザイン─産業集積，サプライヤーシステム，顧
　　　客価値』同友館，2013年.

山下　紗矢佳（やました さやか）……………………………… 第6章，第7章　執筆
武庫川女子大学経営学部専任講師
兵庫県立大学経営学研究科博士後期課程修了　博士（経営学）兵庫県立大学
主著：「地域中小企業による場の形成と地域振興に関する考察─神戸の地域小規模事
　　　業者を中心に」『日本中小企業学会論集』同友館，2020年.
　　　『現代中小企業のソーシャル・イノベーション』（共著）同友館，2017年.

2021年3月30日　初版第1刷発行

中小企業金融と地域経済
―兵庫県150年の地域金融―

編著者	佐　竹　隆　幸
	田　中　　　敦
著　者	梅　村　　　仁
	吉　田　康　志
	西　岡　　　正
	山　下　紗矢佳
発行者	脇　坂　康　弘

発行所　株式会社 同友館

〒113-0033 東京都文京区本郷 3-38-1
TEL.03(3813)3966
FAX.03(3818)2774
https://www.doyukan.co.jp/

落丁・乱丁本はお取り替えいたします。
ISBN 978-4-496-05534-8

三美印刷／東京美術紙工
Printed in Japan